蔬菜价格波动及居民福利效应研究

罗超平 著

科学出版社
北 京

内 容 简 介

本书以价格波动理论和福利经济学理论为基础，利用时间序列数据总体考察了蔬菜价格波动的周期特征，利用5种蔬菜价格月度数据分别刻画了不同蔬菜价格波动形态以及季节因子和不规则因子对蔬菜价格波动的影响，并预测了价格波动的趋势和风险，利用面板数据揭示了蔬菜价格波动的内部和外部传导机制及其诱因，扩展Minot福利模型为面板数据模型并探寻了蔬菜价格波动与居民福利变化的关系。

本书点面结合，宏观与微观并重，研究内容涉及农业经济学、产品价格与市场，研究的具体方法包括时间序列数据分析方法以及面板数据分析方法。本书可作为农业经济管理、农产品市场与贸易、食物经济与管理以及相关经济管理专业研究生、本科生、政策研究人员、教学和科研人员、政府工作人员以及其他感兴趣读者的有益参考书。

图书在版编目（CIP）数据

蔬菜价格波动及居民福利效应研究/罗超平著. —北京：科学出版社，2017.4

ISBN 978-7-03-052606-9

Ⅰ.①蔬⋯ Ⅱ.①罗⋯ Ⅲ.①蔬菜－物价波动－关系－福利经济学－研究－中国 Ⅳ.①F326.13②F061.4

中国版本图书馆CIP数据核字（2017）第075897号

责任编辑：张　展　冯　铂/责任校对：韩雨舟
责任印制：罗　科/封面设计：墨创文化

科学出版社 出版

北京东黄城根北街16号
邮政编码：100717
http://www.sciencep.com

成都锦瑞印刷有限责任公司 印刷
科学出版社发行　各地新华书店经销

*

2017年4月第 一 版　开本：787×1092　1/16
2017年4月第一次印刷　印张：11.25
字数：260千字

定价：75.00元
（如有印装质量问题，我社负责调换）

基金项目：

国家社科基金重大项目（15ZDB169）、国家社会科学基金项目（14XJY-026）、教育部人文社会科学研究青年基金项目（13YJC790104）、（14YJC-790162）、中央高校基本科研基金重大培育项目（SWU1509400）和重庆市社会科学规划项目（2013QNJJ17）。

前　言

　　自 2003 年以来，中国蔬菜播种面积及产量都已跃居世界第一，据国家统计局资料，2015 年中国蔬菜种植面积 3.30 亿亩，产量 7.69 亿吨，人均占有量 559 公斤左右。蔬菜市场流通体系逐步完善，目前建有经营蔬菜的农产品批发市场 2 千余家，农贸市场 2 万余家，70% 左右的蔬菜经批发市场销售，80% 左右的蔬菜经农贸市场零售，大中城市 15% 左右的蔬菜经超市销售。中国蔬菜产业在取得长足发展的同时，也存在不少问题。如蔬菜价格的剧烈波动问题，城市蔬菜价格偏高与农村蔬菜滞销并存的问题，质量安全隐患、基础设施建设滞后、产销信息体系不健全以及科技创新与转化能力低等问题十分突出。本研究选择聚焦蔬菜价格波动及居民福利这一问题，以价格波动理论和福利经济学理论为基础，重点回答蔬菜价格剧烈波动是怎样形成的？诱因是什么？对居民福利有怎样的影响？期望揭示蔬菜价格剧烈波动的形成机制和诱因以及对居民福利的影响。

　　目前国内外文献主要集中于农产品价格波动及福利效应的研究，对蔬菜价格波动及福利效应的经典研究较少，缺乏对蔬菜价格波动居民福利的省际差异考察，很难准确把握蔬菜价格波动对居民福利变化的真实影响。本研究是对国内外学者农产品价格波动及居民福利效应研究的补充和深入，研究结论具有重要的政策含义。本书研究的主要内容：(1) 确立研究的逻辑起点和分析框架。通过对价格波动理论和福利测算的 Minot 模型的回顾，以及蔬菜市场的基本现状和价格管理体制的全面考察，确立研究的逻辑起点和分析框架。(2) 中国蔬菜价格波动的规律、特征和趋势的全面考察以及价格波动风险的识别。通过对 1978~2015 年蔬菜价格历史波动的回顾，2002~2015 年蔬菜价格季节因子、不规则因子、趋势因子以及循环因子的分离，不同种类蔬菜价格波动形态的比较，全面透析中国蔬菜价格波动的现状、规律和特征。同时，利用季节调法对蔬菜价格进行预测，比较分析蔬菜价格波动的风险。(3) 中国蔬菜价格波动成因及机理的分析。根据外生经济波动理论和内生经济波动理论，对蔬菜价格波动的内部传导及外部冲击反应进行理论分析，在此基础上，利用省际面板数据建立 PVAR 模型进行实证分析，厘清中国蔬菜价格波动的成因及机理。(4) 中国蔬菜价格波动的居民福利效应测算。基于省际面板数据，利用 Minot 模型测算蔬菜价格波动引致的各省福利变化，探寻蔬菜价格与居民福利的关系。

研究的主要结论：(1)改革开放以来中国蔬菜价格波动具有明显的逐年上涨态势和周期性波动特征，不规则因子和季节因子加剧了蔬菜价格的剧烈波动。(2)蔬菜价格形成机制不畅，价格调节机制单向有限地发挥着一定的作用。(3)蔬菜价格对外部冲击反应的效果并不理想，部分外部冲击所产生的反应存在明显的不合理的滞后性。(4)蔬菜价格已脱离供求基本面的影响，外部变量成为其波动的主要影响因素。(5)各省农村和城镇居民 CR 值呈下降趋势、农村居民 PR 值呈递增趋势，但存在较大的省际差异，且城镇居民 CR 值明显小于农村居民 CR 值。(6)蔬菜生产价格变化影响着农村居民人均生产福利同方向变化，蔬菜零售价格变化影响着农村居民和城镇居民人均消费福利反方向变化，但蔬菜生产价格在农村居民人均总福利中仍占据主导作用；同时，各省相同或相近的蔬菜价格变化引致的农村居民福利变化存在明显的省际差异。(7)农村和城镇居民长期人均总福利没有明显优于短期人均总福利，且个别省份和个别年份存在短期人均总福利优于长期人均总福利的情况。(8)农村居民与城镇居民消费福利变化趋势基本一致，但农村居民消费福利普遍优于城镇居民消费福利。

创新之处：(1)全方位透析了蔬菜价格波动规律、特征、趋势以及波动的风险。文中运用季节调整法、H-P 滤波分析法和变异系数法等方法，对蔬菜价格历史波动进行了回顾，对不同种类蔬菜价格波动形态进行了比较，对近年来蔬菜价格的季节因子(S)、季节调整因子(Sa)、趋势循环因子(TC)和不规则因子(I)进行了分离，深入分析了各因子变化的规律、趋势以及特征；同时，利用趋势循环因子对蔬菜价格以及不同种类蔬菜的价格进行了预测并比较分析了其价格波动的风险。(2)利用面板数据 VAR 模型从内部传导和外部冲击两方面探讨了蔬菜价格波动的成因及机理。本书对蔬菜价格波动内部传导及外部冲击的内涵进行了界定，分别构建了蔬菜价格波动内部传导和外部冲击的 PVAR 模型，分析了蔬菜产业内部变量及外部变量对蔬菜价格冲击的机理及影响。(3)将价格波动理论和福利经济学理论结合起来，揭示了蔬菜价格波动对不同省份居民福利产生的影响。本书利用省际面板数据，将 Minot 模型扩展为省际面板数据模型，分别测算了各省蔬菜价格波动对农村和城镇居民福利变化的影响。

本研究获得了国家社科基金重大项目(15ZDB169)、国家社会科学基金项目(14XJY026)、教育部人文社会科学研究青年基金项目(13YJC790104)和(14YJC790162)、中央高校基本科研基金重大培育项目(SWU1509400)以及重庆市社会科学规划项目(2013QNJJ17)的资助，主要由西南大学罗超平副教授著述完成，牛可承担了蔬菜价格波动的农村和城镇居民福利测算工作，李凌杰、李菁承担了书稿数据核新工作。著名农业经济管理学家戴思锐教授、王钊教授、温涛教授、彭珏教授、段豫川教授、李容教授、谢家智教授、高远东教授、邓宗兵教授、苏黎世联邦理工大学发展中国家问题研究中心 Rolf Kappel 教授以及黄庆华副教授、许秀川副教授、田庆刚博士对本研究提供了指导和建议性意见,在此一并感谢!同时,还要感谢世界银行 Inessa Love 博士提供的关于面板数据 VAR 模型的 STATA 语言程序,感谢参阅文献的所有作者。

由于蔬菜价格波动的影响因素纷繁复杂,作者理论水平有限,加之受时间和精力的局限,不足和不完善之处在所难免,恳请读者指正。

罗超平
2017 年 1 月于缙云山麓

目 录

第1章 导论 ·· 001
1.1 研究背景及问题提出 ·· 001
1.1.1 研究的背景 ·· 001
1.1.2 问题的提出 ·· 002
1.2 研究的目标及意义 ·· 003
1.2.1 研究的目标 ·· 003
1.2.2 研究的意义 ·· 003
1.3 研究的内容与思路 ·· 004
1.3.1 研究的内容 ·· 004
1.3.2 研究的思路 ·· 006
1.4 研究的方法和创新 ·· 006
1.4.1 研究的方法 ·· 006
1.4.2 研究的创新 ·· 007
1.5 文献综述 ·· 008

第2章 理论框架 ·· 016
2.1 基本概念 ·· 016
2.2 价格波动的形成机制 ·· 020
2.2.1 内部传导机制 ··· 020
2.2.2 外部冲击机制 ··· 021
2.2.3 蛛网模型 ··· 022
2.3 价格波动的研究方法 ·· 023
2.3.1 季节调整法 ·· 023
2.3.2 滤波分析法 ·· 024
2.3.3 变异系数法 ·· 025
2.4 蔬菜价格波动的农村居民福利效应理论模型 ······················ 025

2.4.1　短期福利测算模型 …………………………………………………… 026
　　2.4.2　长期福利测算模型 …………………………………………………… 027
2.5　蔬菜价格波动的城镇居民福利效应理论模型 ………………………………… 028

第3章　蔬菜市场的发展及价格管理体制改革 …………………………………… 029
3.1　蔬菜市场的发展 ………………………………………………………………… 029
　　3.1.1　蔬菜流通体制的变迁 ………………………………………………… 029
　　3.1.2　蔬菜自由市场的发展 ………………………………………………… 031
　　3.1.3　蔬菜批发市场的成长 ………………………………………………… 032
3.2　蔬菜价格管理体制改革 ………………………………………………………… 033
3.3　蔬菜价格成本的构成 …………………………………………………………… 034
3.4　本章小结 ………………………………………………………………………… 035

第4章　蔬菜价格波动及其特征 …………………………………………………… 037
4.1　蔬菜价格历史波动回顾 ………………………………………………………… 037
4.2　蔬菜价格波动总体特征 ………………………………………………………… 039
　　4.2.1　基于季节调整法的蔬菜价格波动分析 ……………………………… 039
　　4.2.2　基于H-P滤波法的蔬菜价格波动分析 ……………………………… 045
4.3　不同种类蔬菜价格波动形态 …………………………………………………… 047
　　4.3.1　变异系数法模型设立 ………………………………………………… 047
　　4.3.2　不同蔬菜价格波动特征 ……………………………………………… 047
4.4　蔬菜价格预测及波动风险 ……………………………………………………… 049
　　4.4.1　方法选择与模型构建 ………………………………………………… 049
　　4.4.2　模型估计与结果分析 ………………………………………………… 051
4.5　本章小结 ………………………………………………………………………… 055

第5章　蔬菜价格波动的成因及机理 ……………………………………………… 057
5.1　内部传导机制下蔬菜价格波动的成因分析 …………………………………… 057
　　5.1.1　蔬菜价格波动内部传导的含义 ……………………………………… 057
　　5.1.2　蔬菜产业链成本变动对价格波动的影响 …………………………… 057
　　5.1.3　蔬菜市场供需变动对价格波动的影响 ……………………………… 060
5.2　基于PVAR模型的蔬菜价格内部传导机理 …………………………………… 061
　　5.2.1　PVAR模型 …………………………………………………………… 061
　　5.2.2　数据及实证检验结果 ………………………………………………… 063
5.3　外部冲击机制下蔬菜价格波动的成因分析 …………………………………… 071

####### 5.3.1 蔬菜价格波动外部冲击的含义 ·· 071
####### 5.3.2 自然灾害对蔬菜价格的外部冲击 ·· 072
####### 5.3.3 国际因素对蔬菜价格的外部冲击 ·· 074
####### 5.3.4 经济因素与政策对蔬菜价格的外在影响 ································ 075
5.4 基于PVAR模型的蔬菜价格外部冲击反应 ······························ 077
####### 5.4.1 模型设立及数据选择 ··· 077
####### 5.4.2 单位根检验 ··· 079
####### 5.4.3 面板矩估计 ··· 079
####### 5.4.4 方差分解与脉冲响应 ··· 080
5.5 本章小结 ·· 084

第6章 蔬菜价格波动影响因素分析 ··· 086
6.1 蔬菜价格波动影响因素理论分析 ··· 086
####### 6.1.1 影响供给方面的因素 ··· 086
####### 6.1.2 影响需求方面的因素 ··· 091
####### 6.1.3 其他方面的影响因素 ··· 093
6.2 蔬菜价格波动影响因素实证分析 ··· 093
####### 6.2.1 变量选择与模型构建 ··· 093
####### 6.2.2 数据来源与处理 ··· 094
####### 6.2.3 变量单位根检验 ··· 096
####### 6.2.4 实证结果与分析 ··· 097
6.3 本章小结 ·· 100

第7章 蔬菜价格波动的农村居民福利效应 ····································· 101
7.1 模型构建与数据来源 ··· 101
####### 7.1.1 模型构建 ··· 101
####### 7.1.2 数据来源 ··· 102
7.2 单位根及协整检验 ·· 102
7.3 弹性估计 ·· 103
####### 7.3.1 供给弹性 ··· 104
####### 7.3.2 需求弹性和收入弹性 ··· 105
7.4 福利测算 ·· 107
####### 7.4.1 净收益率的测算 ··· 107
####### 7.4.2 短期福利 ··· 110

7.4.3 长期福利 …… 115
 7.5 本章小结 …… 119

第8章 蔬菜价格波动的城镇居民福利效应 …… 121
 8.1 模型构建与数据来源 …… 121
  8.1.1 模型构建 …… 121
  8.1.2 数据来源 …… 122
 8.2 单位根及协整检验 …… 122
 8.3 弹性估计 …… 123
 8.4 福利测算 …… 125
  8.4.1 CR 的测算 …… 125
  8.4.2 短期福利 …… 126
  8.4.3 长期福利 …… 128
 8.5 本章小结 …… 131

第9章 蔬菜价格的调控机制 …… 133
 9.1 蔬菜价格调控现状及问题 …… 133
 9.2 蔬菜价格调控目标及思路 …… 138
 9.3 蔬菜价格调控机制的完善 …… 140
  9.3.1 价格机制 …… 140
  9.3.2 供需机制 …… 141
  9.3.3 风险预警防控机制 …… 144
  9.3.4 决策机制 …… 145
 9.4 本章小结 …… 145

第10章 研究结论与政策建议 …… 147
 10.1 研究结论 …… 147
 10.2 政策建议 …… 150
 10.3 研究展望 …… 152

参考文献 …… 154

第1章　导　论

1.1　研究背景及问题提出

1.1.1　研究的背景

蔬菜伴随人类走过了几千年的历史，它为人类生存和发展提供着丰富的维生素、膳食纤维、矿物质及其他营养物质。中国有关蔬菜栽培最早的记录始于3500多年前，蔬菜在中国人民膳食结构中占有重要的位置。自新中国建立之初，党和国家领导人就高度重视蔬菜产业的发展。特别是20世纪80年代以来，随着第二期"菜篮子工程"的实施，蔬菜产业从生产、流通到销售等各环节都得到了长足的发展。

自2003年以来，中国蔬菜播种面积及产量都已跃居世界第一，据国家统计局资料，2015年中国蔬菜种植面积3.30亿亩，产量7.69亿吨，人均占有量559公斤左右。根据《全国蔬菜产业发展规划(2011—2020年)》资料，至2020年中国蔬菜总需求量将增长到58950万吨，比2010年增加8950万吨。同时蔬菜生产已经由原来的简单生产逐步向精细化、技术化方向发展，蔬菜生产质量得到明显提高，科技水平显著增强。目前有设施蔬菜5000多万亩，蔬菜农药残留监测合格率稳定在95%以上，2015年蔬菜商品化处理率提高到50%，2020年将提高到60%。近年中国蔬菜出口势头不断增强，2015年中国出口蔬菜833万吨，出口额达107.08亿美元。

蔬菜市场流通体系逐步完善，目前建有经营蔬菜的农产品批发市场2千余家，农贸市场2万余家，70%左右的蔬菜经批发市场销售，80%左右的蔬菜经农贸市场零售，大中城市15%左右的蔬菜经超市销售[①]。

蔬菜产业在取得长足发展的同时，也存在不少问题。如蔬菜价格的剧烈波动问题，城市蔬菜价格偏高与农村蔬菜滞销并存的问题，质量安全隐患、基础设施建设滞后、产销信息体系不健全以及科技创新与转化能力低等问题十分突出。

---

① 数据来源：农业部发布的《全国蔬菜产业发展规划(2011—2020年)》。

1.1.2 问题的提出

在 2007 年以来中国新一轮农产品价格上涨的背景下，出现的一系列网络新词如"蒜你狠""豆你玩""姜你军""向钱葱"等，充分展现了近年来不同蔬菜品种在不同时期价格的大起大落。近两年尤其以大葱、生姜等蔬菜价格波动最为明显。据商务部和农业部价格监测数据显示，2015 年大葱的行情处于全年上涨的走势，原因是 2015 年初大葱因低价滞销的事件，致使很多葱农大幅减少种植面积，直接导致下半年大葱的上市量缩减，价格一路攀升，从 1 月的 1.9 元/公斤涨至 12 月的 4.6 元/公斤，是 2014 年同期的 18 倍；2016 年 9 月份以来，原本价格一路高涨的大葱开始下跌，与去年同期相比跌幅为 15% 左右。由于 2014 年生姜种植面积减少，减产量为 20%~30%，生姜价格一度飙升至 32 元/公斤，而 2015 年生姜种植面积比去年增加了 20%，生姜价格出现了从 10 元/公斤到 1 元/公斤的暴跌。蔬菜价格如此大起大落，处于不利地位的消费者及菜农的利益都受到了严重的损害，各级政府也疲于奔波在菜农和消费者利益保护的困境之中，如何科学合理地调控蔬菜价格成了各级政府亟须解决的重要问题。

那么，蔬菜价格波动为什么日益剧烈和频繁呢？蔬菜价格如此波动给居民带来了怎样的后果？应该制定什么样的政策才能合理科学地调控蔬菜价格波动呢？要回答这些问题，首先要明确蔬菜价格调控的目的是什么，依据是什么。本书基于蔬菜生产者和消费者利益的平衡视角，结合价格波动理论和福利经济学的思想，以蔬菜价格波动的福利效应为研究内容，研究蔬菜价格大起大落的内在原因和形成机制，以及由此导致的居民福利变化，具体需要对以下几个问题进行研究。

(1) 蔬菜价格的波动有什么样的规律和特征？波动的现状如何？这需要把握蔬菜价格波动的整体概况，包括蔬菜价格波动的总体趋势、周期性、波动的强度和频率、季节性、不规则性等规律和特征，并在此基础上利用蔬菜价格波动的长期趋势对蔬菜价格进行预测，从而正确识别蔬菜价格剧烈波动的现状。

(2) 蔬菜价格波动是如何形成的？受哪些主要因素的影响？基于前一问题的研究，弄清蔬菜价格波动的成因和机理是探寻蔬菜价格波动相关因素的关键问题。因此，从蔬菜产业的内外部环境出发，按内生经济周期波动理论和外生经济周期波动理论对蔬菜价格波动的成因和机理展开研究，从而发现蔬菜价格波动的相关因素，并对这些因素进行判断和识别，最终为科学合理调控蔬菜价格波动提供理论参考和政策建议。

(3) 蔬菜价格波动对居民福利有什么影响？基于前面两个问题的分析，可以发现蔬菜价格波动受多种因素影响，不同的价格调控目标所关注的因素不同。本书基于福利经济学理论，以居民福利的改善为基本目标和依据，利用补偿变量讨论蔬菜价格波动对农村和城镇居民福利的影响，具体包括蔬菜生产价格对农村居民生产福利变化的影响、零售价格对城镇居民和农村居民消费福利变化的影响、蔬菜生产价格与零售价格对城镇居民和农村居民总福利变化的影响，进而为蔬菜价格调控提供科学依据。

1.2　研究的目标及意义

1.2.1　研究的目标

本书研究的总体目标是：通过对蔬菜价格时间序列数据和省际面板数据的全面分析和深入考察，全面透视蔬菜价格波动的规律、特征和趋势，揭示蔬菜价格波动的主要影响因素，测算蔬菜价格波动对农村和城镇居民福利变化的影响，为蔬菜价格波动的科学合理调控提供理论参考与政策建议。为实现研究的总体目标，需实现以下具体目标。

(1)通过对蔬菜价格历史波动的总体特征分析、不同种类蔬菜价格波动的形态分析、蔬菜价格时间序列影响因子的分离以及蔬菜价格未来趋势的预测和波动风险的识别，正确认识和把握蔬菜价格波动的规律、趋势、特征以及风险。

(2)通过对蔬菜价格波动内部传导机制和外部冲击机制的理论与实证分析，厘清蔬菜价格波动的成因及内在机理。

(3)通过对不同省份蔬菜价格波动对农村和城镇居民福利变化的影响的测算，为科学调控蔬菜价格显著促进居民福利找到目标和依据。

1.2.2　研究的意义

本书以"蔬菜价格波动及居民福利效应"为题，具有重要的理论意义、现实意义和政策含义。

从理论角度来看，本书是对国内外学者农产品价格波动研究的补充和深入。从现有文献来看，国内外学者对农产品以及蔬菜价格波动的研究，对本书理论框架的形成、研究思路的设计以及研究方法的选择等方面具有很好的参考价值与借鉴意义。但总的来说，国内外研究关注蔬菜价格波动的文献相对较少。国外文献主要集中于对农产品价格波动的研究，对蔬菜价格波动的经典研究较少，且部分研究多关注大宗农产品价格波动与宏观经济的关联影响。在为数不多的关于国内蔬菜价格波动的研究中，主要侧重于某一区域的研究较多，且主要集中于极少数的蔬菜品种，全面系统的研究颇少；在研究数据的使用方面，以往文献要么采用时间序列数据，要么使用横截面数据，由于数据本身包含信息的不全面，可能导致对蔬菜价格波动特征、规律及影响因素的研究存在一定的缺陷，而面板数据的使用，对于全面系统分析蔬菜价格波动具有重要的意义。这些都为本研究提供了新的切入点。考察蔬菜价格波动福利效应的省际差异是现有研究的补充和深入。现有关于蔬菜价格波动福利效应的研究通常采用的都是时间序列数据，此类数据的运用一方面无法考察区域内部各省福利结构的演变；另一方面会损失大量信息，可能造成研究结果的偏差。基于此，本书选用省际面板数据，考察蔬菜价格波动对不同省份居民福利效应变化影响的差异，期望为农业供给侧改革政策创新提供理论支撑。

从现实意义来讲，对中国蔬菜价格波动及福利效应的研究具有重要的政策含义。如蔬菜价格波动内部传导机制不畅，则预示着在今后的发展过程中，应注意加强对国内蔬菜产业市场体系的建设；如蔬菜价格波动内部传导过程中存在蔬菜价格形成机制不畅的问题，则应改革和完善蔬菜价格的定价机制和价格管理机制；如蔬菜价格波动的外部冲击较强，则应加强对蔬菜产业的保护等。同时，揭示蔬菜价格波动的重要影响因素和考察蔬菜价格波动的居民福利效应，能为平衡蔬菜产销利益及蔬菜价格宏观调控政策的制定提供理论依据。对蔬菜价格波动的预测，有利于国家蔬菜价格波动预警机制的建立，为主动调控提供数据参考。

1.3 研究的内容与思路

1.3.1 研究的内容

本书研究的主要内容包括以下几个方面：①确立研究的逻辑起点和分析框架。通过对价格波动理论和福利测算的 Minot 模型的回顾，以及蔬菜市场的基本现状和价格管理体制的全面考察，确立研究的逻辑起点和分析框架。②中国蔬菜价格波动的规律、特征和趋势的全面考察以及价格波动风险的识别。通过对 1978~2015 年蔬菜价格历史波动的回顾，2002~2015 年蔬菜价格季节因子、不规则因子、趋势因子以及循环因子的分离，不同种类蔬菜价格波动形态的比较，全面透析中国蔬菜价格波动的现状、规律和特征。同时，利用季节调整法对蔬菜价格进行预测，比较分析蔬菜价格波动的风险。③中国蔬菜价格波动成因及机理的分析。根据外生经济波动理论和内生经济波动理论，对蔬菜价格波动的内部传导及外部冲击反应进行理论分析，在此基础上，利用省际面板数据建立 PVAR 模型进行实证分析，厘清中国蔬菜价格波动的成因及机理。④中国蔬菜价格波动的居民福利效应测算。基于省际面板数据，利用 Minot 模型测算蔬菜价格波动引致的各省福利变化，探寻蔬菜价格与居民福利的关系。

根据以上研究内容，本书共分为以下十章。

第1章，导论。主要包括研究背景及问题提出、研究的目标及意义、研究的内容与思路、研究的方法和创新、文献综述等内容。

第2章，理论框架。首先对蔬菜价格波动及居民福利的基本概念进行界定，理论分析蔬菜价格波动的基本原理、形成机制以及居民福利的测算过程和方法，为后续研究提供理论支撑。

第3章，蔬菜市场的发展及价格管理体制改革。本章通过对蔬菜市场的发展、蔬菜价格管理体制改革以及蔬菜价格成本的构成等内容的全面考察，分析中国蔬菜产业市场和价格管理体制的基本现状和发展轨迹，把握蔬菜价格波动的基本制度因素。这是蔬菜价格波动研究的基本出发点，它影响着理论架构的形成、研究方法的选择等。

第4章，蔬菜价格波动及其特征。本章首先对蔬菜价格波动的总体情况进行考察，然后对蔬菜价格波动的不同影响因子进行分离并深入剖析蔬菜价格波动的规律和特征。在此基础上，对不同种类蔬菜价格波动形态进行比较，并利用蔬菜价格波动的长期趋势对蔬菜价格进行预测，比较分析蔬菜价格波动的风险。

第5章，蔬菜价格波动的成因及机理。本章主要根据内生经济波动理论和外生经济波动理论，对内部传导和外部冲击下的蔬菜价格波动成因进行分析，并利用省际面板数据建立内部传导和外部冲击的 PVAR 模型，深入分析蔬菜价格的内部传导机理和外部冲击反应。

第6章，蔬菜价格波动影响因素分析。本章在厘清蔬菜价格波动的成因及机理的基础上，按影响蔬菜供给方面的因素、影响蔬菜需求方面的因素以及其他因素的分类方式，寻找蔬菜价格波动的内外部因素，并通过利用省际面板数据和变截距模型，对影响蔬菜价格波动的主要因素进行识别。

第7章，蔬菜价格波动的农村居民福利效应。利用 Minot 模型测算不同省份蔬菜价格波动的农村居民福利变化，重点考察蔬菜生产价格与农村居民生产福利的关系、蔬菜零售价格与农村居民消费福利的关系，以及蔬菜生产价格与零售价格对农村居民总福利的关系。

第8章，蔬菜价格波动的城镇居民福利效应。利用 Minot 模型测算不同省份蔬菜价格波动的城镇居民福利变化，重点考察蔬菜零售价格与城镇居民消费福利的关系。

第9章，蔬菜价格的调控机制。通过对蔬菜价格波动的宏观调控现状的分析，发现现有宏观调控中存在的问题，并结合在前文蔬菜价格波动成因及主要影响因素、蔬菜价格与居民福利的关系，提出完善中国蔬菜价格调控机制的思路。

第10章，研究结论与政策建议。

1.3.2 研究的思路

本书遵循"发现问题、分析问题、解决问题"这一基本思路,坚持理论分析与实证分析相结合的方式开展研究(图1-1)。首先,本书根据现实经济中的蔬菜价格剧烈波动的现象,提出研究的问题。其次,对已有研究文献和价格波动的理论进行梳理,以便确立研究的逻辑起点和分析框架。再次,对蔬菜价格波动特征、波动成因及机理,进行基础分析;对蔬菜价格波动的影响因素进行理论分析和实证分析。最后,考察蔬菜价格波动的农村居民和城镇居民福利效应,并提出科学合理调控蔬菜价格的机制和对策建议。

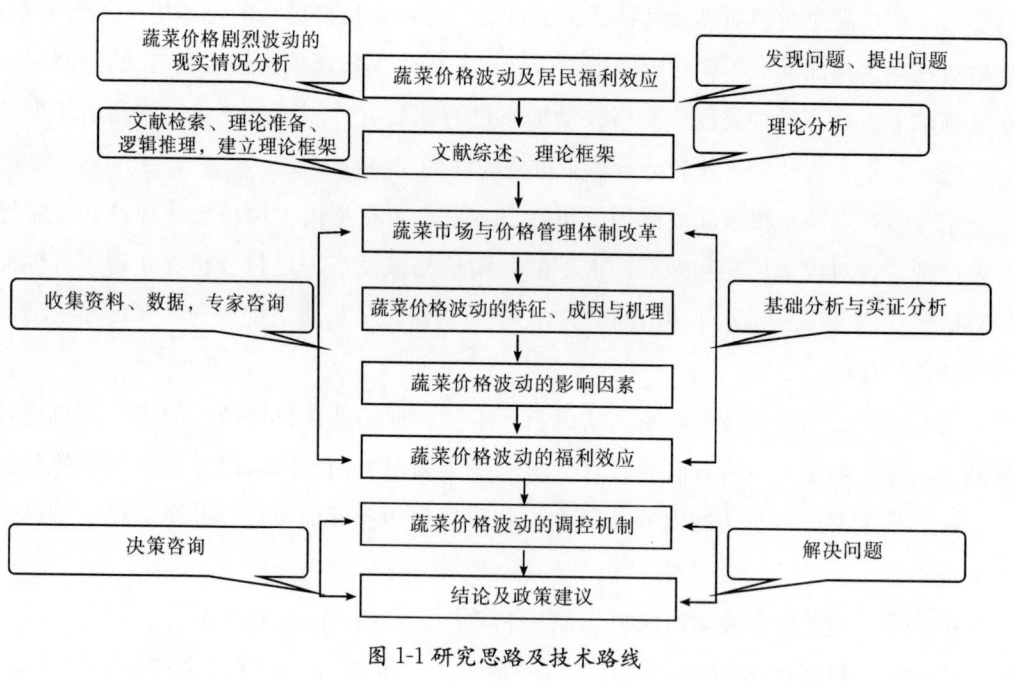

图1-1 研究思路及技术路线

1.4 研究的方法和创新

1.4.1 研究的方法

本书在理论分析与实证分析、定性分析与定量分析的过程中,具体运用了以下几种研究方法。

(1)Census X12季节调整法。在分析蔬菜价格波动总体特征过程中,利用2002年至2015年蔬菜价格月度数据,采用X12季节调整法对蔬菜价格波动趋势循环因子、季节因子、不规则因子以及季节调整因子进行分离,分析不同因子的特征,并对蔬菜价格进行预测。

(2)H-P滤波分析法。为了能更准确地观察蔬菜价格的长期趋势和循环波动情况，本书运用 H-P 滤波分析法对 X12 季节调整法得到的蔬菜价格趋势循环序列进行趋势波动和循环波动的分离，进而分析得出蔬菜价格波动的长期趋势和循环周期。

(3)变异系数法。为了能准确把握不同种类蔬菜价格波动的形态以及波动的强度，本书利用 2002～2015 年不同种类蔬菜季度价格数据，运用变异系数法，分析不同种类蔬菜价格波动的形态、强度，并归纳其波动的区别和共同特点。

(4)PVAR 模型法。在对蔬菜价格波动的成因分析过程中，本书利用 2003～2015 年各省面板数据，建立 PVAR 模型，对蔬菜价格波动的内部传导和外部冲击进行实证分析，定量分析蔬菜价格受到来自内外部变量冲击的反应及未来变化趋势。

(5)变截距模型法。为了探究蔬菜价格波动的主要影响因素，本书利用 2003～2015 年各省面板数据，运用变截距模型综合考察蔬菜供给因素、需求因素及其他因素对蔬菜价格波动的影响。

(6)补偿变量法。基于补偿变量法的思想，利用 Minot 模型测算各省蔬菜价格波动的农村居民和城镇居民福利变化情况。

1.4.2　研究的创新

本书围绕蔬菜价格波动及居民福利效应展开研究，从蔬菜价格波动特征分析入手，探寻蔬菜价格波动形成的机制、原因及对居民福利的影响。归纳起来，本书的创新之处有如下几个方面。

(1)全方位透析了蔬菜价格波动规律、特征、趋势以及波动的风险。本书运用季节调整法、H-P 滤波分析法和变异系数法等方法，对蔬菜价格历史波动进行了回顾，对不同种类蔬菜价格波动形态进行了比较，对近年来蔬菜价格的季节因子(S)、季节调整因子(Sa)、趋势循环因子(TC)和不规则因子(I)进行了分离，深入分析了各因子变化的规律、趋势以及特征；同时，利用趋势循环因子对蔬菜价格以及不同种类蔬菜的价格进行了预测，并比较分析了其价格波动的风险。

(2)利用面板数据 VAR 模型从内部传导和外部冲击两方面探讨了蔬菜价格波动的成因及机理。本书对蔬菜价格波动内部传导及外部冲击的内涵进行了界定，分别构建了蔬菜价格波动内部传导和外部冲击的 PVAR 模型，分析了蔬菜产业内部变量及外部变量对蔬菜价格冲击的机理及影响。研究结果发现：蔬菜价格形成机制不畅，价格调节机制单向有限地发挥着一定的作用；蔬菜价格对外部冲击反应的效果并不理想，部分外部冲击所产生的反应存在明显的、不合理的滞后性。

(3)将价格波动理论和福利经济学理论结合起来,揭示了蔬菜价格波动对不同省份居民福利产生的影响。本书利用省际面板数据,将 Minot 模型扩展为省际面板数据模型,分别测算了各省蔬菜价格波动对农村和城镇居民福利变化的影响。研究结果显示:各省农村和城镇居民 CR 值呈下降趋势、农村居民 PR 值呈递增趋势,但存在较大的省际差异,且城镇居民 CR 值明显小于农村居民 CR 值;蔬菜生产价格变化影响着农村居民人均生产福利同方向变化,蔬菜零售价格变化影响着农村居民和城镇居民人均消费福利反方向变化,但蔬菜生产价格在农村居民人均总福利中仍占据主导作用。同时,各省相同或相近的蔬菜价格变化引致的农村居民福利变化存在明显的省际差异;农村和城镇居民长期人均总福利没有明显优于短期人均总福利,且个别省份和个别年份存在短期人均总福利优于长期人均总福利的情况;农村居民与城镇居民消费福利变化趋势基本一致,但农村居民消费福利普遍优于城镇居民消费福利。

1.5 文献综述

(1)关于农产品价格波动的研究。美国经济学家 Schultz,荷兰经济学家 Tinbergen 和意大利经济学家 Ricci 在 1930 年分别用蛛网模型(cobweb model)研究了农产品的价格波动变化,并认为农产品产量受上期价格影响。基于此,Kaldor(1934)和 Ezekiel(1938)采用滞后模型(deferred model)分析了下一期农产品价格波动情况,认为农产品价格波动由于季节、消费习惯等外生因素的影响会产生一定的滞后性,从而使得农产品价格不一定完全反映其产品价值。Wohlgenant(1985),Heien(1977),Lamm 和 Westcott 等(1981)进行了农产品价格形成的理论和实证的研究,他们认为农产品的价格波动源于农业本身的不稳定性和农业市场的缺陷,调节农产品波动不能完全依靠市场的自觉性,必须通过政府采取相应措施使得农产品价格在合理范围内进行波动。Schroeter 和 Azzam(1991)研究了猪肉价格的形成及波动,他们提出生产成本的变化导致猪肉价格呈现波动状态,猪肉作为基础性肉食品其价格波动也会导致其他农产品价格随之发生变动,从而影响整个农产品市场价格出现不稳定性。中国学界对农产品价格波动的研究主要开始于改革开放之后,郭恒军(1992)动态化地描述了农产品价格波动的过程,并提出建立有效的农产品期货市场机制是解决农产品价格波动的关键所在。巫国兴(1997)、李伟克和马晓和(1998)、蔡贤恩等(2002)分别就农产品价格波动的轨迹和趋势进行了分析,并对其短期价格进行了预测。

卢锋和彭凯翔(2002)、何磊和赵志强(2011)、程瑞芳(2007)、鲁忻(2007)等学者分别提出经济增长、通货膨胀、成本上涨、居民收入水平提高等因素对农产品价格有着重要的影响。苏应蓉(2011)则进一步提出,近年来金融化因素在农产品价格波动中产生了一定的影响并使农产品价格波动形成一些新特点,部分农产品金融化趋势加强,期货和指数基金的投机行为大大加剧了农产品价格的波动,政府应建立农产品金融化战略保护农民利益。漆星灿(2011)认为当前农村农业信息化建设相对落后,农民在生产和经营中的信息弱势地位造成了农业生产的盲目性,进而影响到农产品价格的总体水平。杨培源(2012)认为地方政府在监管过程中将重点放在扩大农产品播种面积、提高自给率等量化指标上,对流通体系和信息体系改善等长效机制缺乏重视,也对农产品价格波动产生一定影响。庞贞燕和刘磊(2013)针对期货市场能否平抑农产品现货价格波动这一问题进行研究,通过实证研究发现,农产品期货合约上市减小了现货市场的波动性,期货市场对现货市场价格波动的影响具有持续性,并且不同的期货品种对其现货价格的影响有所不同。温涛和王小华(2014)运用时间序列分析方法对1952～2012年中国农产品价格波动的影响因素进行研究,并提出货币政策对中国农产品价格产生了强烈的冲击效应。祝福云和高燕霞(2015)运用VAR模型实证分析国际原油价格对我国大豆、玉米、油菜籽等大宗农产品价格波动的滞后效应及影响程度,研究发现:国际原油与我国大宗农产品价格之间存在长期均衡关系,国际原油价格对我国大宗农产品价格变动的贡献程度不同,对大豆和油菜籽价格的贡献较大。综上,农产品价格波动长期存在,影响因素多样,在不同的经济发展阶段,农产品价格波动呈现出一些不同的特征,正确认识农产品价格波动的规律和趋势,加强宏观调控,对于抑制农产品价格剧烈波动具有重要的意义。

(2)关于蔬菜价格波动的研究方法。国外学者对蔬菜及其他农产品价格波动的研究方法,对于研究当前中国蔬菜价格波动具有十分重要的借鉴意义。Fofana 和 Epplin(1993)运用专家调查法为主的统计方法对农产品的现货市场存量、价格波动趋势、市场供需情况、期货交割标准等影响因素进行了调查与统计分析,结果表明:建立规范的期货市场机制是降低农产品市场风险的关键所在。Geoffrey 等(1998)研究了美国芝加哥交易市场和加拿大温尼泊期货交易所的小麦及其他农产品期货价格之间的协整关系,表明美国农产品期货市场的价格在北美地区有引导作用。Fung 等(2011)采用二元GARCH模型对比了中美农产品期货市场上大豆等农产品的每日交易数据,发现中国进口量较大的蔬菜及其他农产品受美国期货市场价格波动影响较大,而国内自给自足的蔬菜产品则受国际市场波动较小。中国学者对蔬菜价格波动的研究也是近几年来才受到重视,从CNKI文献检索的情况来看,2007年以后这方面的专业研究文献逐渐增多。潘向东(2001)结合马克思关于价值理论的论述及西方供求均衡论,通过对河南省城镇居民蔬菜供需状况进行分析,建立需求分析的AIDS模型和供给曲线模型,研究河南省城镇居民蔬菜价格的形成机制,针对性地提出了蔬菜价格的短期、中期、长期三种不同调控手段。杜俊(2008)将小波分析、层次聚类、变异系数等方法指标引入序列波动的研究中,选用平均价格、波动强度的比较指标,重点对江苏省蔬菜市场批发价格波动特征进行分析研究,总结出蔬菜价格波动有"大小年"现象变化、强度变化、走势变化三类特征,认为在季节性周期对当今蔬菜价格有决定性影响,并普遍存在6月周期特征。张利庠等(2010)基于产业链分析理论的视角,通过H-P滤波分析法分析了2002~2009年大蒜季度批发价格数据的波动周期,并运用博弈论的研究方法对大蒜产业链各环节主体建立博弈矩阵,研究发现游资对大蒜波动没有太大影响,并非价格波动的主要原因。李干琼等(2011)利用全国西红柿月度批发市场价格数据,综合季节虚拟变量法、Census X12法、移动比率平均法、Holt-Winters季节指数平滑法、SARIMA法等建立短期预测模型,并根据不同的模型误差赋予不同的权重,从而研究建立了蔬菜价格的组合预测模型。陈智勇和李雪燕(2011)选取2005~2010年重庆及周边代表性城市如成都、贵阳、昆明、武汉五地蔬菜批发市场价格数据,通过列表比较得出重庆蔬菜价格总体偏高且总体上升的结论,指出农资成本不断增加、农村耕地的减少、城市居民消费结构的改变在一定程度上助推了蔬菜价格的上涨。宋长鸣等(2013)在剥离蔬菜生产和零售价格季节性波动因素的基础上,运用格兰杰因果关系检验、向量自回归(VAR)模型和多变量向量误差条件异方差(VECH)模型,以2002年1季度至2012年1季度蔬菜价格为样本,探寻了蔬菜生产和零售价格自身的波动传导机制。周锦和李崇光(2014)通过构建STAR模型以大白菜、黄瓜、四季豆为例,选取2002年1月到2013年9月的全国集贸市场价格数据,对蔬菜市场价格的非线性动态调整过程进行了分析,研究表明:蔬菜价格具有非线性波动特征,存在机制之间的平滑转换过程,门限值是其转换的转折点,可以作为国家调控蔬菜市场价格异常波动的重要依据。李伟伟(2016)对2005年1月至2016年1月"菜篮子"产品批发价格指数的月环比数据进行粗粒化处理,将蔬菜价格涨跌数据换成符号数列,构建了以模态关系转化为边、模态为节点的蔬菜价格有向加权复杂网络,并结合时间要素,对蔬菜价格波动网络的模态统计特征、核心模态、模态传导特征等进行了分析,明确了蔬菜价格波动网络的核心模态、蔬菜价格波动的主要模态转换时间特征,从而对调控蔬菜市场、稳定蔬菜价格提供了决策依据。

(3)关于蔬菜价格波动原因及主要影响因素的研究。国外学者从不同角度对蔬菜价格波动的成因及影响因素进行了探讨和研究,本书选取其中相对具有代表性的观点进行综述:Pindyck和Rotemberg(1987)认为,一国整体经济环境以及货币政策、财政政策的变动是导致以蔬菜产品为代表的主要农产品价格波动的主要因素。Johnson和

Song(1999)从农村居民存粮、存菜行为这一角度出发进行研究，发现物价上涨、通货膨胀导致农村居民有选择性地对农产品进行储存，进而影响蔬菜市场供求，导致蔬菜价格波动。Barrett等(2001)在对肯尼亚农产品价格影响因素研究中发现蔬菜产品市场价格的大幅波动降低了生产价格，降低了商人和农村居民的生产信心，同时过远的市场距离也阻碍了肯尼亚农产品交易从而在一定程度上增加了蔬菜产品生产价格的风险。Teklewold等(2009)对埃塞俄比亚农产品市场上128个收购商、贸易商、农场经营者和出口商进行了调查，并利用特征价格结构模型对调查数据进行比较分析后发现，在特定地区旱季、雨季的交替以及如斋月、穆斯林斋戒等特殊节庆也会对特殊地区的蔬菜价格波动产生影响。

中国学者分别从气候条件、宏观经济运行状况、蔬菜产业发展现状等不同角度对蔬菜价格波动的影响因素进行了一系列研究探讨。武拉平和胡建青(1998)在研究了包括蔬菜产品在内的主要农产品价格体系的基础上，提出蔬菜等农产品价格将在未来一段时期内保持上涨趋势，主要原因在于宏观经济、社会物价总指数、蔬菜总产量及储存量的共同作用。陈明海等(2000)通过比较国内典型蔬菜批发市场的价格数据，认为在供给方面蔬菜价格波动的首要影响因素是气候条件，并且中国南北由于气候特点的不同，蔬菜淡旺季出现的时机也随之不同；在需求方面，蔬菜价格波动主要受收入水平和消费偏好的影响；在蔬菜流通方面主要受交通条件、信息、环境因素的影响。姚霞(2004)认为蔬菜价格波动在一定空间范围存在空间趋同性及品种差异性。鲍继友等(2007)利用江苏省连云港市2001~2006年27个蔬菜品种的价格数据，得出该市蔬菜价格的波动周期，指出影响蔬菜价格波动的主要因素有季节变化、政策变化、区域差异、品种差异等内容。钟甫宁和胡雪梅(2008)指出自然环境、社会经济、农业技术水平等因素作用于蔬菜生产布局从而影响蔬菜价格，但社会经济和农业技术水平的影响更为突出。孙倩和穆月英(2011)梳理了2008年以前中国蔬菜价格的剧烈波动现象，并对价格超常波动的影响因素和原因进行了序列平稳性检验和格兰杰因果检验，认为中国蔬菜产业规模小、产业化程度低，且流通环节复杂、批发市场制度不完善、蔬菜产地间价格差异大是近几年影响中国蔬菜价格波动的主要因素。张玉玺(2011)在分析北京市蔬菜供应存在淡旺交替季节特点的基础上，指出了气候因素对蔬菜价格波动起关键作用，气温的变化会直接影响蔬菜的产量从而影响蔬菜市场供应。郝渊晓等(2011)讨论了中国转型期蔬菜价格的影响因素，分别为供给因素、需求因素、其他因素三类，其他因素主要包括经济增长、生成成本、流通成本及人为炒作。赵安平等(2012)采用多元线性回归模型，根据2002~2011年北京市批发市场价格数据，分析了天气、油价、批发市场上市量和季节性变化对菠菜和黄瓜价格的影响程度，结果表明：油价已经成为影响北京市蔬菜价格上涨的主要因素,季节性变化是决定年度内蔬菜价格高低的根本性因素,检测和调节批发市场上市量水平将对平抑蔬菜价格起到重要作用。宋长鸣等(2013a)分析了货币供应量增加对蔬菜价格的推动作用,经验研究结果表明:货币供应量显著影响各类蔬菜价格,但反过来却不成立。刘俊浩和王鹏鹏(2014)研究发现石油价格与蔬菜价格波动具有高度相关性,认为石油价格波动会从生产成本、运输成本和货币供应量3个方面对蔬菜价格产生影响。郭娜和闫英杰(2015)以石家庄本地黄瓜为例,采用2011年10月至2014年5月石家庄市月度降水量、气温和日照时数的时间数列数据,通过VAR模型的格兰杰因果关系验证,证实了降水量、气温和日照时数等天气因素的变动会引起黄瓜价格的波动。

(4)关于蔬菜价格波动的居民福利问题研究。国内外学者关于蔬菜价格波动的福利效应的专门研究较少,关于农产品及食品价格波动的居民福利效应研究较为丰富。国外学者将研究的重点放在了发展中国家。Ackah和Appleton(2007)分析了贸易和农业政策变革对加纳食品价格变化的影响,进而分析和测算了价格变化对家庭消费福利的影响。Gorter和Fisher(1993)认为粮食补贴政策不仅调动了农民种粮的积极性,而且对世界农产品的价格、贸易和福利都产生了重要影响;Trairatvorakul(1984)利用泰国1975~1976年的微观调查数据实证分析了大米价格上升对当地贫困和营养水平的影响;Minot和Goletti(2000)综合利用IFPRI 1995~1996年的调查数据和VLSS 1992~1993年的调查数据分析了越南大米价格与居民福利的关系;Deaton(1989)利用泰国11893个家庭调查数据,采用非线性回归和密度估计方法进行了实证分析,认为较高的大米价格对大多数农村家庭是有利的,尤其是中等收入的农村家庭。Mellor(1978)则认为较高的食物价格是否有利于农村居民取决于农村居民作为农产品净卖者或者净买者的程度,Weber等(1988)认为撒哈拉以南的非洲农村居民是净买者的比例为15%~73%;Barrett和Dorosh(1995)估计了马达加斯加岛的情况,大约49%;Sahn和Glick(1998)估计了斯里兰卡的情况,大约84%;Trairatvorakul(1984)认为泰国农村家庭中有58%为大米净买者,而大米生产者中仅有25%为净买者。

目前国内关于蔬菜价格波动的居民福利问题研究的文章仍然较少(姜雅莉等,2012;孙小丽和陆迁,2012;杜薇,2012),有部分文献是关于农产品及食品价格波动的居民福利问题的研究。总的来说包括四个层面,一是从宏观层面考察农产品价格波动对居民总体福利影响(李光泗和郑毓盛,2014);二是基于城镇居民和农村居民视角,研究农产品价格波动对城镇居民与农村居民福利效应的差异(苗珊珊,2014b);三是从农产品主产区、主销区以及产销平衡区视角,研究农产品价格波动福利效应的区域差异(苗珊珊,2015;李京栋和张吉国,2015);四是从不同收入水平视角,研究农产品价格波动对不同收入水平居民福利效应影响差异（赵昕东和王小叶，2016；赵昕东和汪勇，2013；张祖庆等，2013）。测算价格波动对福利变动影响的方法主要有补偿变量法（Moint and Goletti，2000）、等价收入法（King，1983）、反需求系统（Youn，1997）、成本函数法（Banks et al，1996）等。其中，补偿变量法是较为常用的一种，即指居民户在价格发生变化后为了维持基期效用水平所需支付的资金额的计算方法来衡量因价格变化引起的消费者福利变化。本书拟采用此种方法，主要借鉴 Moint 和 Goletti（2000）提出的补偿变量的思想来展开研究（孙小丽，2012；徐永金，2013；赵昕东和汪勇，2013；苗珊珊，2014a，2015；王小叶，2015；姜雅莉等，2012；杨天宇和张品一，2015；李京栋和张吉国，2015；赵昕东和王小叶，2016）。但是在补偿变量法测算福利时，需要用到的供给弹性和需求弹性的计算，学者们则根据不同的研究需要，采用了不同的模型，主要有：C-D 生产函数模型、QUAIDS 模型（Banks et al，1997）、AIDS 模型（Deaton and Muellbauer，1980）、ELES 模型（Lluch，1973）、EASI 模型（Lewbel，Pendakur，2009）等。本书根据研究需要，选择经典的"柯布－道格拉斯（C-D）生产函数模型"。

正是研究视角的不同，关于农产品价格波动与居民生活福利变化的关系存在多种认识。有的学者根据"价格-价格螺旋上涨"理论得出粮食零售价格的提高给农民带来的福利不大（李志红，2007）；也有学者认为粮食价格上涨对农民的福利效应是下降的（胡锋，2008；Hasan，2013）。石敏俊等（2009）发现城镇居民受粮食价格上涨而得到的净收益减少，而农村居民得到的净收益却是增加；与之相反，郭劲光（2009），Hoang 和 Glewwe（2009）认为，随着粮食价格的波动，农村的低收入人口和贫困主体将比城市的相应人口遭受的影响程度更深。FAO（2008）的一项研究显示：粮食价格上涨，使得最贫穷的 1/5 家庭所受的影响最大，其福利状况不是损失最大就是增益最少。此外，邵飞和陆迁（2010）、张祖庆等（2013）、苗珊珊（2014b）等通过对玉米、鸡蛋、大米等的福利测算发现，价格上涨改善生产福利的同时却削减了消费福利。

（5）关于蔬菜价格调控对策研究。Garner（1989）提出大宗蔬菜产品的价格走势对整个蔬菜市场价格有指向作用，因此建立蔬菜期货市场不仅可以提高蔬菜产品交易的效率，也可以在一定程度上控制蔬菜价格波动。Willet 等（1997）对水果供应链及蔬菜供应链的研究表明，价格传递存在非对称性，因此完善蔬菜及其他农产品价格传导机制可以降低蔬菜产销的中间成本，从而控制蔬菜价格波动幅度。速水佑次郎和神门善久（2003）指出第二次世界大战以来，各个国家均开始对本国农业实施保护政策以应对价格波动。Adugna（2009）认为对一般农村居民而言，可以选择在节假日出售更多自己的蔬菜及其他农产品，以获得更高的销售价格减少蔬菜价格波动带来的损失。针对中国蔬菜价格波动的形势,国内学者从不同方面提出了调控蔬菜价格波动的对策,其中具有代表性的观点有:程国强等(2008)对2007年以来新一轮农产品价格上涨分析后得出确保蔬菜等基本农产品供给平衡是解决蔬菜价格波动的关键所在,同时对受涨价影响较大的城镇困难居民要进行一定的财政补贴,解决蔬菜价格波动给他们带来的生活困难问题。汪顺彪等(2010)在湖北省荆门市城区蔬菜价格调查的基础上提出必须对蔬菜价格进行生产、流通的全盘规划以解决居民"买菜贵"和农民"卖菜难"的问题。张利库等(2010)提出在蔬菜价格波动控制方面要坚持正确的新闻舆论导向,查处散布虚假价格信息的行为,加强官方价格信息公布平台建设,规范蔬菜价格体系。刘同山和吴乐(2011)在分析中国蔬菜销售价格过高的基础上指出政府合理规划蔬菜基地的空间布局,提高对本地蔬菜生产的价格补贴能够解决部分问题;同时要积极培养能够将众多零散蔬菜生产基地整合起来的"职业经理人",解决"农超对接"及社区配送模式中存在的部分问题。赵美华等(2011)认为蔬菜供应量是决定菜价高低的主要因素,人为囤积炒作、信息不对称、流通环节成本过高在一定程度上加剧了蔬菜价格的波动,据此提出应建立宏观调控机制、加强产销对接、降低蔬菜流通成本、严厉打击蔬菜炒作行为。郝渊晓等(2011)指出在转型期间中国维持菜价稳定的关键在于建立完善的蔬菜流通体制,并提出包括加强蔬菜物流基础设施建设、深化"农超对接"、完善蔬菜质量安全标准体系等优化蔬菜流通渠道措施。马国英和杨蕾(2011)认为解决中国蔬菜价格波动问题的关键在于建立稳定蔬菜价格的长效机制和应急预案制度,加大蔬菜产品政策性保险的深度和广度。刘刚(2012)建议通过长效性的蔬菜价格调控预案和统一权威的信息服务平台、强化蔬菜安全性、优化市场区域布局、发挥冬春菜储作用、大幅提高违法成本等办法来优化现有应对菜价波动政策。赵晓飞(2014)通过分析我国蔬菜价格的变动趋势,总结了我国蔬菜价格的波动规律,并提出实行反周期性调控、加大蔬菜运输补贴和税改力度、减少工业用地、缓解城郊土地压力以及提高菜农组织化程度等政策。马地动和朱正凡(2015)认为要减少蔬菜价格波动应加强蔬菜基地建设、完善蔬菜流通体系、强化蔬菜市场管理、健全价格信息服务平台、建立蔬菜应急储备体系等。

(6)文献述评。综上,现有研究为本书提供了很好的借鉴,对本书理论框架的形成、研究思路的设计以及研究方法的选择等方面具有很好的参考价值与借鉴意义。国内外文献主要集中于农产品价格波动及福利效应的研究,对蔬菜价格波动及福利效应的经典研究较少。关于蔬菜价格波动的研究,主要侧重于某一区域的研究较多,且主要集中于极少数的蔬菜品种,全面系统的研究颇少;在研究数据的使用方面,以往文献要么采用时间序列数据,要么使用横截面数据;关于蔬菜价格波动的福利效应研究主要采用的是时间序列数据。由于数据本身包含信息的不全面，一方面会损失大量信息，可能造成研究结果的偏差；另一方面是缺乏对省际福利结构的考察，很难准确把握蔬菜价格波动对居民福利变化的真实影响。而面板数据及变系数模型的使用，对于全面系统分析蔬菜价格波动的成因及居民福利变化具有重要的意义，是对现有研究的补充和深入。这些为本研究提供了新的切入点。

本研究将通过季节调整法和 H-P 滤波分析法对蔬菜价格波动的基本特征、变化趋势进行总体考察，利用省际面板数据建立 PVAR 模型就内部传导与外部传导两方面揭示蔬菜价格波动的成因及传导机制，进而探寻蔬菜价格波动的主要影响因素，在此基础上，利用 Minot 模型和省际面板数据测算各省蔬菜价格波动的福利效应，最终提出完善蔬菜价格调控的机制和政策建议。

第 2 章 理论框架

2.1 基本概念

1. 价格

伴随着人类社会步入商品经济时代,价格一直是人们研究的重点问题。价格理论也是市场经济的核心理论之一。有关价格理论的研究,从四大文明古国商品经济的出现就有了最早的价格理论萌芽,发展至今,基本形成了劳动价值论学派、供求均衡学派、边际效用价值论学派和斯拉法价格论学派四个学派。其中劳动价格论学派的代表人物有马格努斯、配第、穆勒、马克思,供求均衡学派主要以马歇尔等为代表。进入20世纪中期以后,价格理论得到了进一步的发展,具有代表性的学者包括 Geoger Stigler、Milton Friedman、Jack Hirshleifer 等,他们或对价格理论进行补充,或对价格理论进行反思,形成了重要的研究成果。

马克思的商品价值决定理论认为:价格作为商品价值量的指数,是商品同货币交换比例的指数,是物化在商品内的劳动的货币名称,是价值的货币表现。而商品的价值是由生产商品所耗费的社会必要劳动时间来衡量的,社会必要劳动时间又分为两种情况:同一部门内生产单位产品所耗费的社会必要劳动时间,不同部门之间按照社会的需要成比例的分配至各部门的劳动总量。因此,商品价格的确定需要综合商品价值、市场因素以及货币本身的价值。

马歇尔在其《经济学原理》中阐述:"短时期内,效用对价值起着主要的影响作用,而在长时期内,生产成本对价格起着主要的影响作用"。西方经济学原理告诉我们,在完全竞争市场条件下,在短期内,商品价格是由供求均衡点来决定的,而在长期竞争均衡条件下,商品价格等于长期平均成本最低值。

由此,价格是商品价值的货币表现,受商品价值、商品供求状况以及货币价值等诸多因素影响。在市场经济条件下,价格对商品生产、分配和流通发挥着重要的调节功能,是社会资源实现优化配置的最有效方式。蔬菜价格是蔬菜产业实现资源优化配置的最有效方式，是调节蔬菜生产者与消费者利益的重要机制，因此需要对蔬菜价格波动及影响因素进行深入研究，从而为蔬菜价格波动的居民福利效应研究奠定基础。

2. 波动

自17世纪，R.胡克和C.惠根斯创立了光的波动说以来，有关"波动"的研究在物理领域就十分广泛，产生了很多伟大的科学成果。"波动"一词引入经济学起源于对宏观经济变化情况的考量，是指经济变量随着时间序列的变化而变动的过程。宏观经济学理论认为：一定时期内交替出现的经济波动便会形成经济周期。经济周期的变化过程是一条在上下波动中保持上升趋势的曲线。随着经济的发展，整个曲线从高到低不断演进，形成一个周而复始的循环。经济周期分为繁荣、危机或衰退、萧条、复苏四大阶段，其中繁荣与萧条是两大主要阶段，复苏与衰退是两个过渡性阶段。经济形成周期性波动规律的原因既有外生因素的影响，又有内生因素的作用。太阳黑子变化、政治选举、农业生产周期等外生因素存在一定的周期性变化，从而导致经济发展的周期性变动。同时，经济运行内部的消费不足、消费者心理预期、技术革新也会在一定程度上导致经济出现周期性波动。

在市场经济条件下，商品的价格与价值的相一致情况相对而言也是偶然发生的，而两者的不一致却是经常发生的，因此，商品价格也会受多种因素影响而波动。苏格兰经济学家、哲学家亚当·斯密在其著作《国富论》中这样说道："自然价格……是中心价格，一切商品的价格都不断地趋向于这一中心价格。各种偶然情况可能有时使商品的价格过高于自然价格，有时又使商品的价格略低于它。但是不管什么样的障碍使价格背离这个稳定而恒久的中心，商品的价格总是经常趋向于这个中心。"由此，对于价格波动的正确理解是：价格以价值为基础，但在实际经济运行中往往受到多种其他因素的影响，使得价格围绕价值而发生一定程度的变动，这种商品价格的变动幅度现象就是商品价格的波动。供求关系对商品价格的波动产生直接影响，当某种商品在市场上呈现供不应求的状况时，该商品就会由于购买者之间的竞争购买行为导致价格呈现上升趋势，甚至高于其本身价值；当某种商品在市场上呈现供过于求状况的时候，该商品会因为销售者之间的竞相出售行为导致价格出现下降趋势，甚至低于其本身价值出售。商品价格由于供求关系影响而出现的违背价值上下波动的情况，并不违背价值规律的作用。从经济发展的长期性而言，商品价格在短期内的波动部分可以相互抵消，并且波动围绕的中心是商品价值，商品价格始终围绕商品价值上下波动。

同样，农产品价格也会围绕农产品价值上下波动，农产品的价格波动和传递将会引致整个产品供应链条成员间效用和福利的再分配（王秀清，2007；贾贵浩，2013；赵晓飞，2014；王学真等，2005），这一观点在学术界已经达成共识。本研究重点关注的是蔬菜价格波动的规律、原因以及对居民福利造成的影响。

3. 蔬菜价格

马克思地租理论认为,"不提供地租的最坏土地的生产价格,总是起调节作用的市场价格。"农产品价值是由劣等地的个别生产价格决定的。中国农产品的价值应该由劣等地的个别生产价格来决定(齐义军和胡伟华,2011)。在市场经济条件下,蔬菜价格是蔬菜价值的货币表现形式,由蔬菜生产价格、供求关系以及货币价值共同决定。蔬菜价格从建国计划经济时代到改革开放的市场经济时代,经历了单一的官定价格、国家统一定价、浮动价格、自由价格等多种价格形式。目前中国蔬菜价格主要受市场价值规律作用,围绕蔬菜价值波动,但"工农剪刀差"的影响还未能完全消除,蔬菜价格仍然处于较低的水平。蔬菜是具有一定生长周期的农作物,其种植属于劳动密集型产业,种菜耗费农民时间长、精力多,生产行为易受自然气候因素影响,同时受土地资源的限制,蔬菜常处于需求大于供给的状态,蔬菜价格基本是由需求大于供给的状况决定的。根据农业部门的统计,2009年中国蔬菜需求量增至6.02亿吨,根据农业部发布的《全国蔬菜产业发展规划(2011—2020年)》,至2020年中国蔬菜总需求量将增长到58950万吨,比2010年增加8950万吨。因此在长时期内蔬菜价格将呈现逐渐上涨趋势。保持蔬菜价格温和上升,符合经济发展的客观规律,也能满足各方利益,防止通货膨胀等不良经济现象产生,维护有序的经济秩序。

蔬菜价格体系包括生产成本价、批发价以及零售价。在《中国农村统计年鉴》中的蔬菜价格统计指标包括蔬菜零售价格指数、蔬菜生产价格指数、五种蔬菜[①]月度价格以及月度价格变动情况等,《农产品价格调查年鉴》中对蔬菜生产成本包括人工费、种子、化肥等各类具体成本都有相关的统计。

4. 蔬菜价格波动

蔬菜价格波动是指蔬菜价格在一定时期内呈现出围绕其价值上下运动的经济状态。蔬菜价格波动除受生产成本和货币价值的影响外,主要由需求大于供给的状态决定(图2-1)。按均衡价格理论,若蔬菜需求与供给在(P_0,Q_0)处于均衡状态,那么则P_0和Q_0分别是蔬菜供需均衡价格和产量。按蔬菜价格主要由需求大于供给状态决定,那么,在供给不变的状态下,需求由D_0增加到D_1,蔬菜价格由需求大于均衡供给的(P_2,Q_2)点,决定市场交易价格P_2,则$P_2>P_0$,也就是说蔬菜的交易价格常常是大于均衡价格的。倘若在这样的情况下,蔬菜供给急剧减少,由S_0下降为S_1,则交易价格由原本就大于均衡价格的P_2增加到P_1,从图中可以发现,价格变化幅度较大。反之,当蔬

---

① 五种蔬菜包括:大白菜、黄瓜、菜椒、西红柿和四季豆。

菜供给急剧增加时，蔬菜价格也会迅速降低。

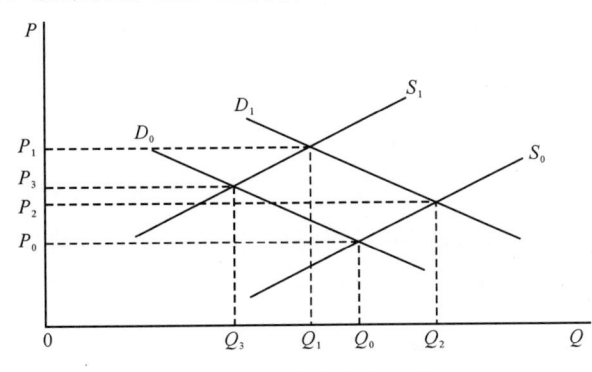

图 2-1　蔬菜价格波动图

蔬菜价格正常波动是优化蔬菜产业资源配置的重要手段，正是因为蔬菜价格不规则的周期运动，才使得蔬菜产业的相关主体利益得到调节。如果蔬菜价格只涨不跌，菜农当然能获得增收，而菜农、批发商和零售商都会增加蔬菜的库存，促使蔬菜价格进一步上涨，社会游资也会加入炒作，最终导致消费者吃不起蔬菜，减少需求量，形成恶性循环。如果蔬菜价格没有任何波动或只跌不涨，菜农的利益得不到保障，蔬菜生产的资源会流入社会其他产业和行业中去，蔬菜产业的发展及蔬菜的供给将受到严重威胁。蔬菜价格的不规则周期波动，使得蔬菜市场存在风险，促使生产经营的更优化发展。

5. 蔬菜价格波动的居民福利效应

农产品产业链中各环节的价格波动和传递引致了整个产品供应链条成员间效用和福利的再分配(王秀清，2007；贾贵浩，2013；赵晓飞，2014；王学真等，2005)，这一观点在学术界已经达成共识。蔬菜价格波动对居民福利的影响因居民是蔬菜出售者还是蔬菜消费者而不同(Deaton，1989；Mellor，1978；Weber et al，1988；Barrett and Dorosh，1995；Sahn and Glick，1998；Trairatvorakul，1984)。当蔬菜价格上涨时，作为蔬菜消费者的居民的福利会因此受到损失，而作为蔬菜出售者的居民的福利会因此增加；当蔬菜价格下降时，则反之。

蔬菜价格波动的居民福利效应，分为蔬菜价格波动的城镇居民福利效应和农村居民福利效应。因为城镇居民是单纯的蔬菜消费者，蔬菜价格波动的城镇居民福利效应相对比较好界定，主要表现为由于蔬菜价格上涨或下降引起城镇居民福利的损失或福利的改善。因此城镇居民福利的测算仅需要计算城镇居民的消费福利变化情况，包括短期消费福利和长期消费福利。

而农村居民到底是蔬菜出售者还是消费者，是很难区分的。农村有一定比例的居民不从事蔬菜生产活动，是单纯的蔬菜消费者；还有一部分居民从事蔬菜生产，他们既是蔬菜消费者又有可能是蔬菜出售者。微观调查数据比较好区分农村居民的这种状态，本书采用的是省际面板数据，初步假定农村居民同时具备这样两种身份。所以，蔬菜价格波动对农村居民福利的影响应该包括两个方面的内容，即作为蔬菜消费者的福利与作为蔬菜生产者出售蔬菜的福利，分别定义为农村居民的消费福利和生产福利。蔬菜价格波动的农村居民福利效应就等于农村居民的消费福利和生产福利之和。蔬菜价格上涨改善生产福利的同时却削减了消费福利；蔬菜价格下降使得生产福利损失的同时却增加了消费福利。蔬菜价格波动对农村居民福利的影响受农村居民更多的是蔬菜消费者还是蔬菜出售者的程度影响。然而，基于农村居民这一主体本身的复杂性、灵活性，如果要将农村居民生产福利和消费福利按某一标准精确区分，现实中显然不好区分。本书借鉴相关学者研究的思路(Deaton, 1989; Mellor, 1978; Minot and Goletti, 2000; 邵飞和陆迁, 2010; 张祖庆等, 2013; 苗珊珊, 2014b)，用农村居民蔬菜净收益率(NBR)衡量农村居民在蔬菜生产过程中是处于净消费者地位还是处于净出售者地位。如果NBR值大于零，代表农村居民在蔬菜生产过程中属于净出售者；如果NBR值小于零，代表农村居民在蔬菜生产过程中属于净消费者。其中，定义农村居民蔬菜净收益率(NBR)为：农村居民蔬菜生产产值占农村居民总收入的比重(PR)和农村居民蔬菜消费支出占农村居民总消费支出的比重(CR)的差值。

2.2 价格波动的形成机制

2.2.1 内部传导机制

内部传导机制是用以描述系统在受到来自内部的某一个或某一些变量冲击后，各构成要素之间相互联系和作用的关系及其功能，属于内生经济波动理论的重要内容。内生经济波动理论认为价格波动产生的根源在于价格体系受到了来自经济系统内部因素的冲击。在仅考虑内部传导的条件下，内部要素的冲击是导致价格波动现象的原动力。

凯恩斯理论认为内生变量是引起经济系统波动的首要因素，在缺少外生变量冲击的条件下，整个物价体系会进行重复的波动。萨缪尔森(Samuelson)(1939)结合乘数原理和加速原理的基本内容构建了乘数—加速模型(multiplier-accelerator model)，用以说明投资与产出之间的相关关系是引起经济波动的主要原因。奥地利经济学家哈耶克(F. A. Hayek)利用均衡利率与实际利率之间的关系来解释价格波动现象，货币会根据实际利率的不同选择投资方向从而引起货币过度投资，带来价格波动。瑞典经济学家卡塞尔(C. Cassel)、威克塞尔(K. Wicksell)和德国经济学家斯皮托夫(A. Spiretuoff)提出的非货币投资过度理论则强调非货币因素在经济周期及价格波动形成中的作用,该理论并不否认货币因素对引起投资过度的作用,但认为相比而言货币因素影响是次要的,导致投资过度、价格波动的主要因素是新发明、新发现、新市场的开辟,以及农产品的丰收等引起的供给变化带来的市场失衡。英国经济学家庇古(A. C. Pigou)在之前的研究基础上对价格波动的内外机制进行了梳理,在内部传导机制方面他认为经济系统内部结构决定了其对外部冲击的波动程度,并描述了消费、物价水平以及金融资产相互之间的关系和传导机制。庇古认为物价水平的变化会引致固定数量的金融资产实际价值上升或下降。即当物价水平的上升与家庭现有可支配货币收入的上升相对应时,则可使其实际收入不变,但由于物价水平变动对所拥有的资产的实际抑制效应,仍可能促使家庭实际消费支出减少。相反地,当物价水平的下降与家庭现有可支配货币收入下降比例相对应时,那么它仍可以由于所拥有资产的实际价值上升产生刺激效应,从而增加消费支出。

2.2.2 外部冲击机制

外部冲击机制是外生经济波动理论研究的重要内容,外生经济波动理论认为经济系统主要受到来自外部因素的冲击而引起的波动。外部因素包括自然因素、气候因素、政治因素、社会因素等。早期的外部经济波动理论由英国经济学家 W. S. 杰文斯提出,他通过对太阳黑子数据变化的统计分析,得出太阳黑子的周期性变动会引起地球气候发生一定的变化,而地球的气候会直接对农产品的种植、生产产生影响的结论,其观点认为农业发生的周期性波动是因为太阳黑子等外生性因素导致农业产量出现增减变化的结果。美国经济学家熊彼特(J. A. Schumpeter)又以"创新理论"为依据提出其经济波动理论,他认为一种创新通过扩散,刺激大规模的投资,引起了高涨,一旦投资机会消失,便转入了衰退。由于创新的引进不是连续平稳的,而是时高时低的,这样就出现了产量变化从而引起价格波动。之后,美国经济学家卢卡斯(Robert Lucas)提出价格波动的根源在于外生的货币冲击,波动的传导机制是信息不完全。信息滞后说认为即使是过去的相关信息也不能完全为人们所了解,从而人们不可能做出正确的预期,这样价格波动就会持续存在。近年来,以美国经济学家普雷斯科特(Edward C. Prescott)为代表的学者们提出了真实经济周期理论(real business cycle theory),该理论认为市场机制本身是完善的,在长期或短期中都可以自发地使经济实现充分就业的均衡;经济波动源于经营体系之外的一些真实因素,如技术进步的冲击、人口的增长、消费者偏好的变化,而不是市场机制的不完善;真实经济周期理论否定了把经济周期分为长期与短期的说法,经营周期本身就是经济趋势或者潜在的或充分就业的国内生产总值的变动，并不存在与长期趋势不同的短期经济背离。

中国的蔬菜市场自改革开放以来市场化程度不断加深，蔬菜价格的波动不仅受蔬菜产业内部结构变化的影响，还受到来自于外部因素的冲击。蔬菜价格波动是在蔬菜产业内外因素共同作用下形成的，因此，内部传导与外部冲击的经济理论对研究中国蔬菜市场的价格波动有很好的借鉴意义。

2.2.3 蛛网模型

蛛网理论是1930年由美国的舒尔茨、荷兰的J.丁伯根和意大利的里奇等学者先后提出的，其基本内容是：在完全竞争条件下，对于生产周期较长、生产规模一经确定不再改变的产品，产品当期产量取决于上期价格，而当期价格又会对下期产量产生影响，之后再按如此循环往复。这种影响的大小和循环的方向根据产品的供需弹性而定，当供给弹性小于需求弹性，市场价格趋于均衡；当供给弹性大于需求弹性，价格波动逐步加剧，无法自行恢复均衡，需要外力介入。蛛网理论的出现，对于解释种类众多、规模巨大、日用性极高、受自然条件影响明显的农产品价格波动，起到了很好的效果。

传统的蛛网模型是20世纪30年代由英国著名经济学家卡尔多根据产品的市场价格、供给量和需求量随时间变化出现的涨跌增减交替变化规律提出的动态均衡分析模型。卡尔多把时间离散改为时间段，一个时间段相当于产品的一个生产周期，定义了传统的蛛网模型：

$$\begin{cases} Q_t^d = \alpha - \beta P_t \\ Q_t^s = -\delta + \gamma P_{t-1} \\ Q_t^d = Q_t^s \end{cases} \quad (2-1)$$

其中，Q_t^d表示第t期的产品需求量；Q_t^s表示第t期的产品供给量；P_t表示第t期的产品价格；P_{t-1}表示滞后$t-1$期的产品价格，α、β、γ、δ都是常数，且均大于零。α的数值反映消费者对商品需求变化的敏感程度，β的数值反映生产经营者对商品价格变化的敏感程度。当α、β值较大时，表示消费者对商品、需求者对价格的波动敏感程度均较高；反之，则相对较低。蛛网模型有三种主要的表现形态分别是：收敛型蛛网模型、发散型蛛网模型、封闭性蛛网。

在中国蔬菜产业市场上，蔬菜产品的生产和供给是对蔬菜价格变化的滞后反映。当期蔬菜价格变化对下一期蔬菜产品生产和供给产生直接影响，而上一期蔬菜供给量的变化又反过来对当期蔬菜价格的确定产生作用。基于蔬菜产品市场的价格特点，蛛网模型可以形象地反映蔬菜产品供求与价格波动之间相互影响从而导致蔬菜供求波动的经济规律。

2.3 价格波动的研究方法

2.3.1 季节调整法

经济指标的月度或季度时间序列通常包含 4 种变动要素：长期趋势要素(T)、循环要素(C)、季节变动要素(S)和不规则要素(I)。长期趋势要素(T)：代表经济时间序列长期的趋势特性。循环要素(C)：是以数年为周期的一种周期性变动(吕珍, 2007)。季节要素(S)：是每年重复出现的循环变动，以 12 个月或 4 个季度为周期的周期性影响，由温度、降雨、每年中的假期和政策等因素引起。季节要素和循环要素的区别在于季节变动是固定间距(如季或月)中的自我循环，而循环要素是从一个周期变动到另一个周期，间距比较长且不固定的一种周期性波动。不规则要素(I)：又称随机因子、残余变动或噪声，其变动无规则可循，这类因素是由偶然发生的事件引起的(王金明, 2006)。

四种变动与原序列(Y)的关系，通常被概括为两种模型：

乘法模型(multiplicative model)　$Y=TSCI$ （2-2）

加法模型(additive model)　$Y=T+S+C+I$ （2-3）

如果四种变动相互独立，则适用于加法模型；如果四种变动相关，则适用于乘法模型。季节模型通常需要利用连续 3~5 年的月度数据或季度数据。

季节调整法主要包括 X11 方法、Census X12 方法、移动平均法和 Tramo/Seats 方法等。而美国联邦统计局所使用的 X11 方法、Census X12 方法更具优势。这两种方法考虑到：如果在采用了月度数据、周数据或日数据等情况下，由于数据频率提高，月、周、日数据需要考虑其特有的周期波动因素(这些因素统称为交易日因素，用 D 表示)。在这样的情况下，X11 和 Census X12 方法增加了这个因素，其模型表示为

乘法模型(multiplicative model)　$Y=TSCDI$ （2-4）

加法模型(additive model)　$Y=T+S+C+D+I$ （2-5）

季节调整法(seasonal adjustment)是指从包含季节变动要素的时间序列中剔除季节变动要素，从而显示序列潜在的趋势循环分量，真实反映经济时间序列运动的客观规律(金红梅, 2010)。在这里，我们着重介绍 X11 季节调整法和 Census X12 季节调整法。

1. X11 季节调整法

X11 季节调整法是 1965 年美国商务部人口普查局(Bureau of Census, Department of Commerce)研究开发的季节调整方法。该方法是基于移动平均法的季节调整方法，

它的特征在于除了能适应各种经济指标的性质，根据各种季节调整的目的选择计算方式外，在不作选择的情况下，也能根据事先编入的统计基础，按照数据的特征自动选择计算方式。在计算过程中可根据数据中随机因素大小，采用不同长度的移动平均方法，随机因素越大，移动平均长度越大（王金明，2006）。

X11季节调整方法包括乘法模型和加法模型。乘法模型将时间序列分解为趋势循环要素项与季节要素、不规则要素的乘积。乘法模型的主要特点在于相对数表示季节要素，因为可以避免计量单位的影响。而加法模型的季节要素和趋势循环的影响用绝对量来表示，与所要分析的现象的计量单位相同，分析起来相对比较直观。但是，我们需要注意的是，X11季节调整法所采用的时间序列数据是有限制的，至少需要4个整年的月度或季度数据，至多可以调整20年的月度数据或30年的季度数据。

2. Census X12 季节调整方法

Census X12 季节调整方法是在 X11 方法的基础上发展而来，扩展了贸易日和节假日影响的调节功能，增加了季节、趋势循环和不规则要素分解模型的选择功能、X12-ARIMA 模型的建模和模型选择功能。该方法共包括4种季节调整的分解形式：乘法、加法、伪加法和对数加法模型。

2.3.2 滤波分析法

滤波分析法是指在对经济现象进行时间序列分析时，将趋势和循环要素进行分解的方法。主要有 H-P 滤波方法（Hodrick-Prescott）和 B-P 频谱滤波方法 [Frequency (BandDPass)filer]。

1. H-P 滤波方法

H-P 滤波方法主要用于分析时间序列组中的长期趋势。该方法在 Hodrick 和 Prescott(1980)分析战后美国经济周期的论文中首次使用，并因此而得名。

该方法首先设 $\{Y_t\}$ 是包含趋势成分和波动成分的经济时间序列，$\{Y_t^T\}$ 是其中含有的趋势成分，$\{Y_t^c\}$ 是其中含有的波动成分。则

$$Y_t = Y_t^T + Y_t^c, \quad t=1, 2, \cdots, T \tag{2-6}$$

计算 H-P 滤波就是从 $\{Y_t\}$ 中将 Y_t^T 分离出来。一般地，时间序列 $\{Y_t\}$ 中的不可观测部分趋势 $\{Y_t^T\}$ 常被定义为以下最小化问题的解：

$$\min \sum_{t=1}^{T} \{(Y_t - Y_t^T)^2 + \lambda [c(L)Y_t^T]^2\} \tag{2-7}$$

最小化问题用 $[c(L)Y_t^T]^2$ 来调整趋势的变化，并随着 λ 的增大而增大。H-P 滤波法依赖于参数 λ。当 $\lambda=0$ 时，满足最小化问题的趋势序列为 $\{Y_t\}$ 序列；随着 λ 值的增

加,估计的趋势越光滑;当λ趋于无穷大时,估计的趋势将接近线性函数。H-P滤波法将经济周期看成是宏观经济对某一缓慢变动路径的一种偏离,该路径在期间内是单调增长的。H-P滤波增大了经济周期的频率,使周期波动减弱(吕珍,2007)。

2.B-P频谱滤波方法[Frequency(Band-Pass)filer]

频谱滤波分析法的基本思想是把时间序列看成是互不相关的周期(频率)分量的叠加,通过研究和比较各分量的周期变化,以充分揭示时间序列的频域结构,掌握其主要波动特征。

设时间序列数据 $X=\{x_1,x_2,\cdots,x_T\}$,T 为样本长度。频谱分析法的实质是把时间序列 X 的变动分解为不同的周期波动之和。设频率用 λ 表示,周期用 P 表示,则两者关系可表示为:频率×周期=$\lambda \times P=2\pi$。

2.3.3 变异系数法

变异系数(coefficient of variation,CV)是反映变量长期波动强度的重要指标,它衡量的是剔除时间趋势以后经济变量与其均值的偏离程度,因此 CV 反映了剔除时间趋势以后变量的相对波动幅度。本书采用变异系数法研究蔬菜价格的波动强度,既能说明问题而又简单实用。其主要公式为

$$CV=\frac{\sqrt{\sum(Y_t-\hat{Y}_t)^2/(N-1)}}{\bar{Y}_t} \tag{2-8}$$

其中,Y_t 为实际观测值;$\hat{Y}$ 为趋势值;$\bar{Y}_t$ 为平均值;N 为年数。

2.4 蔬菜价格波动的农村居民福利效应理论模型

当前关于价格波动福利效应的测度,主要借鉴 Minot 和 Goletti(2000)提出的补偿变量的思想来展开研究(孙小丽,2012;徐永金,2013;赵昕东和江勇,2013;苗珊珊,2014b,2015;王小叶,2015;姜雅莉等,2012;杨天宇和张品一,2015;李京栋和张吉国,2015;赵昕东和王小叶,2016)。本书研究的是蔬菜价格波动的农村居民福利效应,采用补偿变量的思想对农村居民福利效应进行测算和分解是较合适的。本书将围绕蔬菜价格波动的农村居民短期福利效应和长期福利效应展开研究。农村居民在蔬菜生产与消费中,扮演着生产者与消费者的双重身份,而价格波动不仅会影响蔬菜生产者的福利,也会影响蔬菜消费者的福利。由此,蔬菜价格波动的农村居民短期福利效应包括农村居民的短期生产福利效应和短期消费福利效应,蔬菜价格波动的农村居民长期福利效应包括农村居民的长期生产福利效应和长期消费福利效应。

2.4.1 短期福利测算模型

1. 蔬菜价格波动的短期消费福利效应

消费者福利通常用计算补偿变量的方式来测度(Minot and Goletti，2000；杨天宇和张品一，2015；李京栋和张吉国，2015；赵昕东和王小叶，2016)，令

$$CV = e(p_1, u_0) - e(p_0, u_0) \tag{2-9}$$

其中，CV 是指补偿变量；$e(p_1, u_0)$ 表示蔬菜零售价格为 p_1 和效用水平为 u_0 时的支出方程；$e(p_0, u_0)$ 表示蔬菜零售价格为 p_0 和效用水平为 u_0 时的支出方程。用二级泰勒级数展开式(2-9)，运用 Shephard 引理，整理得式(2-10)：

$$CV \cong \sum_{i=1}^{n} h_i(p_0^c, u_0) \Delta p_i^c + \frac{1}{2} \sum_{i=1}^{n} \sum_{j=1}^{n} \frac{\partial h_i(p_0^c, u_0)}{\partial p_j^c} \Delta p_i^c \Delta p_j^c \tag{2-10}$$

其中，Δp_i 和 Δp_j 代替了二级泰勒级数展开式中的 $(p_{1i}^c - p_{0i}^c)$ 和 $(p_{1j}^c - p_{0j}^c)$；$h_i(p_0^c, u_0)$ 表示在初始价格为 p_0^c，效用水平为 u_0 的条件下的希克斯需求。

为计算方便，用希克斯自价格弹性 ε^H 和马歇尔需求 $q_i(p_0^c, x_0)$ 来代替希克斯需求，整理式(2-10)得

$$CV \cong q(p_0^c, x_0) \Delta p^c + \frac{1}{2} \varepsilon^H \frac{q(p_0^c, x_0)}{p_0^c} \Delta p^c \Delta p^c \tag{2-11}$$

其中，$q(\cdot)$ 表示蔬菜的需求量；p^c 表示蔬菜零售的价格；ε^H 表示蔬菜的希克斯自价格弹性；Δp^c 表示蔬菜零售价格的变化量；x_0 为农村居民基期收入水平。将式(2-11)两边分别除以 x_0，等式右边的分子分母同乘以 p_0^c，整理得

$$\frac{CV}{x_0} \cong \frac{p_0^c q(p_0^c, x_0)}{x_0} \frac{\Delta p^c}{p_0^c} + \frac{1}{2} \varepsilon^H \frac{p_0^c q(p_0^c, x_0)}{x_0} \left(\frac{\Delta p^c}{p_0^c}\right)^2 \tag{2-12}$$

定义 CR 为蔬菜的消费支出与收入(总支出)之间的比值，公式表达为

$$CR = \frac{p^c q(p^c, x)}{x} \tag{2-13}$$

将式(2-13)代入式(2-12)得

$$\frac{CV}{x_0} = CR \frac{\Delta p^c}{p_0^c} + \frac{1}{2} \varepsilon^H CR \cdot \left(\frac{\Delta p^c}{p_0^c}\right)^2 \tag{2-14}$$

当 ε^H 为 0 时，得到短期消费福利效应模型：

$$\frac{\Delta X}{X_0} = -CR \frac{\Delta p^c}{p_0^c} \tag{2-15}$$

CV 是补偿变量，指居民为了保持价格变化前的效用水平不变所需要额外支出的资金额，故式(2-15)中用 Δx 替代 CV；同时由于式(2-15)代表的是净消费福利，因此在式(2-14)简化后等式右边加上负号。

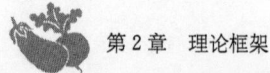

2. 蔬菜价格波动的短期生产福利效应

同理，可以推演蔬菜价格变化引致生产福利变化，所不同的是生产福利变化一般用收入变化来表示（Minot and Goletti，2000；徐永金，2013；杨天宇和张品一，2015；李京栋和张吉国，2015；赵昕东和王小叶，2016），即：

$$\Delta X = \pi(p_1^s, w_0, z_0) - \pi(p_0^s, w_0, z_0) \tag{2-16}$$

其中，Δx 表示农村居民收入变化；$\pi(p_0^s, w_0, z_0)$ 表示蔬菜基期生产价格 p_0 的利润方程；$\pi(p_1^s, w_0, z_0)$ 表示蔬菜生产价格变动到 p_1 的利润方程，令投入价格 w 和固定因子 z 不变。经与消费福利变化类似的推演与整理，得到式（2-17）：

$$\frac{\Delta x}{x_0} \cong PR \frac{\Delta p^s}{p_0^s} + \frac{1}{2}\varepsilon_c^s PR \left(\frac{\Delta p^s}{p_0^s}\right)^2 \tag{2-17}$$

其中，Δp^s 表示蔬菜生产价格的变化，即 $p_1^s - p_0^s$；PR 表示蔬菜的生产价值与收入（总支出）之间的比值；ε_c^s 表示蔬菜供给的自价格弹性。令 ε_c^s 为 0 时，得到短期生产福利效应模型：

$$\frac{\Delta x}{x_0} = PR \frac{\Delta p^s}{p_0^s} \tag{2-18}$$

3. 蔬菜价格波动的短期总福利效应

蔬菜价格变化的短期总福利效应由消费福利效应式（2-15）和生产福利效应式（2-18）组成，由此蔬菜价格变化的短期总福利效应模型如下：

$$\frac{\Delta w^1}{x_0} \cong PR \frac{\Delta p^s}{p_0^s} - CR \frac{\Delta p^c}{p^c} \tag{2-19}$$

其中，Δw^1 表示由价格变化引起的净福利效应的一阶近似值，即短期效应。同时，根据 PR、CR 值可以得出净收益率（NBR），即蔬菜净出售价值与收入之比，也是蔬菜生产价值与收入的比值与蔬菜消费价值与收入的比值的差额，即 $NBR = PR - CR$。当 $NBR > 0$ 时，在蔬菜生产和消费过程中处于净出售者的地位；当 $NBR < 0$ 时，在蔬菜生产和消费过程中处于净购买者的地位。

2.4.2 长期福利测算模型

蔬菜价格变化的长期消费福利效应由式（2-14）变换得

$$\frac{\Delta w^2}{x_0} = -CR \frac{\Delta p^c}{p_0^c} - \frac{1}{2}\varepsilon^H CR \cdot \left(\frac{\Delta p^c}{p_0^c}\right)^2 \tag{2-20}$$

蔬菜价格变化的长期生产福利效应由式（2-17）变换得

$$\frac{\Delta x}{x_0} \cong PR \frac{\Delta p^s}{p_0^s} + \frac{1}{2}\varepsilon^s PR \left(\frac{\Delta p^s}{p_0^s}\right)^2 \tag{2-21}$$

蔬菜价格变化的长期总福利效应模型如下：

$$\frac{\Delta w^2}{x_0} \cong PR\frac{\Delta p^s}{p_0^s} + \frac{1}{2}\varepsilon^S PR\left(\frac{\Delta p^s}{p_0^s}\right) - CR\frac{\Delta p^c}{p_0^c} - \frac{1}{2}\varepsilon^H CR \cdot \left(\frac{\Delta p^c}{p_0^c}\right)^2 \quad (2\text{-}22)$$

其中，Δw^2 是价格变化所引起的净福利效应的二阶近似取值，即长期效应。希克斯需求弹性（ε^H）计算公式如下：

$$\varepsilon^H = E + CR \cdot \eta \quad (2\text{-}23)$$

其中，E 代表蔬菜的需求价格弹性；η 代表蔬菜的需求收入弹性；CR 代表蔬菜的消费支出与收入之间的比值。

2.5 蔬菜价格波动的城镇居民福利效应理论模型

城镇居民是单纯的蔬菜消费者，蔬菜价格波动的城镇居民福利效应仅需要计算城镇居民的消费福利变化情况，包括短期消费福利和长期消费福利。城镇居民短期消费福利模型和长期消费福利模型与前文农村居民短期消费福利模型和长期消费福利模型推演过程一样。因此，由式(2-15)得到蔬菜价格波动的城镇居民短期消费福利效应模型：

$$\frac{\Delta X}{X_0} = -CR\frac{\Delta p^c}{p_0^c} \quad (2\text{-}24)$$

由式(2-20)得到蔬菜价格波动的城镇居民长期消费福利效应模型：

$$\frac{\Delta w^2}{x_0} = -CR\frac{\Delta p^c}{p_0^c} - \frac{1}{2}\varepsilon^H CR \cdot \left(\frac{\Delta p^c}{p_0^c}\right)^2 \quad (2\text{-}25)$$

本书关于价格波动的形成机制、研究方法以及居民福利效应模型的梳理与构建，都将为后文研究蔬菜价格波动特征、形成机制以及测算居民福利效应奠定理论基础并提供方法指导。

第 3 章　蔬菜市场的发展及价格管理体制改革

3.1　蔬菜市场的发展

3.1.1　蔬菜流通体制的变迁

中国蔬菜流通体制同中国经济体制改革一样，经历了从计划经济体制到市场经济体制的变迁。经过多年的发展，覆盖全国城乡的流通体系已基本形成，现有蔬菜批发市场 2000 余家，农贸市场 2 万余家[①]，以及遍布城乡的蔬菜超市。流通手段现代化，流通空间全球化，流通渠道、经营组织形式、经营主体多样化以及市场体系层次化是当前中国蔬菜流通的重要特点。对蔬菜流通体制变迁的研究，不同学者提出了不同的阶段划分标准，其中具有代表性的有：程义远（2005）指出新中国成立以来蔬菜流通体制可以划分为六个时期，分别为 1949～1955 年的自由买卖时期，1956～1961 年国营商业的"统购统销"时期，1962～1965 年国营为主、多渠道流通时期，1966～1977 年恢复国有企业商业部门的"统购统销"制度，1978～1984 年"管大放小"的多渠道流通时期以及 1985 年以后的开放式经营时期；杨锦秀（2005）将蔬菜流通发展分为计划经济阶段、有计划的市场经济阶段、全面市场化阶段三个部分；赵一夫（2008）将其划分为四个阶段：自由购销时期（1949～1955 年）、统购包销时期（1956～1977 年）、多渠道流通时期（1978～1984 年）以及自由开放的市场流通时期（1985 年以来）；翟雪玲（2014）将其划分为六个阶段：自由购销时期（1949～1955 年）、统购包销时期（1956～1977 年）、多渠道流通时期（1978～1983 年）、正式取消统购、派购制度，实行自由开放的市场流通时期（1984～1985 年）、积极培育市场流通主体时期（1986～1992 年）、提升流通质量阶段（1993 年以来）。综合以上观点，本书将中国蔬菜流通划分为以下三个不同阶段。

1. 全面计划经济时期的蔬菜流通体制：1949～1978 年

新中国建立前两年（1949～1951 年），仍保留着原有的蔬菜流通形式，菜农、蔬菜

---

① 数据来源：农业部发布的《全国蔬菜产业发展规划（2011—2020 年）》。

交易市场承担着蔬菜流通的主要职能。1951年开始蔬菜流通进入全面计划经济时期，蔬菜批发市场被逐渐撤销，国营商业和供销合作社逐步担负起了城市蔬菜统购统销的任务，蔬菜流通开始进入全面计划经济时期。全面计划经济时期中国的蔬菜流通体制从总体而言受到国家宏观政策的约束控制，蔬菜属于国家管制商品，农业部门每年有计划地下达各地区蔬菜种植面积，制定每种蔬菜的收购价格，由国营或集体性质的蔬菜分销公司负责蔬菜的销售。这一时期蔬菜流通的特点主要表现为：品种单一、区域内流动、跨区域流动较少，供应链短且单一，蔬菜价格由政府统一定价，蔬菜市场化流通体制处于孕育阶段。

2. 放松计划的蔬菜流通体制：1979～1992年

1978年改革开放以来，市场因素被逐渐引入到蔬菜流通体制中，蔬菜流通体制迎来了新的发展机遇。1983年发布了《城乡集市贸易管理办法》，肯定了自由贸易的合法性，同年，中央部委联合下文提出了建立蔬菜批发市场的意见。1988年，全国各地开始实施"菜篮子工程"建设。蔬菜流通体制这一阶段的特点是：参与蔬菜流通的主体由原来单一的国营或集体经济转变为国家、集体、个人等多种主体，流通的渠道由原来的派购方式向多渠道转变，蔬菜市场价格由官定价格为主逐渐转变为官定价格指导市场价格的双轨制价格。此阶段，蔬菜流通体制不断发展完善，蔬菜生产、流通以及销售逐步地步入市场经济的轨道。

3. 市场化阶段的蔬菜流通体制：1993年至今

1993年之后，中国蔬菜流通走向了市场自由流通的阶段。1994年12月原国内贸易部出台了《批发市场管理办法》，1995年再次建立了以市长负责制为核心的"菜篮子"工程。2008年经国家发展改革委审核批准的山东省重点项目工程"中国·寿光农产品物流园"开建，该物流园建成后将是亚洲最大的综合性农产品物流园，是中国最大的蔬菜集散中心、价格形成中心、信息交易中心、物流配送中心和蔬菜标准形成中心。2010年10月农业部发布了《农业部定点市场管理办法》，对原《全国"菜篮子工程"定点鲜活农产品中心批发市场管理办法（试行）》（农办综〔1996〕91号）和《农业部定点农资市场管理办法（试行）》（农市发〔2005〕16号）进行了修订完善。2011年5月国家发展改革委发布了《关于完善价格政策促进蔬菜生产流通的通知》。2012年国发〔2012〕39号文件印发了《关于深化流通体系改革加快流通产业发展的意见》。以上信息表明，中国蔬菜流通体制在政府的宏观调控下，已实现市场化的转变，市场已成为调节蔬菜流通的重要手段。在这一阶段，各地蔬菜供应品种日趋丰富，产量逐渐稳定，市场多元化格局基本确立。蔬菜企业与农村居民积极建立蔬菜产销联合机制，科技手段广泛运用于蔬菜生产和流通，流通工具多元化，流通区域全球化，流通环节也变得更加复杂。周末车载市场、网络直销等新的蔬菜流通业态和流通方式不断出现，形成了以农批对接为主题、产销衔接为链条、农超对接为方向、直供直销为补充、网上交易为指导的多种产销衔接模式。

3.1.2 蔬菜自由市场的发展

中国的蔬菜自由市场主要采取农贸市场、超市、蔬菜便利店等形式，分布在中国城市及农村的各个地区，以方便消费者购买。蔬菜自由市场的发展随着中国市场经济的发展经历了一系列的演变。概括起来，可以分为如下几个阶段。

1. 全面计划经济时期的蔬菜自由市场(1949～1978年)

1949～1951年新中国成立后的两年里，中国的蔬菜市场体制基本上延续了新中国成立前的个体销售和流通制度。从1951年开始，城市蔬菜销售以国有企业经营的销售门市为主，具有浓厚的计划经济特色。而农村的蔬菜贸易市场由于中国农村分布的广泛性和农贸市场分散性的特征，农村的蔬菜贸易市场在新中国成立后一段时期内经历了反复开设与关闭的阶段，直到1966年农村的农贸市场全部被关闭，农村的蔬菜自由贸易开始接受国家的全面控制。

2. 放松计划的蔬菜自由市场(1979～1992年)

1978年随着中国家庭联产承包责任制的确立，拉开了中国经济体制市场化改革的序幕，蔬菜自由市场的改革也相继开始。被关闭十余年的农村集贸市场于1979年开始陆续恢复，并呈现出相对活跃的市场交易局面。1983年，国务院颁布《城乡集市贸易管理办法》标志着集市贸易中的个人经营自由化有了制度保障，城乡的农贸市场在恢复中迅速发展，改变了国营蔬菜经销门市垄断蔬菜经营的局面。1985年取消统购包销的政策之后，蔬菜市场自由化程度进一步提高，蔬菜流通经由农贸市场的比重相对下降，农贸超市、便利店等多种零售业态的蔬菜贸易新形式开始在沿海地区出现，丰富了蔬菜市场的销售渠道，城乡的蔬菜销售网络初步形成。

3. 市场化阶段的蔬菜自由市场(1993年至今)

1993年以后，全国上下加大了蔬菜经营的市场化改革力度。随着"菜篮子"工程的实施，蔬菜自由市场发展进一步开放价格、鼓励竞争。城市大型综合商场、连锁超市纷纷参与蔬菜的经营环节，并且所占市场份额逐渐超过传统的农贸市场。超市销售的蔬菜能在保证质量的基础上做到价格相对低廉，并且能提供简单加工处理等配套服务，受到广大消费者的青睐。而在部分农村地区，开始出现以连锁门市为主的新型蔬菜零售市场，符合农村市场分散、购买力相对弱小的特点，较好地满足了农村市场的蔬菜消费需求。蔬菜电子商务经营方式开始兴起，我国涉农电子商务从2009年起呈现快速增长态势。2015 年,阿里巴巴所有平台上经营农产品的卖家数量约为 90 万,农产品销售额达 695.5 亿元,电子商务在蔬菜市场的应用,很好地解决了大小市场之间的供求矛盾,降低了流通成本。

3.1.3 蔬菜批发市场的成长

蔬菜批发市场是大宗蔬菜产品交易的场所或者交换关系的总和,中国的蔬菜批发市场主要分为集中产地批发市场和销地批发市场两大类。集中产地批发市场是将蔬菜生产基地的蔬菜和一部分外地菜集中起来销往蔬菜消费城市的批发市场,而销地批发市场主要是设立在蔬菜消费区(主要是城市)以向该地区供应蔬菜的批发市场(杨锦秀,2005)。中国蔬菜批发市场全面发展始于 20 世纪 80 年代,并在过去三十年间取得了长足的发展。

1. 放松计划的蔬菜批发市场(1979~1992 年)

1979 年开始,中国城乡开始逐步恢复新中国成立后被强制性撤销的蔬菜批发市场,一些大城市和蔬菜主产地批发市场逐步建立。1985 年和 1991 年中央各相关部门两度提出全面建设和改革中国的蔬菜批发市场,迎来了蔬菜批发市场的建设高峰期。从 1991 年开始,蔬菜流通经由传统集市贸易的成分大幅度减少,而蔬菜批发市场的流通份额和地位不断上升。在这一阶段,蔬菜批发市场的软硬件设施得到初步加强,全国蔬菜批发网络初步形成。

2. 市场化阶段的蔬菜批发市场(1993 年至今)

随着中国蔬菜生产、销售流通体制由计划体制向市场经济体制转变,蔬菜批发市场在蔬菜流通中的地位不断上升。至 1994 年年底,蔬菜经由批发市场周转经营的比率上升到 50%,超过农贸市场、蔬菜销售国有公司成为蔬菜销售的第一市场。同时,蔬菜批发市场的建设质量逐步提升,1994 年 12 月由原国内贸易部颁发了《批发市场管理办法》,首次对中国的批发市场进行了科学定义,并提出了以批发市场为建设核心的全国大流通市场的建设规划。1994 年后,中国政府逐渐加强了蔬菜批发市场的法制建设,先后出台了《蔬菜市场批发管理办法》、《新鲜蔬菜批发市场建设五年规划》、《全国"菜篮子工程"定点鲜活农产品中心批发市场管理办法(试行)》和《农业部定点市场管理办法》等管理办法或条例,并建设了中国农产品供求信息网、蔬菜信息网等蔬菜价格、供求信息网站,促进了中国蔬菜市场的进一步发展。目前,国内各大城市已经形成以北京新发地蔬菜批发市场、山东寿光九巷蔬菜批发市场、深圳布吉蔬菜批发市场、重庆观音农贸市场等为代表的 2000 多个大型蔬菜批发市场,70%的蔬菜经批发市场销售,中国蔬菜销售渠道得到不断丰富和完善。

3.2 蔬菜价格管理体制改革

中国蔬菜价格管理体制改革伴随着中国经济发展改革历程，经历了由计划经济下的固定价格向市场经济下的浮动价格转变。总的来说，中国的蔬菜价格管理体制由固定一价制逐渐改革为市场管理制。

新中国成立初期的蔬菜价格管理体制改革是在高度计划经济下进行的，主要围绕中央收回价格管理权与下放价格管理权两个方面为主。由于新中国成立后，国内物价混乱、通货膨胀现象严重，蔬菜价格也随之呈现恶性上涨的局面，因此国家施行收回价格管理权的政策。从1953年实行"一五"计划以来，国家有关部门进一步改革了对蔬菜价格的管理，由单一的官定价格发展到国家统一定价、浮动价格、自由价格等多种价格形式共存的局面，中央和地方共同享有价格管理权，而不再高度集中于中央。这样的价格管理体制在一定程度上发挥出了价格机制的调节功能，对新中国成立初期国内整体价格的稳定和国民经济的恢复起到了促进作用。但类似下放蔬菜价格管理权的管理制度并没有实施太久，原因在于20世纪60年代初期的全国性自然灾害造成农产品严重短缺，国内出现饥荒，蔬菜通货膨胀现象再次影响人民生产生活。为了保证各地蔬菜等农产品有序供应，国家再次采取高度集中的价格管理手段平抑物价，之前下放到地方的部分价格管理权再次被收回。随后在国民经济调整恢复期间，灵活管理蔬菜价格的策略曾被重新提出，但由于"文化大革命"的爆发，全国工作重心从经济建设转到了政治斗争，蔬菜价格管理体制改革随之搁置，全国各地蔬菜价格均采取国家统一定价。

"文化大革命"结束之后，全国上下解放思想、实事求是，开始进行国民经济的重新建设。在蔬菜价格方面，被中断的蔬菜价格管理改革继续进行。为了满足这一阶段出现的农产品集市贸易，开始出现以区域内某一个或几个大型集市贸易价格共同决定的蔬菜价格。1978年改革开放拉开序幕后，全国价格改革的重点是转换价格形成机制，提高价格的杠杆作用，从而确立了"调放结合、以放为主"的价格机制改革方式。在这一基本改革背景下，国家相关部门在原有基础上进一步开放了蔬菜市场的购销价格，调整蔬菜价格结构，确立市场定价的主体地位。但过度放开的蔬菜价格也使农产品市场出现了新一轮的价格上涨，国家在1990年前后采取了一系列措施控制集贸市场蔬菜价格，对蔬菜批发实行限价，旨在营造良好的蔬菜市场环境。1992年之后，中国逐步确立了社会主义市场经济的主体地位，农产品价格体制改革进一步深化，一是在原有基础上提高以蔬菜为主的部分农产品价格，二是进一步减少国家对蔬菜产品价格的直接干预。随着中国市场经济制度的完善，蔬菜价格管理体制由以前的直接管理转为了间接管理，由政府定价为主转为了市场定价为主，一系列相关法律法规的制定更加规范了中国蔬菜市场的价格管理。市场经济条件下的蔬菜价格能相对更好地反映蔬菜市场供求特点，更好地发挥资源配置的功能。

3.3 蔬菜价格成本的构成

1. 生产成本

蔬菜的生产成本是指蔬菜在生产种植环节产生的费用总和，主要包括直接成本、间接成本、人工成本及其他费用，是蔬菜价格构成的基本因素。其中，直接成本又包括种苗费、农药费、肥料费、水电费、农膜折价、草苫折价等；间接成本包括自营地折租或土地流转租金折价、设施维护改造折价、设施折旧费用等；人工成本包括家庭用工折价和雇工费用。目前在蔬菜生产成本中，占比最高的是种植人工费用，其中包含直接人工和间接人工的成本。随着中国蔬菜产业的组织化、现代化水平进一步提高，一些大型蔬菜生产基地开始雇佣农业专业技术人才来进行蔬菜的育种、种植工作，从而直接增加了蔬菜的生产成本。此外，蔬菜产业链条的延伸也使得蔬菜加工、包装环节的费用开始逐渐纳入蔬菜的生产成本，尤其是在高端、精品蔬菜的生产市场上，延伸环节的费用在生产成本中的占比不断增加。直接物质费和间接物质费在蔬菜生产成本构成中的比重也不断上升，主要表现为蔬菜种植农药、化肥成本的增加，蔬菜生产基地搭建的成本提高，蔬菜生产期间成本的上升等。总之，蔬菜生产成本主要用于满足生产环节的各项费用、支付菜农的生产投入，与蔬菜销售价格之间存在较大的价格差异。

2. 物流成本

蔬菜的物流成本是指蔬菜在流通环节产生的费用总和，主要包括蔬菜运输、储存、装卸、搬运、分拣包装等环节的费用。物流成本在蔬菜价格的总体构成中所占比重呈现不断上升的趋势，其中最主要的上涨因素来自于运输及储存成本的攀升。受到国际石油价格上涨的影响，运输成本也成为影响蔬菜价格的一个重要因素。目前中国的蔬菜运输多采用铁路运输及公路运输两种方式，铁路运输适用于保质期相对长且空间跨越范围较大的蔬菜品种，是运量最大、价格最低的运输方式，公路运输更适用于保质期相对较短、运输范围相对较小的蔬菜品种，运输价格相对适中，而对于当前市场上开始出现的针对高端消费群体的高保鲜蔬菜，一般采用耗时最少、运输成本最高的航空运输。此外，各地蔬菜储存的冷冻库和仓库的价格也被纳入蔬菜的物流成本计算中，对于保鲜要求高的蔬菜，分销商一般会租用冷冻库进行保存，从而也会导致物流环节成本的增加。

3. 交易成本

蔬菜的交易成本是指蔬菜在交易环节产生的各项费用总和，主要包括交易的人工费、食宿费、占地费、入场费、损耗费、摊位费、工商费等，是蔬菜价格构成的最大组成部分。其中蔬菜交易人工费是蔬菜交易成本的主要来源，由于劳动力成本和物价总水平的上升，蔬菜交易的人工费也随之上涨。而目前越来越多的"农超对接"使得更多蔬菜进入超市销售，随之产生的入场费、保管费也在一定程度上影响了蔬菜交易成本的形成，尤其是一些保鲜条件要求高的蔬菜品种，超市往往会对其征收更高的入场费和保管费。此外，菜农还需支付农贸市场的摊位租赁费、损耗费等其他费用，而这些交易成本最终都摊销到蔬菜的市场价格中，正是由于相对高额的蔬菜交易成本存在，使得蔬菜进入流通市场之后其价格比生产市场上的蔬菜价格高出一至两倍。

3.4 本章小结

蔬菜产业市场的基本现状以及价格管理体制是影响蔬菜价格波动的基本制度因素，是蔬菜价格波动研究的基本出发点，它决定着研究理论架构的形成，研究方法的选择等诸多基本研究问题。通过厘清中国蔬菜市场和价格管理体制的发展与现状，得出的基本结论是：中国蔬菜产业在市场经济条件下迅速发展，拥有着较为齐全的流通体系和市场化的价格管理体制。

伴随着中国经济体制从计划经济体制到市场经济体制的变迁，蔬菜流通体制经历了全面计划经济时期的蔬菜流通体制（1949～1978年）、放松计划的蔬菜流通体制（1979～1992年）、市场化阶段的蔬菜流通体制（1993年至今）三个阶段。蔬菜自由市场也经历了全面计划经济时期的蔬菜自由市场（1949～1978年）、放松计划的蔬菜自由市场（1979～1992年）、市场化阶段的蔬菜自由市场（1993年至今）三个阶段，目前蔬菜自由市场主要有农贸市场、超市、蔬菜便利店等形式，分布于中国城市及农村的各个地区，有农贸市场2万余家，80%左右的蔬菜经农贸市场零售，大中城市15%左右的蔬菜经超市销售，消费者购买蔬菜极为方便。蔬菜批发市场主要是大宗蔬菜产品交易的场所或者交换关系的总和，先后经历了放松计划的蔬菜批发市场（1979～1992年）和市场化阶段的蔬菜批发市场（1993年至今）两个阶段，目前中国的蔬菜批发市场主要分为集中产地批发市场和销地批发市场两大类，全国经营蔬菜的农产品批发市场两千余家，70%左右的蔬菜经批发市场销售。中国蔬菜价格管理体制改革同样也经历了由计划经济下的固定价格向市场经济下的浮动价格转变。市场经济条件下的蔬菜价格能相对更好地反映蔬菜市场供求特点，更好地发挥资源配置的功能。

尽管中国目前的蔬菜价格是蔬菜价值和供求关系等市场因素共同作用形成的，但其价格的基本构成要素主要包括生产成本、流通成本以及交易成本。蔬菜的生产成本又主要包括蔬菜种子、种植人工、直接物质费、间接物质费及其他费用，是蔬菜价格构成的基本因素。目前在蔬菜生产成本中，占比最高的是种植人工费用，其中包含直接人工成本和间接人工成本。蔬菜的物流成本是指蔬菜在流通环节产生的费用总和，主要包括蔬菜运输、储存、装卸、搬运、分拣包装等环节的费用。蔬菜的交易成本是指蔬菜在交易环节产生的各项费用总和，主要包括交易的人工费、食宿费、占地费、入场费、损耗费、摊位费、工商费等，是蔬菜价格构成的最大组成部分。

第 4 章 蔬菜价格波动及其特征

在第 2 章中，通过对蔬菜价格波动的相关概念、基本理论、价格波动形成的机制及研究方法的梳理，为本书正确把握蔬菜价格波动的基本原理及研究方法奠定了理论基础。在第 3 章中，通过对蔬菜市场的发展、价格制度的改革以及蔬菜价格的构成等蔬菜产业市场的基本认识，有利于正确把握中国蔬菜市场发展及价格波动的现实情况，有利于把握蔬菜市场价格波动的客观规律及特征。本章将在前面两章研究的基础之上，运用季节调整法以及 H-P 滤波分析法从不同的方面去考察和把握蔬菜价格波动的总体特征，同时采用变异系数法考察不同种类蔬菜价格波动的形态，最后对蔬菜价格波动进行预测。

4.1 蔬菜价格历史波动回顾

一般来讲，波动的一个周期，是从一个波峰到另一个波峰，也可以从一个波谷到另一个波谷，或者按周期中同样状态（高峰、低潮或整个周期）一些年的平均值到另一些年的平均值来衡量[①]。按此方法，1978 年改革开放以来中国蔬菜价格呈现出的周期性波动（图 4-1），大体可以分为八个周期。1979 年全国蔬菜零售价格比 1978 年上涨了 2.7%，1982 年全国蔬菜零售价格比 1981 年下降了 8%，因此，1978 年出现了第一次波谷，1982 年相邻出现了第二次波谷，1978～1982 年为中国蔬菜价格波动的第一个周期。类似地，1982～1986 年为第二个周期，1986～1990 年为第三个周期，1990～1997 年为第四个周期，1997～2002 年为第五个周期，2002～2004 年为第六个周期，2004～2011 年为第七个周期，2011 年至今为第八个周期。同时，蔬菜价格波动还呈现出如下特点：①蔬菜价格波动周期长度呈现出增长的趋势。从以上八个周期的长度来看，分别是 4 年、4 年、4 年、7 年、5 年、2 年、7 年、大于 3 年。②蔬菜价格总体上呈现出

---

① 资料来源于：百度百科 http://baike.baidu.com/view/4958424.htm；阿瑟·刘易斯（W·Arthur Lewis）在其著作《经济增长理论》中也有明确的表述。

逐年上涨的长期趋势(图 4-2)。根据全国农产品集贸市场年度价格数据中的五种蔬菜集贸市场年度价格，不难发现：从 2003~2013 年大白菜、黄瓜、西红柿、菜椒、四季豆价格逐年上涨，分别由每公斤 1.01 元上涨到 2.61 元，2.07 元上涨到 4.96 元，2.21 元上涨到 5.4 元，2.62 元上涨到 6.4 元，2.48 元上涨到 7.74 元。2014 年除四季豆价格依然保持上涨趋势外，大白菜、黄瓜、西红柿和菜椒的价格都略有回落。③蔬菜价格波动的剧烈程度有所缓和，但波动的频率更高。据农业部监测显示，2000~2010 年，蔬菜价格共发生过 78 次波动，平均每 2 个月发生一次(张利庠，2010)。④蔬菜价格波动呈现出季节性变化规律(图 4-3)。每一年的 4 月、5 月、6 月、7 月通常会出现蔬菜价格的最低点，并且这一段时期蔬菜价格处于较低水平。从 8 月左右开始，蔬菜价格逐渐上升，并保持高价位一直到次年的 3 月左右。⑤便于储存的蔬菜价格波动较小。从图 4-2 可以发现，大白菜相对于黄瓜、西红柿、菜椒和四季豆而言，是一种更便于储存的蔬菜，其价格不仅远远低于其他蔬菜，还保持着相对平稳的状态，价格波动幅度也较小。

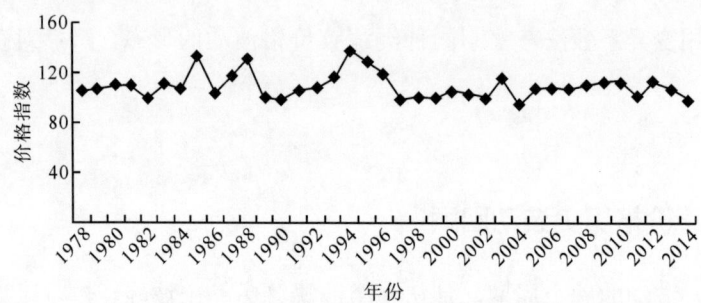

图 4-1 1978~2014 年全国蔬菜价格波动情况

数据资料来源：国研网数据中心(蔬菜零售价格指数以上一年价格为 100)

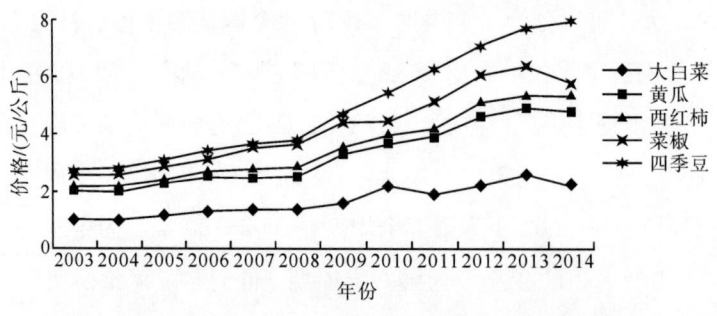

图 4-2 2003~2014 年全国集贸市场蔬菜年度价格波动情况

数据资料来源：国研网数据中心

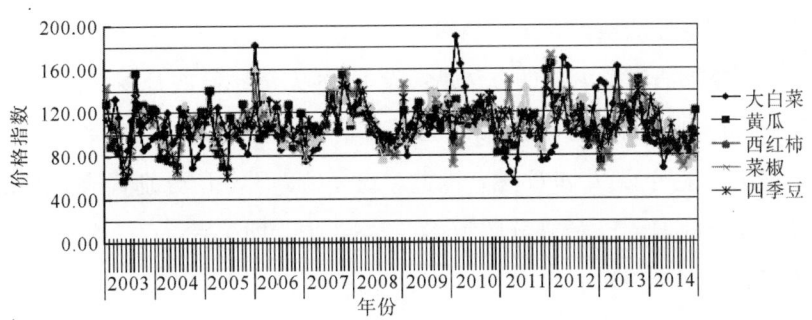

图 4-3 2003～2014 年全国集贸市场蔬菜月度价格波动情况

数据资料来源：国研网数据中心（月度价格指数以上一月度为 100）

4.2 蔬菜价格波动总体特征

因为 2000 年以前的农产品价格为收购价，为了能更好地考察蔬菜市场价格的波动规律，本书根据国研网数据中心和 2002～2014 年[①]《中国农村统计年鉴》，选择全国农产品集贸市场月度价格中大白菜、黄瓜、西红柿、菜椒、四季豆五种蔬菜的价格，并对五种蔬菜价格采用平均计算的方法，获得蔬菜的月平均价格。然后，对蔬菜月度价格进行季节调整，剔除季节效应和不规则效应，得到周期趋势循环序列；再运用 H-P 滤波分析法，将周期趋势循环序列中的趋势波动和循环波动分离出来，以较为深入地准确把握蔬菜价格的波动周期及特征。

4.2.1 基于季节调整法的蔬菜价格波动分析

本书第 2 章对季节调整法进行了详细的介绍。季节调整法主要是将月度或季度时间序列数据中的季节变动要素剔除，从而让月度或季度时间序列数据潜在的趋势循环分量更加明显，更能反映月度或季度时间序列数据变化的客观规律，从而更准确地解释经济现象。

在对两种普遍使用的季节调整法 X11 和 X12 方法综合考察的基础上，本书认为 X12 季节调整法更适用于对蔬菜价格波动的研究。同时，根据以往研究经验，蔬菜价格的趋势变动（T）、季节变动（S）、周期循环变动（C）和不规则变动（I）是相互独立的，

---

① 为了本章后期研究的统一性，在季节调整和价格预测时，各类蔬菜价格样本区间实际为 2002～2013 年，之所以没有取 2014 年各类蔬菜的价格作为样本，原因是在对蔬菜价格进行预测时，需要用 2014 年蔬菜价格数据对比来确定预测的准确性。

因此，使用季节调整法中的加法模型：$Y=T+S+C+I$。

1. X12 季节调整加法模型算法与步骤

X12 季节调整加法模型调整的方法是：设 Y_t 为无奇异值的月度时间序列，通过预测和回推来扩展序列使得在序列尾端不需要对季节调整公式进行修改（董玲，2010）。由于季节调整法不能分离 T 和 C 项，因此，设 TC_t、S_t、I_t 分别代表趋势循环因素、季节因素和不规则因素。Y_t 便被分解为 TC_t、S_t、I_t，即 $Y_t=TC_t+S_t+I_t$。X12 季节调整加法模型算法与步骤如下。

（1）对季节调整进行初始估计。

首先对中心化 12 项移动平均计算趋势循环要素进行初始估计：

$$TC_t^{(1)} = \left(\frac{1}{2}Y_{t-6}+Y_{t-5}+\cdots+Y_t+\cdots+Y_{t+5}+Y_{t+16}\right)/12 \qquad (4-1)$$

并计算 SI 项的初始估计：

$$SI_t^{(1)} = Y_t - TC_t^{(1)} \qquad (4-2)$$

通过 3×3 移动平均计算季节因子 S 的初始估计：

$$\hat{S}_t^{(1)} = (SI_{t-24}^{(1)} + 2SI_{t-12}^{(1)} + 3SI_t^{(1)} + 2SI_{t+12}^{(1)} + SI_{t+24}^{(1)})/9 \qquad (4-3)$$

消除季节因子中的残余趋势：

$$S_t = \hat{S}_t^{(1)} - (\hat{S}_{t-6}^{(1)} + 2\hat{S}_{t-5}^{(1)} + \cdots + 2\hat{S}_{t+5}^{(1)} + \hat{S}_{t+6}^{(1)})/24 \qquad (4-4)$$

季节调整的初始估计为

$$TCI_t^{(1)} = Y_t - S_t^{(1)} \qquad (4-5)$$

（2）计算暂定的趋势循环要素和最终的季节因子。

利用 Henderson 移动平均公式计算暂定的趋势循环要素：

$$TC_t^{(2)} = \sum_{j=-H}^{H} h^{(2H+1)j} TCI_{t+j}^{(1)} \qquad (4-6)$$

计算暂定的 SI 项：

$$SI_t^{(2)} = Y_t - TC_t^{(2)} \qquad (4-7)$$

通过 3×5 项移动平均计算暂定的季节因子：

$$\hat{S}_t^{(2)} = (SI_{t-36}^{(2)} + 2SI_{t-24}^{(2)} + 3SI_{t-12}^{(2)} + 3SI_t^{(2)} + 3SI_{t+12}^{(2)} + 2SI_{t+24}^{(2)} + SI_{t+36}^{(2)})/15 \qquad (4-8)$$

计算最终的季节因子：

$$S_t^{(2)} = \hat{S}_t^{(2)} - (\hat{S}_{t-5}^{(2)} + \cdots + 2\hat{S}_{t+5}^{(2)} + \hat{S}_{t+6}^{(2)})/24 \qquad (4-9)$$

季节调整的第二次估计结果：

$$TCI_t^{(2)} = Y_t - S_t^{(2)} \qquad (4-10)$$

（3）计算最终的趋势循环要素和最终的不规则要素。

利用 Henderson 移动平均公式计算最终的趋势循环要素：

$$TC_t^{(3)} = \sum_{j=-H}^{H} h_j^{(2H+1)} TCI_{t+j}^{(2)} \tag{4-11}$$

计算最终的不规则要素：

$$I_t^{(3)} = TCI_t^{(2)} - TC_t^{(3)} \tag{4-12}$$

2. 季节调整结果

本书运用 Eviews 8.0 对蔬菜价格进行了季节调整，结果如图 4-4 至图 4-7 所示。为了便于比较，同时给出了蔬菜价格原序列与季节调整后的序列比较图（图 4-8），Price 为蔬菜价格原序列，Price_sa 为季节调整后的序列，Price_sa 图形在剔除季节因素和不规则因素后，显得更加平滑，更能明显观察出 2002~2013 年蔬菜价格变动情况：根据农业部蔬菜市场行情分析资料，自 2002 年下半年至 2013 年，全国蔬菜价格一直保持着高位水平，季节调整后的序列图与这一现实情况基本相符。同时，季节调整后的序列图与前一节中全国蔬菜价格波动情况（图 4-1）和全国集贸市场蔬菜年度价格波动情况（图 4-2）相一致，与整体宏观经济形势的发展相吻合。1998~2002 年受金融危机的影响，中国经济一直处于紧缩时期，国家采用扩张性财政政策和货币政策进行刺激。由于政策的滞后性，从 2002 年后期，扩张性财政政策和货币政策的效应得到充分体现，经济开始进入扩张发展的阶段，2002~2013 年中国 CPI 分别是 0.8%、1.2%、3.9%、1.8%、1.5%、4.8%、5.9%、-0.7%、3.3%、5.4%、2.6%、2.6%。这必然助推蔬菜价格保持高位运行。在 2005 年、2007 年、2008 年末、2009 年初、2010 年、2012 年初和 2013 年，蔬菜价格增长较快，图形具有较大的斜率，这与农产品价格的上涨实际情况也是一致的。因此进一步说明：季节调整方法是科学的，季节调整结果是可以接受的，季节调整序列可以作为深入分析蔬菜价格波动的更有效数据，克服了原始序列被其他因子掩盖真实波动特征的不足。

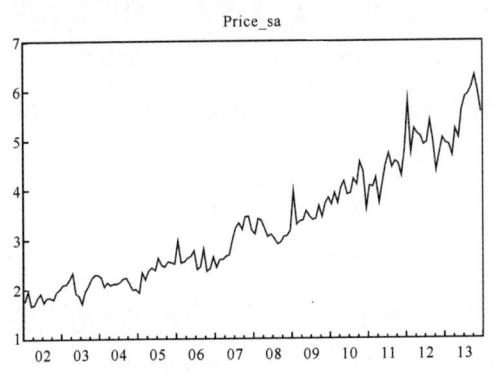

图 4-4 蔬菜价格原序列与季节调整序列比较图

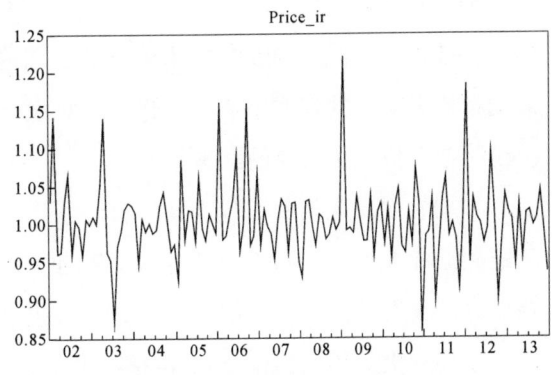

图 4-5 蔬菜价格不规则因子序列

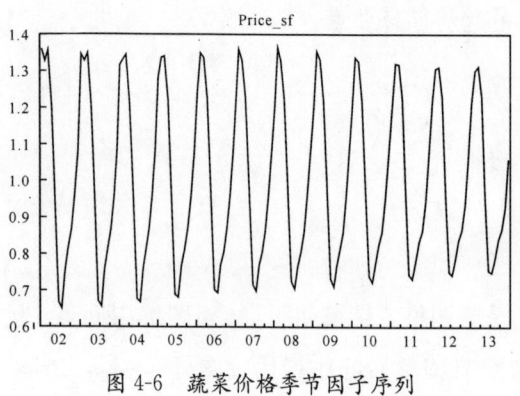

图4-6 蔬菜价格季节因子序列

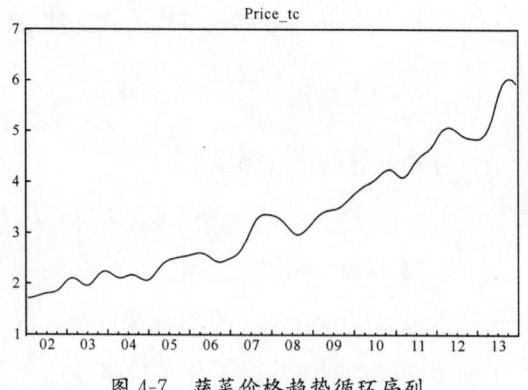

图4-7 蔬菜价格趋势循环序列

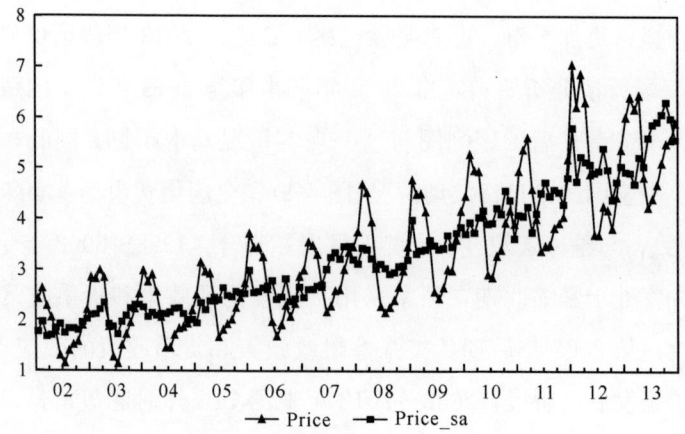

图4-8 蔬菜价格季节调整序列

(1) 蔬菜价格不规则因子序列(图4-5),在各年都有较大幅度的振动,这突出表明蔬菜价格受突发因素影响频繁,在近年来日益显著。这与国内其他学者研究成果相一致:陈彦峰(2008)认为局部气候波动是蔬菜价格波动的主要原因之一,马国英等(2011)认为蔬菜价格变动受突发事件影响日益显著。这主要是由蔬菜产业本身的生物特性和弱质性,加之中国流通体系与市场体系还不健全,以及产业化组织程度和蔬菜生产科技含量较低,导致中国蔬菜产业抗风险能力很差,突发事件极容易对蔬菜价格波动造成影响。尤其近年来,自然灾害频发,蔬菜产业金融化因素不断加强,都对蔬菜价格波动形成了重要的影响。

根据农业部蔬菜市场行情分析资料,以及《中国蔬菜》杂志编辑部编写的"2010年蔬菜产业大事记"和"2011年蔬菜产业大事记",可以充分证明:近年来影响蔬菜价格波动的突发事件在各年都有发生,且程度各异,这与本研究结果中分离出来的不规则因子序列极其相似。在2003年中,由于2002年冬至2003年一季度春低温多雨,河北、辽宁、山东等主产区蔬菜生产迟缓,普遍减产并推迟上市。进入二季度以后,全国蔬菜生产趋于正常，陆续进入收获旺季，并集中大量上市，但"非典"疫情的爆发，使蔬菜等鲜活农产品流通受到影响，曾一度造成产销区供求失衡。第三季度，受部分主产区高温和暴雨天气影响，蔬菜产量又出现了一定波动。10月，北方大部分地区雨雾天气较多，11月冰雪天气出现较早，给冬贮菜、大棚菜的生长、采摘和收获造成了很大影响，加上一些温室倒棚使不少菜品受冻，影响了蔬菜的供给。三季度价格开始回升，主要是部分地区因洪涝灾害使蔬菜生长和运输受到影响、整治公路运输超限超载以及油价上涨造成运量和成本提高。四季度出现的雨雪天气造成部分地区交通不畅，给蔬菜的采摘、运输、保存带来影响，上市量的减少，导致细菜价格大幅上涨，但大白菜、胡萝卜等冬季大众菜的价格下降。2003年蔬菜价格总体水平明显提高，图4-4能明显反映这一结果。

在2004年第三季度部分地区因洪涝灾害使蔬菜生长和运输受到影响、整治公路运输超限超载以及油价上涨造成运量和成本提高。第四季度出现的雨雪天气造成部分地区交通不畅，给蔬菜的采摘、运输、保存带来影响，上市量的减少，导致蔬菜价格大幅上涨。在图4-5中，能清楚地观察到在2004年3~4季度，不规则因子发生了剧烈的振动。

2005年第三季度开始，全国大部地区气温比常年同期略偏高，降水量总体偏少，蔬菜病虫害进入多发期，供应量相对减少。第四季度，部分蔬菜主产省受冻害、干旱等灾害气候影响，蔬菜供应量相对减少。2006年一季度受冻害和干旱气候的影响，部分主产区反季节蔬菜减产。

2007年3月全国雨雪天气较多，特别是东北地区遭遇50年来最大的暴风雪，7月黄淮中西部、江淮、江汉大部、西南地区东北部等地连续强降雨，致使大面积农田遭受洪涝，蔬菜生长发育受到一定影响。8月上旬江南和华南大部的旱情使蔬菜生产受到影响，8月中下旬，受热带风暴和台风的影响，旱情解除，但暴雨狂风致使福建、江西、湖南和浙江等省局部地区出现短时洪涝，造成作物倒伏，蔬菜损失较为严重。

2008年初，湖北、四川、云南等中国南方地区遭遇了50年一遇的大范围、高强度、长时间、影响大的低温雨雪冰冻灾害，给农业生产造成了史上罕见的重大损失。湖南、江西、贵州、湖北、广西等20个省（区）蔬菜受灾面积295.13万hm^2，占全国秋冬种蔬菜播种面积的34%。其中保护地蔬菜生产损失最为严重，仅湖北一省蔬菜受灾面积就达7.13万hm^2。蔓延全球的金融危机也影响着中国蔬菜产业，部分省市蔬菜出口量大幅下降，价格回落。根据对山东等地蔬菜出口企业的调查，2008年1月至10月出口量较2007年同期减少25%，而2009年的订单则相当于2007年同期的50%，价格降幅高达52.78%。

2009年春节到11月底，在不到10个月的时间里，大蒜价格翻了近20倍，涨幅超过历史最高。11月上中旬，北方地区先后出现暴雪天气，其中河北、山西、河南等地的降雪量和积雪深度突破历史同期极值，达到60年一遇，局部地区达百年一遇。强降雪造成华北地区多条高速公路阻塞，这严重影响了蔬菜的生产及供给。

2010年春季后，因突遇"倒春寒"，山东、河北、辽宁等北方蔬菜主要产地遭受大风、暴雪等恶劣天气，造成各种大棚蔬菜后期生长缓慢，产量下降；西南地区大旱也使得本地蔬菜产量减少，而消费的需求量增加，在一定程度上引起了部分蔬菜价格上涨；另外，南方地区持续大雨洪涝灾害导致菜地被淹、蔬菜运输困难，加之部分地方高温使蔬菜容易腐烂、不易贮存，导致蔬菜价格上涨，大蒜、生姜和马铃薯等耐贮存蔬菜的价格受其影响而急剧上升，达到历年来峰值，出现"菜贵伤民"现象。

2011年春季，南方许多地区受低温天气影响，甘蓝、大白菜等上市期推迟15~20天，这些蔬菜与北方上市期碰头，造成4月价格大幅下跌。2011年秋季蔬菜面积增加，气象条件总体适宜蔬菜生长，产量也相应增加，特别是秋末冬初气温高于常年，普通白菜、菠菜、莴苣等速生叶菜大幅增产，导致洋葱、马铃薯、大白菜等耐贮藏蔬菜出现滞销，价格随之下跌。

2012年冬季，受极寒天气影响，国内菜价连续上涨，最高时涨幅超五成，恶劣的天气使得北方的大棚菜和南方的反季节蔬菜生长缓慢，上市量减少，同时也增加了蔬菜的种植成本和运输难度。

2013年年初，北方气温持续下降，蔬菜生长速度放缓，暖棚菜供暖消耗增大，供应偏紧，生产成本提高及雨雪天气对交通运输的极大影响导致价格持续上涨；而时下主要靠南方蔬菜进行补缺上市的状况，也因南方持续阴雨和降温，影响了蔬菜的生长、采摘和运输，导致多地蔬菜涨价潮来袭。

(2) 蔬菜价格的季节因子序列(图4-6)，表明蔬菜价格季节波动特征明显，呈现出"V"字态势，即在一年的周期内，蔬菜价格在年初保持高价位，2~3月价格开始回落，6~7月达到最低点，并开始陆续上涨到年末及次年的2~3达到最高点。但不同年份，蔬菜价格季节波动幅度略有不同。造成蔬菜价格如此明显的季节波动特征，主要缘自两方面的原因：一是居民消费习惯的影响，二是蔬菜生产环境的影响。从中国居民生活消费习惯来看，每年年末至春节前后，居民往往会大量地增加蔬菜消费需求；而此时，中国已进入秋冬严寒季节，绝大部分地区气温较低，蔬菜生长缓慢，品种相对减少，蔬菜供给自然也相对减少，二者效应叠加，势必造成年末(11~12月)及次年2~3月蔬菜价格保持高位。春节过后，居民蔬菜消费需求降低，加上气温回暖，蔬菜生长加快，二者效应叠加，又促使蔬菜价格回落；尤其在5~7月，天气炎热，居民蔬菜需求降到较低点，而此时，蔬菜生长迅速，供给大量增加，由此形成了一年中蔬菜价格的最低点。7月以后，天气逐渐凉爽，加之教师节、中秋节、国庆节、元旦节以及春节等节日都集中在下半年，导致居民对蔬菜需求逐渐增加，同时，蔬菜生产又面临着秋冬严寒气候的影响，蔬菜价格开始上扬。蔬菜价格原序列(图4-8)也明显反映了蔬菜价格的上述季节特征。

蔬菜价格趋势循环序列(图4-7)，剔除了季节因子和不规则因子对蔬菜价格的影响。从图中，能清晰地观察到蔬菜价格在2007年3~4季度、2009年全年、2010年全年以及2011年2~4季度、2012年第1季度和2013年1~3季度有明显的上涨。为了能更好地观察蔬菜价格的长期趋势和循环波动情况，需要运用H-P滤波分析法对蔬菜价格趋势循环序列中存在的趋势波动和循环波动进行分离。

4.2.2 基于H-P滤波法的蔬菜价格波动分析

1. H-P滤波法原理

该方法首先设 $\{Y_t\}$ 是包含趋势成分和波动成分的经济时间序列，$\{Y_t^T\}$ 是其中含有的趋势成分，$\{Y_t^c\}$ 是其中含有的波动成分(董玲，2010)。则

$$Y_t = Y_t^T + Y_t^c \quad t = 1, 2, \cdots, T \tag{4-13}$$

计算H-P滤波就是从 $\{Y_t\}$ 中将 Y_t^T 分离出来。一般地，时间序列 $\{Y_t\}$ 中的不可观测部分趋势 $\{Y_t^T\}$ 常被定义为以下最小化问题的解：

$$\min \sum_{t=1}^{T} \{(Y_t - Y_t^T)^2 + \lambda[c(L)Y_t^T]^2\} \tag{4-14}$$

其中：$c(L)$ 是延迟算子多项式，

$$c(L) = (L^{-1} - 1) - (1 - L) \tag{4-15}$$

将式(4-15)代入式(4-14)，则H-P滤波的问题就是使下面损失函数最小，即

$$\min\left\{\sum_{t=1}^{T}(Y_t - Y_t^T)^2 + \lambda \sum_{t=2}^{T-1}[(Y_{t+1}^T - Y_t^T) - (Y_t^T - Y_{t-1}^T)]^2\right\} \tag{4-16}$$

最小化问题用 $[c(L)Y_t^T]^2$ 来调整趋势的变化，并随着 λ 的增大而增大。H-P滤波法依赖于参数 λ。当 $\lambda=0$ 时，满足最小化问题的趋势序列为 $\{Y_t\}$ 序列；随着 λ 值的增加，估计的趋势越光滑；当 λ 趋于无穷大时，估计的趋势将接近线性函数。H-P滤波法将经济周期看成是宏观经济对某一缓慢变动路径的一种偏离，该路径在期间内是单调增长的。H-P滤波增大了经济周期的频率，使周期波动减弱。因此，λ 需要事先给定，根据经验，当数据为年度数据时，λ 取为100；当数据为季度数据时，λ 取1600；当数据为月度数据时，λ 取14400。由于本书使用的是月度数据，因此，λ 取14400。

2. 结果与分析

运用 Eviews 8.0 对上一节中 X12 季节调整法调整后的蔬菜价格趋势循环序列 Price_tc 进行分解，结果如图 4-9 所示。

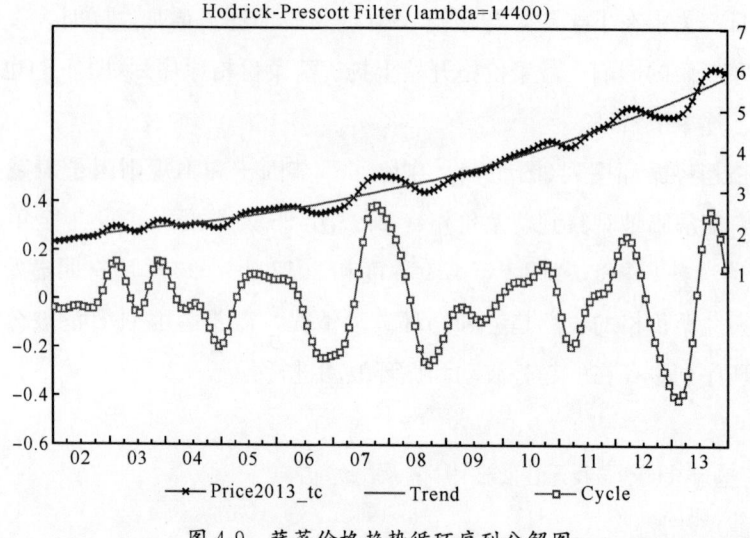

图 4-9　蔬菜价格趋势循环序列分解图

Price2013_tc 线条为蔬菜价格趋势循环序列，Trend 线条为 Price_tc 序列分解出来的趋势线，Cycle 线条为 Price_tc 序列分解出来的循环波动曲线。从长期来看，Trend 趋势线呈直线上升态势，表明自 2002 年以来，蔬菜价格逐年上涨，且每年上涨的幅度基本相同。从 Cycle 循环波动曲线来看，蔬菜价格有明显的周期性，2002～2013 年蔬菜价格波动分为六个周期(表 4-1)，波动周期具有不可重复性和非对称性，波长逐期下降，平均波长为 24 个月。其中，周期一，从 2002 年 1 月至 2004 年 11 月，蔬菜价格经过了 2 次调整形成了波谷；周期四，2008 年 8 月至 2011 年 2 月，蔬菜价格经过了 2 次调整形成了波谷；周期六，2013 年 3 月至 2013 年 12 月，因为后期数据的不完整，周期六或许不是一个完整的周期。

表 4-1　蔬菜价格波动周期

周期	波长/月	波峰出现的时间	波谷出现的时间
周期一(2002 年 1 月至 2004 年 11 月)	35	2003 年 11 月	2004 年 11 月
周期二(2004 年 12 月至 2006 年 12 月)	25	2005 年 8 月	2006 年 12 月
周期三(2007 年 1 月至 2008 年 7 月)	19	2008 年 1 月	2008 年 7 月
周期四(2008 年 8 月至 2011 年 2 月)	31	2010 年 9 月	2008 年 7 月
周期五(2011 年 3 月至 2013 年 2 月)	24	2012 年 3 月	2013 年 2 月
周期六(2013 年 3 月至 2013 年 12 月)	10	2013 年 8 月	2013 年 2 月

4.3 不同种类蔬菜价格波动形态

在前面一节中，选择了全国农产品集贸市场月度价格中大白菜、黄瓜、西红柿、菜椒、四季豆五种蔬菜的月平均价格，对蔬菜价格波动的整体趋势进行了考察，本节将利用变异系数对以上五种蔬菜的价格波动形态进行分别考察，同时，还考察了大蒜价格[①]的波动。由于大蒜价格只能获取其季度批发市场价格，为了数据的统一性，对以上五种蔬菜价格也采取了季度内月度价格的平均数处理，获得了以上五种蔬菜的季度价格。

4.3.1 变异系数法模型设立

在第 2 章中曾经介绍：变异系数（coefficient of variation，CV）又称"标准差率"，是衡量变量中各观测值变异程度的一个统计量，是反映变量长期波动强度的重要指标，它衡量的是剔除时间趋势以后经济变量与其均值的偏离程度，因此它反映的是剔除时间趋势以后变量的相对波动幅度。同时，它可以消除单位和（或）平均数不同对两个或多个资料变异程度比较的影响。因此，结合本书数据资料情况，以及蔬菜价格的实际情况，选用变异系数来考察不同种类蔬菜价格波动情况，具有重要的意义。

变异系数是标准差与平均数的比值，由此，蔬菜价格变异系数计算公式如下：

$$CV = \frac{\sqrt{\sum_{t=1}^{n}(P_t - \overline{P}^2)/(n-1)}}{\overline{P}} \times 100\% \qquad (4-17)$$

其中，P 代表蔬菜的价格；$\overline{P}$ 代表蔬菜的平均价格；n 代表蔬菜价格的个数。

4.3.2 不同蔬菜价格波动特征

本书根据 6 种蔬菜价格绘制出图 4-10～图 4-15，同时根据变异系数公式计算出了 6 种蔬菜价格的变异系数（表 4-2），这为分析 6 种蔬菜价格的波动特征提供了准确的参考依据。

---

① 由于统计资料的限制，考虑到价格指数并不会改变价格变动的趋势和特征，文中大蒜价格数据利用来自 2003～2015 年《中国农产品价格调查年鉴》中大蒜批发市场价格指数进行替代，绘制了大蒜季度价格变动图，计算了其价格变异系数。

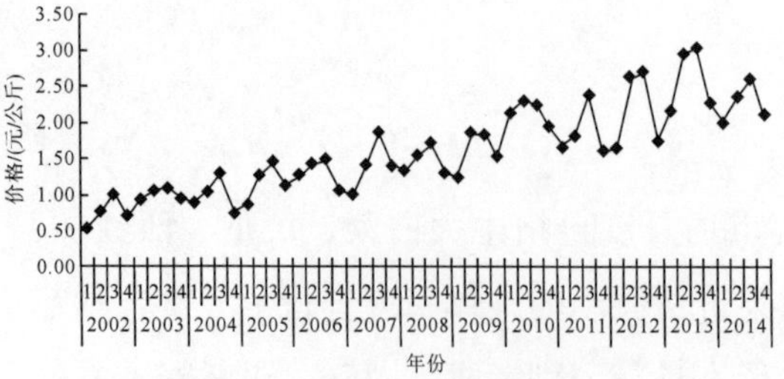

图 4-10　大白菜价格变动图

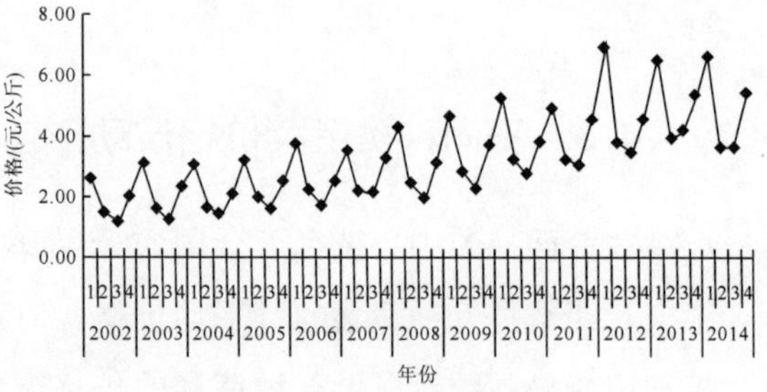

图 4-11　黄瓜价格变动图

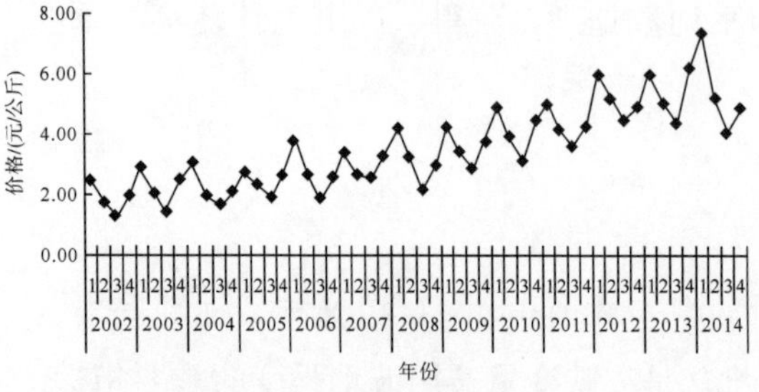

图 4-12　西红柿价格变动图

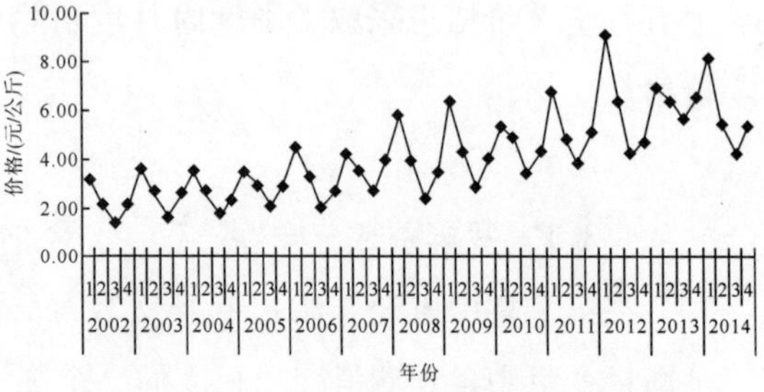

图 4-13　菜椒价格变动图

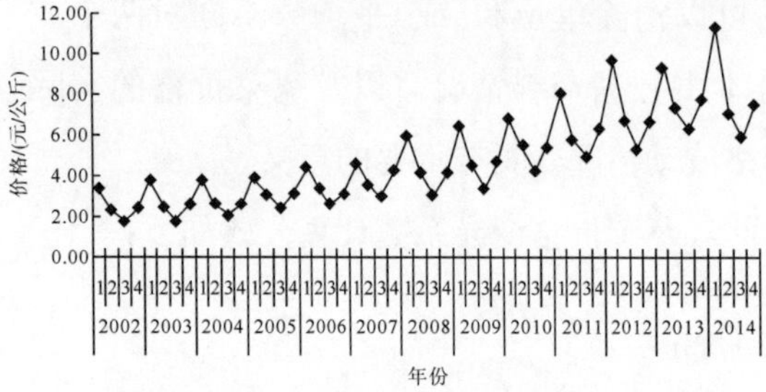

图 4-14　四季豆价格变动图

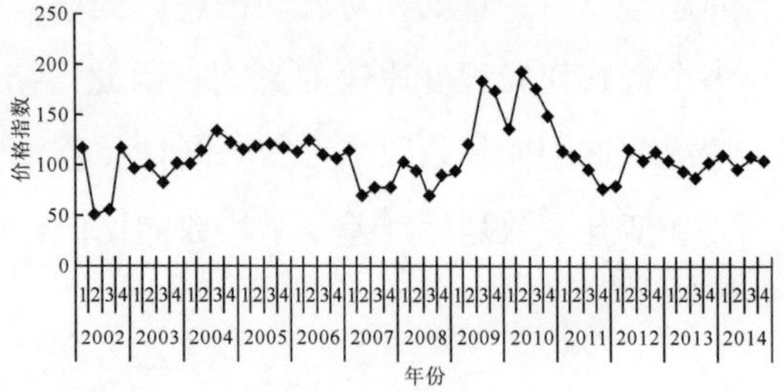

图 4-15　大蒜价格变动图

（1）大白菜价格波动特征。大白菜价格波动在年内具有明显的季节性，显现出"∧"形状。1月和12月价格都是年内较低的时期，6～7月价格达到最高值。大白菜曾是中国老百姓消费量最大的蔬菜之一，民间有"百菜不如白菜"的说法，也正是这个原因，种植大白菜的菜农比例较大。大白菜陆续上市的时间一般是8月以后，每年的秋末是集中上市期，加之，天气变冷，元旦及春节的临近，老百姓对大白菜的消费自然减少，更多地转向肉类食品和其他蔬菜品种，这个时期价格开始下降。同时，大白菜是一种便于储藏的蔬菜，在零下5摄氏度的环境中能保存过冬，但储藏有限，春节以后，老百姓转而对大白菜的需求增加，促使大白菜价格一路上涨，到8月前达到最高峰。大白菜价格还存在明显的"大小年"现象，例如，2002年大白菜价格剧烈上涨，2003年其价格曲线就会变得较更加平缓。这也反映了近年来大白菜价格涨跌的现实情况，大白菜价格可以在当年每公斤最高涨到1元多，第二年，就降到白送没人要，还要自掏 0.04 元/公斤请人将白菜砍掉的境地。

（2）西红柿、黄瓜、菜椒、四季豆价格波动特征。这四类蔬菜价格在年内也有明显的季节特征，但显现出的是"V"字形。年初和年末通常都是高价位时期，6~7月通常都会出现峰谷。这与前一节分析蔬菜价格波动原因类似，此处不再累述。

（3）大蒜价格波动特征。大蒜是一种极易储存的蔬菜，在年内没有明显的季节波动特征。在2002年大蒜价格经历了一次回落，2003~2006年其价格水平相对稳定，2007~2008年有所下降，2009年大蒜价格迅速上涨，曾出现了被戏称为"蒜你狠"的现象。2008年大蒜价格曾跌至0.4元/公斤，2009年7月涨至3元/公斤，11月涨至7元/公斤。但从长期来看，2009年大蒜价格的上涨，更多的是一种恢复性上涨。2010年5月直到2011年末大蒜价格持续下跌，到达历史低位，2012年年初稍有上涨，其后一直到2014年大蒜价格维持相对稳定状态。

（4）波动的剧烈程度。表4-2显示，蔬菜价格波动剧烈程度由大到小依次是：四季豆、黄瓜、菜椒、西红柿、大白菜、大蒜。由此，可以发现，需求量和耐储存共同决定了蔬菜价格波动的程度。同时，大蒜价格变异系数最小，为0.26，因此大蒜价格波动最小，这同时说明了2009年大蒜价格波动并没有影响大蒜价格长期波动的强度[1]。

6种蔬菜价格波动还存在一些共同的特征，那就是各种蔬菜价格都显现出逐年上涨的趋势，且以2007年以后上涨速度较快。这符合新一轮农产品价格上涨的大趋势。

表4-2　不同种类蔬菜价格变异系数

蔬菜种类	大白菜	黄瓜	西红柿	菜椒	四季豆	大蒜
变异系数	0.38	0.43	0.4	0.42	0.46	0.26

4.4　蔬菜价格预测及波动风险

4.4.1　方法选择与模型构建

对于价格预测和波动风险判断的方法有很多，包括定性分析法和定量分析法。定性分析法主要在对价格总体趋势分析和判断的基础上，运用经验和市场信息相结合的方法，预测价格的大体趋势。而定量分析方法主要是通过对相关信息的收集与整理，运用一定的计量方法，对价格的发展趋势和变动水平进行数量分析。总体来看，定量

---

[1] 常伟、虞华、吴守荣等部分学者认为：炒家炒作是大蒜、生姜价格上涨的主要原因之一；张利庠通过H-P滤波法分析了2002~2009年大蒜季度批发价格指数的波动周期，认为从长期来看，2009年以来的大蒜价格上涨中是大蒜价格波动的一个周期；在短期内，2009年大蒜价格波动周期无论是波长还是波距都与历次大蒜价格周期差别不大。因此，游资对于大蒜价格波动并没有太大的影响，并非价格波动的主要原因。本书通过对蔬菜价格波动以及大蒜价格波动的分析，其观点与张利庠一致。

分析方法主要包括两大类：因果分析法、时间序列分析法。

因果分析法，最早是由日本川崎制铁公司的石川馨在1953年为了寻找产生质量问题的原因，将各种想法绘制到一张图上来分析因果原因。因此，因果分析预测是从事物变化的因果关系出发，用统计方法寻找变量相互关系，建立相关函数并进行预测。因果分析预测法通常包含两种方法：回归分析法和经济计量法。前者是在利用大量观测数据的基础上，利用数理统计方法建立变量的回归关系函数表达式，并最终实现预测。而回归方法又根据变量的相互关系及模型形式的不一样，分为线性回归、非线性回归、一元回归以及多元回归。但是回归分析，一般只能反映出变量的单向影响和联系，如只能反映自变量对因变量的影响，忽视了自变量与自变量相互间的影响、因变量对自变量的影响，因此，经济计量方法应运而生，它通过数理统计方法以及变量的相互关系建立联立方程组来分析和预测经济变化趋势。

时间序列分析预测法，是根据过去监测到的历史数据，分析数据与时间的变化规律，并建立时间序列模型，来预测价格变化的一种方法。时间序列分析方法共有三种方法：时间序列平滑法、趋势外推预测法和季节调整法。时间序列平滑法是一种短期预测方法，趋势外推预测法是针对一些没有明显季节波动的时间序列而建立趋势模型进行价格预测的一种方法。季节调整法，在前文已经有详细的介绍，这里不再赘述。

为了便于蔬菜价格预测和波动风险的判断，本书将选用季节调整法，这是因为季节调整法通过剔除季度因素和不规则因素，更能反映出时间序列的实际趋势，一是能对价格进行准确估计，二是能通过实际趋势价格的预测判断原价格波动存在的风险。蔬菜价格是具有典型季度变化趋势的时间序列，通过季节调整法，可以将蔬菜价格分离出四种不同的因子：长期趋势项(T)、循环项或周期项(C)、季节因子(S)和，同时还可以形成剔除季节因子(S)和不规则因子(I)的季节调整序列(Sa)。根据长期趋势项(T)或者季节调整序列(Sa)建模，并最终合并季节因子(S)，对未来价格进行预测。该方法能根据价格市场历史变化趋势，比较准确地预测未来的价格及变化趋势，为政策制定起到一定的参考作用；但是预测时间不能过长，需要根据时间数据的变化及时对预测模型进行修正。

在4.2.1中，对蔬菜价格的四种不同因子进行了分离，其中Price_sa是分离出来的季节调整序列，也就是说Price_sa序列中，剔除了季节因子(S)和不规则因子(I)（图4-4）。根据蔬菜价格和分离出来的不同因子观察，蔬菜价格呈现出明显的季节性和长期增长趋势（图4-6，图4-7）。因此，考虑建立如下模型：

$$\hat{y} = f(t) + s_t \tag{4-18}$$

其中，$f(t)$表示模型的趋势部分；S_t表示模型的季节因子；t表示时间序列。

由于季节调整后的序列 Price_sa 呈明显的非线性增长趋势，因此，$f(t)$ 趋势函数采用二次曲线函数。因此，$f(t)$ 模型如下：

$$f(t)=a+bt+ct^2 \tag{4-19}$$

由此模型测算出的新的蔬菜价格($\hat{y_t}$)去除了不规则因子 Price_IR 的影响，更能反映出长期趋势中蔬菜价格的变化趋势，还能对未来的价格作出预测。

4.4.2　模型估计与结果分析

1. 模型估计

运用 Eviews 8.0 对 4.2.1 中分离出来的季节调整序列 Price_sa，采用最小二乘法（OLS）对 $f(t)$ 模型进行估计，因考虑到要使用该模型进行预测，故样本区别选择为 2002 年 1 月至 2013 年 11 月。由此，可能根据预测出来的结果与 2013 年 12 月至 2014 年 12 月的实际值进行比较，以判断预测的效果。

$f(t)$ 模型参数估计结果与回归效果见图 4-16，因为对原模型进行参数估计时，一次项参数不显著，没有通过检验。经调整，去除一次项，得到了较为满意的参数估计结果。调整后的模型，常数项和二次项都显著地通过了检验。$f(t)$ 模型拟合结果如下：

$$f(t)=0.02+1.81t^2 \tag{4-20}$$
$$(62.451)(52.376) \quad R^2=0.951 \quad s.e.=0.003$$

常数项和二次项的 t 统计量分别为 62.451 和 52.376，显著性好于 1% 水平。

2. 结果分析

首先，利用 Eviews 8.0 对式(4-20)进行预测得到预测的蔬菜价格季节调整序列(Newprice_saf)，预测效果如图 4-17 所示，偏差率(bias proportion)为 0，方差率(variance proportion)为 0.012055，预测效果是比较理想的。

其次，利用蔬菜价格季节调整原序列(Price_sa)与经式(4-20)预测获得的新序列(Newprice_saf)按式(4-21)计算预测误差 e，并对预测误差 e 进行单位根检验，检验结果如图 4-18 所示，预测误差 e 拒绝原假设，数据为平稳序列，说明模型对长期趋势拟合的效果是比较满意的。

$$e = Price\_sa - Newprice\_saf \tag{4-21}$$

最后，将预测得到的蔬菜价格季节调整序列(Newprice_saf)与蔬菜价格分离出来的季节序列 Price_sf(图 4-6)相应时点的因子值按式(4-17)进行拟合，得到蔬菜价格预测值。

为了能更好地比较预测的效果，更清楚地反映蔬菜价格将来的走势，将蔬菜价格预测值与原序列绘制在同一张图中进行比较(图 4-19)。可以发现，预测的蔬菜价格与原序列十分吻合，并且 2014 年的预测值与 2014 年蔬菜实际价格基本一致。这证明了前文对其数据处理、趋势分离与分析是准确的。同时，从图 4-19 中可以发现：预测价格由于是剔除了不规则因子影响的预测结果，因此，超出预测价格的部分可以认为是因为不规则因子造成的，也就是非正常因素，如 2008 年初发生的南方特大冰雪自然灾害以及 2012 年冬季的极寒天气影响，促使 2008 年和 2012 年蔬菜价格高出了预测价格。因此，季节调整法对蔬菜价格的预测不仅可以分析蔬菜价格发展的趋势，还可以发现不规则的异常波动，如果此时，能对异常波动进行深入调查，分析其原因，便能及时有效地调控蔬菜价格，使其在合理的范围波动。预测结果显示，蔬菜价格的异常波动在各年都有不同程度的发生，这说明了蔬菜价格经常容易受到不规则因子的影响，剧烈波动的风险较大。

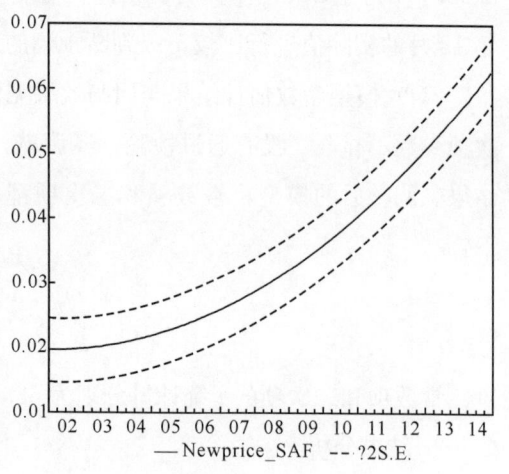

图 4-16　蔬菜价格模型参数估计与回归效果评价　　图 4-17　蔬菜价格模型预测效果分析

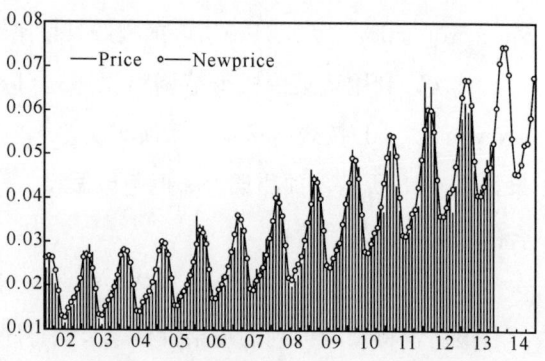

图 4-18　预测误差序列单位根检验　　图 4-19　蔬菜预测价格与原价对比图

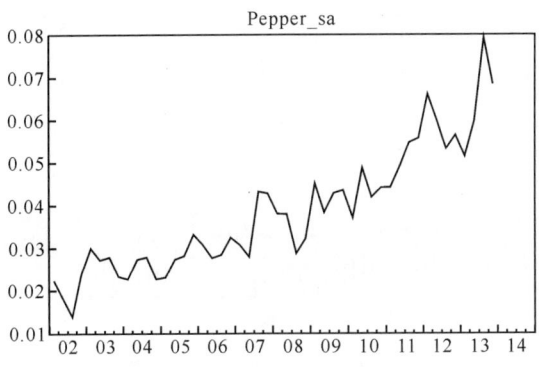

图 4-20 菜椒价格季节调整序列

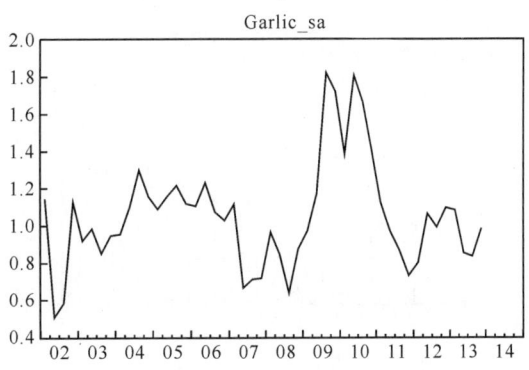

图 4-21 大蒜价格季节调整序列

图 4-22 菜椒模型参数估计与回归效果评价

图 4-23 大蒜价格模型参数估计与回归效果评价

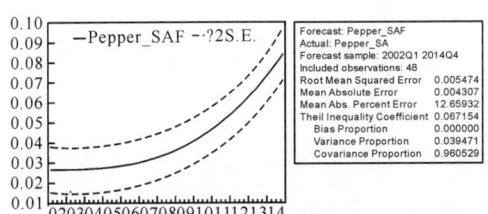

图 4-24 菜椒模型预测效果分析

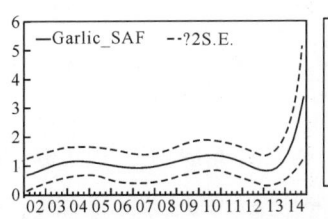

图 4-25 大蒜模型预测效果分析

图 4-26 菜椒价格预测误差序列单位根检验

图 4-27 大蒜价格预测误差序列单位根检验

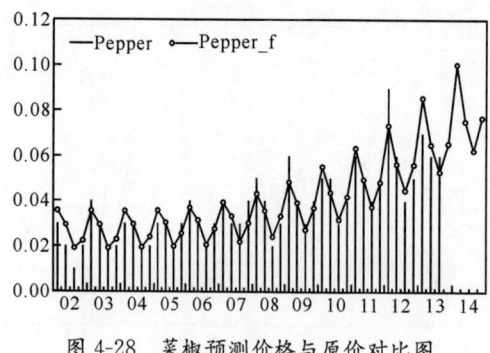
图 4-28 菜椒预测价格与原价对比图

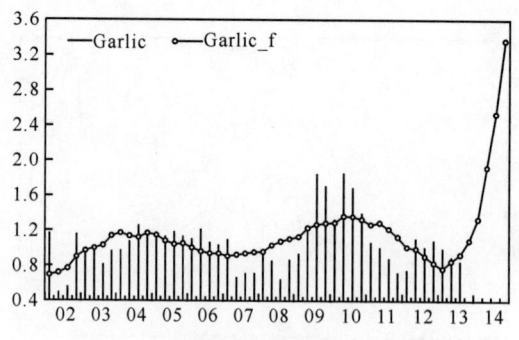
图 4-29 大蒜预测价格与原价对比图

为了能更好地说明预测的效果和蔬菜价格常年都存在剧烈波动的风险，根据前文分析，分别抽取具有代表性的六类蔬菜中的两类进行预测分析。这两类蔬菜分别是菜椒和大蒜。采用与蔬菜价格预测同样的方法(图 4-20～图 4-29)，分别获得菜椒和大蒜季节调整因子预测模型，如式(4-22)和式(4-23)所示。

$$Pepper\_sa = 0.027 + 4.09t^3 \tag{4-22}$$
$$(24.589)(16.395) \quad R^2 = 0.854 \quad s.e. = 0.006$$

常数项和三次项 t 统计量分别为 24.589 和 16.395，显著性都好于 1% 水平。

$$Garlic\_sa = 0.659 + 0.023t^2 - 0.003t^3 + 0.0001t^4 - 2.93t^5 + 2.18t^6 \tag{4-23}$$
$$(4.903)(3.458)(-3.601)\quad(3.688)\quad(-3.717)\quad(3.701)$$
$$R^2 = 0.335 \quad s.e. = 0.25$$

常数项、二次项、三次项、四次项、五次项和六次项的 t 统计量分别为 4.903、3.458、-3.601、3.688、-3.717 和 3.701，显著水平都好于 1% 水平。

对菜椒及大蒜季节因子预测效果分析，偏差率(bias proportion)均为 0，方差率(variance proportion)分别为 0.039471 和 0.267035，预测效果比较理想。对其预测误差 e 进行单位根检验，图 4-26 和图 4-27 表明对以上两种蔬菜价格预测误差 e 拒绝原假设，数据为平稳序列，说明模型对长期趋势拟合的效果比较满意。

通过对菜椒和大蒜价格原序列与预测序列的对比(图 4-28～图 4-29)，可以发现，预测价格与原价格拟合程度很好。原价格超过预测价格成为常态，在各年份基本都会出现，这进一步说明影响蔬菜价格的因素除了季节因素以外，不规则因子在经常性地发生作用。通过对比蔬菜价格、菜椒和大蒜价格上涨的趋势来看，蔬菜价格逐年上涨的趋势明显高于大蒜，与菜椒水平相当，这说明蔬菜价格的逐年上涨与各类蔬菜价格上涨关系密切，并不完全是由普遍价格水平上涨引起的。

通过对大蒜价格的预测，我们可以发现，在 2009 年以前，大蒜价格一直处于较低水平，2009 年开始猛涨。其主要原因还是由于 2002～2003 年大蒜价格普遍较低，2004

～2005年大蒜价格开始上涨，曾达到3元/公斤。2005～2008年广大蒜农开始盲目扩大生产，促使供大于求，价格从2005年开始一路下滑，到2008年大蒜收购价跌至约0.4元/公斤。2009年蒜农又盲目减少大蒜种植，全国大蒜种植面积减少近320万亩，因此，2009年年初大蒜价格便一路飙升，一直持续到2010年10月，从2009年5月到2010年10月，大蒜价格增幅达614.12%。2010年末至2011年8月，大蒜价格开始了新一轮的下跌，引起社会和政府的广泛关注。大蒜价格在2013年跌至低谷后一路飙升，这与预测的大蒜价格趋势基本吻合。

以上分析显示，蔬菜价格大起大落已经是常态，也就是说，蔬菜价格剧烈波动的风险总体上是较大的。但是蔬菜价格的波动始终是受市场价格规律作用的，也是在市场供需关系作用下产生，没有脱离价格规律的作用范围，其经常性地大幅度波动说明其供求关系可能经常受到某些因素的剧烈影响。因此，在下面章节，将围绕蔬菜价格波动成因展开分析，以发现影响蔬菜价格波动的一些重要因素。

4.5 本章小结

本章全方位地透析了蔬菜价格波动变化规律、特征以及趋势。总体上来看，蔬菜价格波动具有明显的周期性并呈逐年上涨的趋势，易受季节因子和不规则因素影响，价格剧烈波动在各年都有不同程度的频繁发生。本章运用定性分析法、季节调整法、H-P滤波分析法、变异系数法等方法，利用1978～2014年蔬菜价格年度数据，对蔬菜价格历史波动周期及特征等情况进行了回顾和分析；利用2002～2014年蔬菜价格月度数据，对近年来蔬菜价格的季节因子(S)、季节调整因子(Sa)、趋势循环因子(TC)和不规则因子(I)进行了分离，并分析了各因子变化规律、趋势以及特征；利用2002～2014年6种蔬菜价格季度数据，分别对大白菜、黄瓜、西红柿、菜椒、四季豆以及大蒜等6种蔬菜价格波动形态和特征进行了分析；在此基础上，分别就蔬菜价格历史波动与近年波动的趋势、蔬菜价格与不同种类蔬菜价格波动情况以及不同种类蔬菜间价格波动形态和特征进行了比较分析；最后对蔬菜价格以及不同种类蔬菜价格波动趋势进行了预测。

第一，通过对蔬菜价格历史波动回顾，发现改革开放以来中国蔬菜价格呈现出的周期性波动，大体可以分为八个周期，并伴有如下波动规律和趋势：①蔬菜价格波动周期长度呈现出增长的趋势。②蔬菜价格呈现出逐年上涨的长期趋势。③蔬菜价格波动的剧烈程度有所缓和，但波动的频率更高。④蔬菜价格波动呈现出季节性变化规律。⑤便于储存的蔬菜价格波动较小。

第二，通过对近年蔬菜价格波动的季节调整和 H-P 滤波分解发现：①蔬菜价格不规则因子序列在各年都有较大幅度的振动，这突出表明蔬菜价格受突发因素影响频繁，在近年来日益显著。②蔬菜价格的季节因子序列，表明蔬菜价格季节波动特征明显，呈现出"V"字态势。③从长期来看，Trend 趋势线呈直线上升态势，表明自 2002 年以来，蔬菜价格逐年上涨，且每年上涨的幅度基本相同。④从 Cycle 循环波动曲线来看，蔬菜价格有明显的周期性。近年蔬菜价格波动特征与蔬菜价格历史波动特征和趋势基本吻合。

第三，通过对 6 种蔬菜价格的不同波动形态研究发现：①大白菜价格波动在年内具有明显的季节性，显现出"∧"形状。②西红柿、黄瓜、菜椒、四季豆价格波动在年内也有明显的季节特征，但显现出的是"V"字形。③大蒜价格波动在年内没有明显的季节波动特征。④6 种蔬菜波动的剧烈程度由大到小依次是：四季豆、黄瓜、菜椒、西红柿、大白菜、大蒜。⑤6 种蔬菜价格波动还存在一些共同的特征，那就是各种蔬菜价格都显现出逐年上涨的趋势，且 2007 年以后上涨速度较快。

第四，通过对蔬菜价格以及不同种类蔬菜价格的预测，发现原价格超过预测价格成为常态，这进一步说明影响蔬菜价格的因素除了季节因素以外，不规则因子也在经常性地发生作用，蔬菜价格剧烈波动的风险较大。其政策含义表现为，政府调控蔬菜价格的任务比较艰巨，近年的调控效果并不理想，今后对蔬菜价格调控的努力方向应加大对干旱等自然灾害以及其他突发事件的预警和应急机制，减少其对蔬菜产业的影响，同时，通过科研创新及基础设施建设等增强蔬菜产业的抗风险能力。

第5章 蔬菜价格波动的成因及机理

本章主要从内部传导和外部冲击两个方面分析蔬菜价格波动的成因及机理。其中内部传导机制主要从产业链条成本变动与市场供需变动两个方面展开分析；外部冲击机制主要从自然灾害、国际环境、收入状况、经济周期和宏观调控五个方面进行分析。

5.1 内部传导机制下蔬菜价格波动的成因分析

5.1.1 蔬菜价格波动内部传导的含义

内生经济周期理论认为经济系统产生波动的原因来自于系统内各要素的冲击。比较有代表性的内生经济周期理论有消费不足理论、成本-价格理论、非货币投资过度理论、存货投资周期理论和信息周期理论等。顾国达和方晨靓(2011)认为构成农产品价格传导路径的各环节包括：农产品原料价格、农产品价格以及市场总体价格水平，这三个环节通常遵循农业生产资料—农产品—市场总体价格的传导路径，并相互影响。范润梅等(2007)认为零售价格是影响蔬菜批零价差的主要因素，而且因为蔬菜品种的不同，零售价格对批零价差的影响力并不一致。胡鞍钢(1994)认为在通常情况下内部传导机制决定着波动的持续性，外部冲击机制则主要是通过内部传导机制对每一个波动周期的波幅、波长产生影响，并决定波动过程中的转折点。

本书研究的是中国蔬菜价格波动，根据内生经济周期理论以及其他学者的研究成果，本书认为中国蔬菜价格的内部传导是指中国蔬菜产业内部各要素对蔬菜价格的冲击，是中国蔬菜产业内部要素结构特征的体现，是中国蔬菜产业内部的一种按既定规律重复运动的自我调节过程。中国蔬菜产业内部各要素包括蔬菜生产成本、国内蔬菜产量、国内蔬菜需求量等。由此，本书以蔬菜产业链成本以及蔬菜供需变量为例，讨论蔬菜产业内部变量对蔬菜价格的冲击和影响。

5.1.2 蔬菜产业链成本变动对价格波动的影响

马克思政治经济学原理告诉我们，商品价值由不变资本(c)、可变资本(v)与剩余价值(m)三个部分组成。其中,不变资本、可变资本被认为是成本价格(用 K 来表示,$K=c+v$),即生产商品所耗费的不变资本价值和可变资本价值,也叫作生产费用;剩余价值则是利润,即资本价值的增值部分,用 P 来表示。商品价值的构成公式 $W=c+v+m$,可以转化为 $W=K+P$,即商品价值取决于生产费用或成本价格和利润。西方经济学原理认为,成本是厂商投入到生产中去的按市场价格计算的生产要素价值的总和。用 C 表示成本,X 表示投入的要素,P 表示投入要素的价格,则有 $C=\sum\limits_{i=1}^{n}X_i \cdot P_I$,那么,成本则由投入的要素和要素价格决定。这就是说商品的价格决定于供给价格(即生产者所要求出售的价格)和需求价格(即购买者愿意出的购买价格)相交之点。供给取决决定于商品的生产费用,需求价格取决于这一商品对购买者的边际效用(胡进,2004)。正如在第 3 章中分析的那样,蔬菜价格围绕蔬菜价值波动,同时也受供求关系的影响。在此,主要讨论蔬菜产业链条成本变动对价格波动的影响。

蔬菜产业链成本形成大致包括以下几个阶段:初始生产者生产的成本、经销商收购和运输的成本、加工商加工和包装的成本、批发商批发的成本、零售商零售的成本等(图 5-1),在第 3 章中,把蔬菜价格成本分为了生产成本、流通成本以及交易成本等。蔬菜价格容易受到上下游产品价格的波动挤压,其价格可以传导到上下游产品,但反之则不成立[①]。通过对 2007 年以来蔬菜价格上涨的原因分析发现,蔬菜上游生产成本攀升是重要的原因。这些成本包括农药化肥、运输、储藏及劳动力成本,国际大宗商品价格振荡走高同时也加大了输入型通胀的压力,2010 年 4 月底国际原油价格突破 86 美元/桶。一方面,随着农业生产要素价格的上涨,如中国水、电、化肥、机械作业费等的价格一直处在大幅上涨之中,农业生产成本逐年上升,直接推动了蔬菜价格的上涨;另一方面,用工价格的提高,特别是家庭用工劳动日工价的提高,导致人工成本提高,使利润空间缩小,进一步引起蔬菜价格波动。此外,土地成本也是推动蔬菜种植业成本上升的主要因素之一,同时土地成本占总成本的比重呈现明显的提高趋势。随着投入于蔬菜生产的劳动机会成本的不断加大,提升了蔬菜产出的心理成本和实际成本,这种心理成本和实际成本在不断地积累、上升,最终在合适的时机促成了蔬菜价格的上扬。另外,由于一些地方的蔬菜产量不能满足本地老百姓的消费,商家不得不从主要的蔬菜产地引进,这无形中加大了蔬菜商家的运输成本,蔬菜的成本价提高了,市场价当然会相应地上涨。总之,从蔬菜生产到最终消费者手中,蔬菜产业链条中的每一个环节相关费用的变动,最终都会对蔬菜价格的波动产生影响,只是

---

① 张利库(2011)应用约翰森模型、VEC 模型等研究农业产业链上中下游产品价格之间的变动关系,认为各类农产品都受到上下游价格波动挤压,其价格可以传导到上下游,但反之,则不成立。

影响的程度各不相同而已。

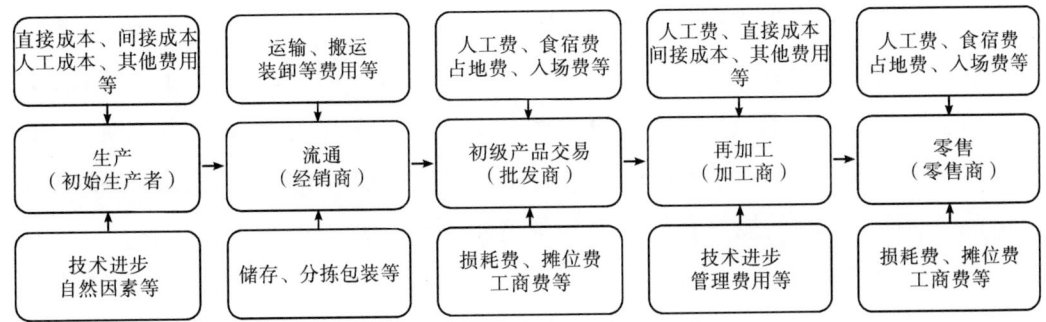

图 5-1 蔬菜产业链成本传递机制

根据《中国蔬菜》编辑部发表的《2010 年蔬菜产业大事记》资料，山东寿光种植户介绍了生产资料涨价的情况：2010 年包地费用比 2009 年上涨了 100 多元，建大棚的工价从原来的每天 30 元上涨到每天 100 元，普通农膜价格由大约每吨 1 万元涨到了 1.3 万元，人工费由原来的每天 90 元涨到了 140 元。各项成本已占毛收入的一半以上。运输成本则在流通过程中由于损耗、冷藏、搬运等原因，蔬菜价格比原收购价翻 2 倍，路程远的将会更多。一般来说，流通环节加价现象较为突出，蔬菜从收购到批发平均加价大约收购价的 1/4，从批发到零售则平均加价大约批发价的 1/2，有的蔬菜价格从收购到零售甚至会翻几倍。图 5-2 进一步展示了人工费波动带动菜椒价格和西红柿价格波动的趋势。

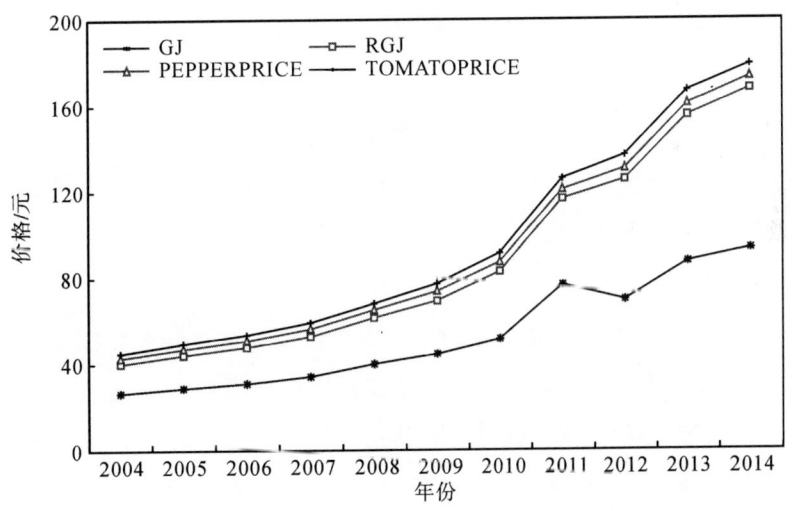

图 5-2 蔬菜价格与人工价格波动对比图

资料来源：2005~2015 年《中国农村统计年鉴》和《全国农产品成本收益资料汇编》，其中 GJ 表示雇工工价，RGJ 表示劳动日工价，PEPPERPRICE 表示菜椒价格，TOMATOPPRICE 表示西红柿价格，并通过 Eviews 进行标准化处理后绘制成此图。

5.1.3 蔬菜市场供需变动对价格波动的影响

新古典经济学认为商品价格的形成是由供给与需求共同决定的，供求对商品价格的影响主要有三种情况：第一，当供求平衡，商品价格处于稳定和均衡状态时，称之为均衡价格；第二，当供大于求时，供给的商品超过有购买力的社会需求，导致价格下降；第三，当供给不能满足需求时，价格则因商品短缺而高于其价值（蔡荣等，2007）。蔬菜的价格是在市场机制作用下，受供求双方影响而上下波动。其中影响供给变动的因素主要包括生产成本、相关技术、相关商品价格和生产者对未来的预期等；影响需求变动的因素则主要包括消费总量、收入、替代品价格、互补品价格、消费者偏好的变化等。为了更好地研究供给与需求变化关系，经济学中，引入了蛛网模型，在考虑时间变化因素基础上，连续考察属于不同时期的需求量、供给量和价格之间的相互作用，从而刻画某种商品价格在市场中的供求波动。在第2章中对蛛网模型进行了详细的介绍，在完全竞争条件下，对于生产周期较长、生产规模一经确定不再改变的产品，当期产品产量取决于上期价格，而当期价格又会对下期产量产生影响，之后再按如此循环往复。而这种影响的大小和循环的方向根据产品的供需弹性而定，当供给弹性小于需求弹性，市场价格趋于均衡；当供给弹性大于需求弹性，价格波动逐步加剧，无法自行恢复均衡，需要外力介入。正是由于产品供给和需求弹性的这些关系，蛛网模型以分为：收敛型蛛网模型、发散型蛛网模型和封闭性蛛网。蛛网模型的运用能很好地说明和解释蔬菜供需变动对价格波动的影响机理。

要运用蛛网模型分析蔬菜价格供需变化对其价格的影响，首先必须保证蔬菜生产的特性满足蛛网模型的前提假设，即目前蔬菜产业处于高度自由市场经济环境中，可以认为蔬菜产为是处于完全竞争条件下；蔬菜有一定的生产周期，不同的蔬菜生产周期不一，且蔬菜一经种植其规模不再改变；当期蔬菜产量取决于上期价格，而当期价格又会对下期产量产生影响。由此，蔬菜价格波动适用于蛛网模型分析。根据图5-3，从2002~2013年蔬菜价格波动的趋势分析，蔬菜价格的需求弹性比较小，且小于供给弹性，因此蔬菜价格波动属于典型的发散型蛛网模型。图中 E 点是均衡状态下供需结合点，P_0 是均衡状态下的价格，Q_0 是均衡状态下的产量。但如遇2008年年初的全国大范围的冰雪自然灾害，蔬菜产量由 Q_0 降至 Q_1，这时消费者愿意以 P_1 的价格购买全部蔬菜。在价格信号的作用下，P_1 能让菜农获取更多的收益，菜农便会加大蔬菜的生产计划安排。同时由于中国蔬菜种植规模大且大多为散户，组织化程度低，他们自行决策着自己的生产行为，加之信息不对称以及市场体制的不健全，加剧了菜农盲目扩大生产的行为。待新一季蔬菜集中上市的时候，产量已增至 Q_2，而此时，由于供给远远超过了需求，消费者更愿意以 P_2 的价格购买全部蔬菜。正是在较低价格 P_2 的信号作用下，菜农会盲目地大量减少蔬菜生产，至下一季蔬菜集中上市时，蔬菜产量减至 Q_3，由于供给的急剧减少，蔬菜价格又将会急剧上涨，并继续重复 Q_1P_1 的过程。如此循环下去，产量和价格波动的幅度将越来越大，偏离均衡点越来越远。也正是因为蔬菜价格呈发散型蛛网模型，在第 4 章中，对蔬菜价格波动的预测就发现蔬菜价格剧烈波动的风险较大。此时，必须借用外力，也就是价格宏观调控机制和政策，减小蔬菜产量和价格的波动，改变和修正发散型蛛网模型循环轨迹，使其向均衡点靠近。但往往在现实中，宏观调控机制和政策很难改变这种循环轨迹，在短期内可以减少产量和价格的波动，长期中还是呈发散状态。

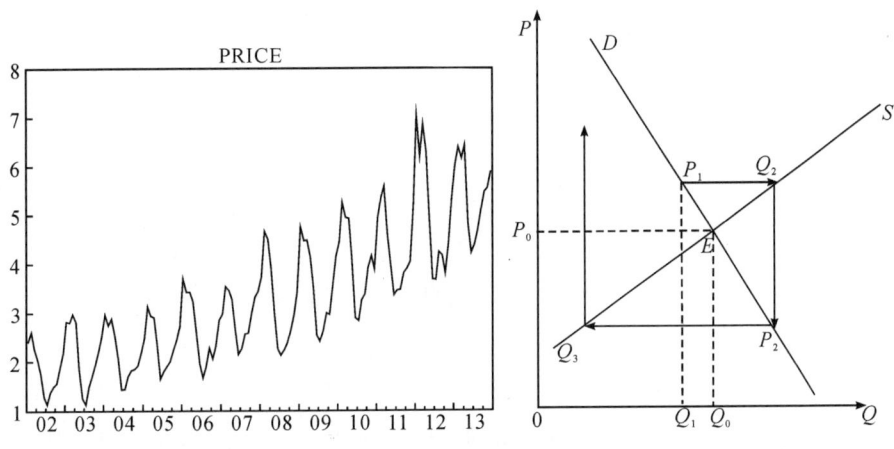

图 5-3 蔬菜价格波动蛛网图

综上，在内部传导机制的单因素分析框架下，蔬菜价格随成本的增加而增加、减少而减少，同方向变动。蔬菜价格在供需作用下，总体上按典型的发散型蛛网状运动，但蔬菜价格变动仍然遵循与供给变化方向相反，与需求变量同向的传统经济理论。而蔬菜产业的内部结构，包括成本、产量以及需求量等的相互影响及传导机理的综合考察，更有助于对蔬菜价格波动内部传导的正确认识。下文将利用 PVAR 模型，对蔬菜价格内部传导进行深入的实证分析。

5.2 基于 PVAR 模型的蔬菜价格内部传导机理

5.2.1 PVAR 模型

按数据的统计性质使用向量自回归(vector autoregressive，VAR)建模，并引入到经济学中，对经济系统进行动态性分析，最早是由 Sargent(1978)、Sims(1980)和 Litterman(1980)等提出并发展的。向量自回归模型的基本原理是把经济系统中每一个变量作为系统中所有变量的滞后值的函数来构造模型,通过联立方程估计,预测全部变量的动态关系,分析随机扰动项对变量系统的动态冲击,从而解释各种经济冲击对经济变量的影响(高铁梅,2009)。向量自回归模型的特点有:不以严格的经济理论为依据,解释变量中不包括任何当期变量,所有变量服从单阶单位根过程,VAR 模型对参数不施加零约束,需要估计的参数较多,可做格兰杰检验、脉冲响应分析以及方差分析等。正是由于这些特点,使得 VAR 模型较基于经济理论的传统联立方程模型等结构性经济计量方法更能方便、准确地估计出经济变量的相互关系。

含有 N 个变量滞后 k 期的 VAR 模型(张晓峒,2007)基本形式表示如下:

$$Y_t = c + \Pi_1 Y_{t-1} + \Pi_2 Y_{t-2} + \cdots + \Pi_k Y_{t-k} + u_t, \ u_t \sim \text{IID}(0, \Omega) \quad (5-2)$$

其中,$Y_t = (y_{1t}, y_{2t}, \cdots, y_{nt})'$; $c = (c_1, c_2, \cdots, c_N)'$;

$$\Pi_j = \begin{bmatrix} \pi_{11.j} & \pi_{12.j} & \cdots & \pi_{1N.j} \\ \pi_{21.j} & \pi_{22.j} & \cdots & \pi_{2N.j} \\ \vdots & \vdots & \ddots & \vdots \\ \pi_{N1.j} & \pi_{N2.j} & \cdots & \pi_{NN.j} \end{bmatrix}, \ j = 1, 2, \cdots, k;$$

$u_t = (u_{1t}, u_{2t}, \cdots, u_{nt})'$,不同方程对应的随机误差项之间可能存在相关性。

VAR 模型对经济系统的内生变量以及外生变量都有较好的估计效果(Sims,1980;张晓峒,2007;张敬石和郭沛,2011),近年来应用十分广泛。但是由于数据获取的可得性,时间序列数据往往不能满足 VAR 模型对样本观测值的要求,而面板数据则既可能实现 VAR 模型样本观测值的要求,又能获得更多的信息。因此,基于面板数据的 VAR 模型(panel var,PVAR)得到了更广泛的运用和发展(Inessa and Lea,2006;黄旭平,2007;张敬石和郭沛,2011)。

PVAR 模型的运用通常由三个步骤组成,第一步变量单位根检验,其目的主要是保证变量的平稳性,避免伪回归;第二步 GMM 方法面板矩估计,目的主要是发现变量间的回归关系;第三步方差分解和脉冲反应,通过对误差的方差分析可以发现误差项影响因素大小,通过脉冲反应图可以分析变量冲击反映情况。

目前,没有直接对 PVAR 模型进行运行的软件,本书利用 Eviews 8.0 进行单位根检验,然后借鉴世界银行 Inessa Love 博士关于 PVAR 模型的 STATA 程序语言和操作步骤(Inessa and Lea,2006),利用 STATA 11 进行 PVAR 的 GMM 估计、方差分解和脉冲反应。

5.2.2 数据及实证检验结果

1. PVAR 模型设立及数据来源

在第 2 章中对蔬菜价格波动形成的内部传导机制以及内部要素对蔬菜价格波动的作用机理进行了详细的论述，前文也对蔬菜产业内部结构的重要因素：蔬菜生产成本、蔬菜产量以及蔬菜的需求量等进行了单因素分析，分析结果表明，蔬菜价格随成本的增加而增加、减少而减少，同方向变动。蔬菜价格在供需作用下，总体上按典型的发散型蛛网状运动，但蔬菜价格变动仍然遵循与供给变化方向相反，与需求变量同向的传统经济理论。因此，综合考察蔬菜产业内部结构的重要因素：蔬菜生产成本、蔬菜产量以及蔬菜的需求量等的相互作用机理及传导路径，有利于正确把握和认识蔬菜产业的内部传导机理，也有利于检验中国蔬菜价格内部传导是否与传统经济理论相符。

通常，用来反映内部传导的基本模型一般都采用向量自回归模型（VAR）。国内外学者实证经验表明，VAR 模型能够很好地模拟价格波动的传导路径，其方差分解有利于定量考察价格波动在各环节的传导情况，其正交化脉冲响应函数能直观地反映一标准冲击对不同变量产生的影响及未来轨迹。根据本书关于蔬菜价格波动内部传导的含义界定及成因的理论分析，根据 VAR 模型的基本形式，设定蔬菜价格波动内部传导 VAR 模型如下：

$$z_{it} = \alpha_i + \beta_t + \Gamma_1 z_{it-1} + \cdots + \Gamma_p z_{it-p} + \varepsilon_{it} \tag{5-3}$$

其中：z_{it} 是五维内生变量向量，即 z_{it} =（LJG_{it}，LCL_{it}，LCB_{it}，$LNCXQ_{it}$，$LCZXQ_{it}$）；i 代表省份；t 代表年份；α_i 代表五维的省效应向量；β_t 代表五维年效应向量；Γ_1 和 Γ_p 代表滞后期不同的变量系数矩阵；P 代表滞后期；ε_{it} 代表扰动向量。其中，LJG 代表蔬菜价格；LCL 代表蔬菜产量；LCB 代表蔬菜生产成本；LNCXQ 代表农村居民蔬菜需求；LCZXQ 代表城镇居民蔬菜需求。

受数据统计资料的限制，本书实证分析采用的数据为全国 16 个省份[①] 2003~2014 年的数据，其中蔬菜价格仅能收集到各省蔬菜零售价格指数，所以为了实现数据结构的统一性，本书对所选择的解释变量也进行了指数化处理[②]。同时，考虑到对数据取对数不仅可以减少或消除时间序列中存在的异方差，还能使其趋势线性化，并且不会改变原来的协整关系，因此最后对全部数据进行了对数化处理。以下为各变量数据的具

---

① 由于部分省份对一些重要指标的数据缺省较严重，所以本书选择了数据较全的 16 个省份，分别为河北、辽宁、吉林、上海、江苏、浙江、安徽、福建、河南、广东、广西、海南、重庆、甘肃、新疆、陕西。

② 对不是指数的变量数据进行指数化处理过程中，需要用到 2002 年的数据，这些变量包括：蔬菜的产量、农村居民对蔬菜的需求量、城镇居民对蔬菜的需求量。

体来源：蔬菜价格来源于 2003~2015 年《中国统计年鉴》的商品零售价格分类指数中的菜的零售价格指数，蔬菜的产量、蔬菜生产成本[①]、农村居民蔬菜的需求[②]、城镇居民蔬菜的需求[③]等来源于 2003~2015 年的《中国统计年鉴》《中国农村统计年鉴》《中国人口统计年鉴》及相关省市统计年鉴。

2. 实证检验结果

1）单位根检验

本书运用 Eviews 8.0，选取 ADF 单位根检验方法（Dicker and Fuller，1974）。考虑到数据已经做对数化处理而选取对原序列（level）做单位根检验。经分析和反复实验比较，本书选择了带有截距（intercept）的检验式，按赤池信息标准原则（akaike info criterion，AIC）确定滞后项，单位根检验结果如表 5-1 所示，蔬菜价格 LJG；蔬菜产量 LCL；蔬菜生产成本 LCB；农村居民蔬菜需求 LNCXQ 和城镇居民蔬菜需求 LCZXQ 原序列是平稳数据，同阶单整，可以直接用于 PVAR 估计。

表 5-1　变量 ADF 单位根检验

变量	统计值	P 值
LJG	155.075	0.0000**
LCL	109.538	0.0000**
LCB	125.913	0.0000**
LNCXQ	133.062	0.0000**
LCZXQ	109.145	0.0000**

注："***"、"**"、"*"分别代表在 1%、5%、10%的显著性水平上通过了平稳性检验。

2）面板矩估计

经反复比较脉冲响应函数的收敛情况，最终选择了滞后三阶的 VAR 模型，并利用 GMM 方法进行 PVAR 估计，结果如表 5-2 所示。PVAR 估计结果向我们展示了在不同的变量作为依赖变量时，其他变量对该变量的影响，从中可以发现各变量的相互影响关系。

---

① 蔬菜生产成本用 2003~2015 年历年《中国农村统计年鉴》的农产品生产价格分类指数中的蔬菜生产价格指数代替。

② 由公式"农村居民对蔬菜的需求量＝农村人口数×农村居民家庭人均蔬菜消费量"计算所得。农村人口数、农村居民家庭人均蔬菜消费量根据 2003~2015 年《中国统计年鉴》、2003~2004 年《中国人口统计年鉴》及 2003 年各地区统计年鉴整理得到。

③ 由公式"城镇居民对蔬菜的需求量＝城镇人口数×城镇居民家庭人均蔬菜消费量"计算所得。城镇人口数根据 2003~2015 年《中国统计年鉴》、2003~2004 年《中国人口统计年鉴》及 2003 年各地区统计年鉴整理得到。城镇居民家庭人均蔬菜消费量根据 2003~2015 年《中国统计年鉴》及 2003 年各地区统计年鉴整理得到，同时由于统计口径的不一致，分别采用了相应年鉴中的"城市居民家庭平均每人全年购买的主要商品数量"中的蔬菜数量，或者城镇居民家庭人均购买鲜菜量。

第 5 章　蔬菜价格波动的成因及机理

表 5-2 PVAR 估计结果

依赖变量	h_ljg		h_lcl		h_lcb		h_lncxq		h_lczxq	
统计量	b_GMM	t_GMM	b_GMM	t_GMM	b_GMM	t_GMM	b_GMM	t_GMM	b_GMM	t_GMM
L.h_ljg	0.164625	0.959423	−0.020807	−0.228704	0.231966	1.409921	−0.351697	−1.199547	−0.127828	−0.579898
L.h_lcl	0.405836	2.285649	0.276495	1.864101	0.324298	1.653774	0.596530	1.382612	−0.023681	−0.097985
L.h_lcb	−0.019166	−0.135354	0.065677	0.805340	−0.115828	−0.680900	0.181473	0.803805	0.302959	1.908643
L.h_lncxq	0.239161	2.651195	0.010037	0.295182	0.208575	2.822417	−0.232003	−1.206448	−0.023820	−0.255916
L.h_lczxq	0.290373	3.864519	0.028953	0.774792	0.210741	3.120392	−0.114715	−0.704846	0.008889	0.084574
L2.h_ljg	0.577321	3.849307	0.045053	0.627312	0.506769	3.498262	0.090325	0.223271	−0.524332	−1.460275
L2.h_lcl	0.191430	1.024575	−0.030685	−0.298145	0.140441	0.831496	−0.160797	−0.612382	0.281741	1.411888
L2.h_lcb	−0.026892	−0.247568	0.057472	0.806586	−0.164720	−1.389142	0.185449	0.960449	0.145520	1.214432
L2.h_lncxq	0.150189	1.936987	0.003515	0.102478	0.217614	3.042952	0.074537	0.575923	−0.098702	−0.859314
L2.h_lczxq	0.121375	1.903394	−0.046572	−1.319141	0.158031	2.713193	0.072617	0.634982	−0.027225	−0.289420
L3.h_ljg	0.437489	3.897972	0.151775	2.616626	0.268585	2.299432	−0.067097	−0.283875	−0.097662	−0.622284
L3.h_lcl	0.129069	0.883439	−0.154045	−1.400702	0.049134	0.351985	0.100515	0.352559	0.318738	1.231481
L3.h_lcb	0.210165	1.729697	0.028614	0.469917	0.301770	2.788629	0.068304	0.429058	−0.010276	−0.076713
L3.h_lncxq	0.084820	1.611451	−0.008230	−0.334852	0.047078	1.079880	0.026868	0.311431	−0.016943	−0.247907
L3.h_lczxq	0.133973	2.941252	0.033509	1.125580	0.065840	1.469475	0.084802	1.009744	0.066624	1.158826

说明：数据根据 STSTA 计量软件计算结果整理得到，b_GMM 表示 GMM 估计系数，t_GMM 表示 GMM 估计系数的 t 检验值。

首先，当蔬菜价格 LJG 作为依赖变量时，蔬菜产量 LCL 对蔬菜价格 LJG 具有正的影响，滞后一期、二期和三期蔬菜产量 LCL 系数分别为 0.405836、0.191430 和 0.129069。这是一个有趣的经济现象，可能的原因是蔬菜价格具有典型的发散型蛛网运动的特点，以及蔬菜价格基本是由需求大于供给的状况决定的（齐义军等，2011），蔬菜产量短期内急剧增长的原因大多是受前一期蔬菜价格较高的影响，当期蔬菜产量的增长并没有导致蔬菜价格的下降，蔬菜价格反而按惯性继续上涨，正是在市场价格机制作用下，菜农和经营商都不断地改变生产经营行为，政府不断加强宏观调控，使得这种影响逐渐降低，这说明当前增加蔬菜供给并不能使蔬菜价格降低，蔬菜价格与供给并没有按传统经济理论反方向变动，而是同方向变动；蔬菜供给对蔬菜价格的影响机制存在障碍，或者说在影响机理上蔬菜价格 LJG 变动脱离了供求基本面的影响[①]。细心观察还会发现，滞后一期、二期和三期城乡居民蔬菜需求 LNCXQ 和 LCZXQ 系数分别为 0.239161、0.150189、0.084820 和 0.290373、0.121375、0.133973，表明在影响机理上城乡居民蔬菜需求 LNCXQ 和 LCZXQ 对蔬菜价格 LJG 变动有一定的正影响，

---

① 高帆等（2011）在《国际粮食价格的波动趋及内在机理：1961—2010 年》实证结果中指出：尽管供给、需求和库存对粮价的影响在 1% 水平下显著且其影响系数分别为 4.608、−0.773 和 0.326，但是从影响系数的正负可知在影响机理上粮价变动已经脱离了供求基本面。巫国兴（1997）在《中国农产品价格波动研究》中也指出农产品价格总水平的上升与农产品市场的开放程度、政府的宏观调控力度有关，而农产品的产量对其没有直接影响。但作者认为，虽然目前蔬菜价格已脱离供求基本面的影响，但这并不意味着供需关系不会对蔬菜价格波动产生影响，只是这种影响在一定的条件下变得相对很小，但如果不给予高度的重视，同样会对蔬菜价格波动产生重要的影响。

且这种影响随着滞后期数的增加逐渐减弱。蔬菜生产成本 LCB 在滞后一期和二期对蔬菜价格 LJG 有着负影响，在滞后三期转为正影响，蔬菜生产成本 LCB 系数分别为 −0.019166、−0.026892 和 0.210165，说明在蔬菜产业内部影响机理上，当期蔬菜生产成本 LCB 上涨不但没有促进蔬菜价格 LJG 上涨，反而由于蔬菜一经种植无法重新安排生产的特点，使得菜农在很大程度上承受了成本上涨的风险，上涨的蔬菜生产成本 LCB 不但没有顺畅地传递到流通市场，反而可能受到来自经销商和批发商的强势压价，蔬菜价格 LJG 极有可能不涨反而下降，但随着菜农大面积地调整生产安排，生产资料及人工成本上涨的扩散效应，便会促使蔬菜价格剧烈上涨。

其次，当蔬菜产量 LCL 作为依赖变量时，蔬菜价格 LJG 系数在滞后一期、二期和三期分别为 −0.020807、0.045053 和 0.151775，说明蔬菜价格 LJG 上涨对蔬菜产量 LCL 具有先负后正的影响，这种影响随时间变化呈递增状态，在滞后三期影响强度还是较大的。蔬菜生产成本 LCB 系数在滞后一期、二期和三期分别为 0.065677、0.057472 和 0.028614，表明蔬菜种植户为了减少蔬菜生产成本 LCB 增加所带来的损失，只能尽可能多地生产蔬菜以实现一定的规模效应达到节约成本和增加利润的目的。城乡居民蔬菜需求 LNCXQ 和 LCZXQ 在滞后一期、二期和三期系数分别为 0.010037、0.003515、−0.008230 和 0.028953、−0.046572、0.033509，说明农村居民蔬菜需求 LNCXQ 增加，一开始会提高蔬菜产量，在滞后三期会变为负向影响，但这种影响微乎其微；而城镇居民蔬菜需求 LCZXQ 增加会通过价格上涨，提高菜农积极性，促进蔬菜的生产，但这一影响随着产量的持续增加和价格的不断下降，其影响会逐渐由正变为负，三期之后又转变为正。

再次，当蔬菜生产成本 LCB 作为依赖变量时，其他四个变量对蔬菜生产成本 LCB 都有正的影响。在滞后一期按影响大小排序，分别是蔬菜产量 LCL、蔬菜价格 LJG、城乡居民蔬菜需求 LCZXQ 和 LNCXQ；在滞后二期影响大小有所变化，蔬菜价格 LJG＞城乡居民蔬菜需求 LNCXQ 和 LCZXQ＞蔬菜产量 LCL；在滞后三期，除蔬菜价格 LJG 有显著影响外，其他三个变量的影响已微乎其微。

最后，当城乡居民蔬菜需求 LNCXQ 和 LCZXQ 作为依赖变量时，蔬菜价格 LJG 在滞后一期、二期和三期系数分别是 −0.351697、0.090325、−0.067097 和 −0.127828、−0.524332、−0.097662，蔬菜价格 LJG 对城乡居民蔬菜需求 LNCXQ 和 LCZXQ 总体上表现为负的影响。蔬菜产量 LCL 在滞后一期、二期和三期系数分别是 0.596530、−0.160797、0.100515 和 −0.023681、0.281741、0.318738，其原因与前文蔬菜产量 LCL 对蔬菜价格 LJG 影响有着密切关系，由于蔬菜产量 LCL 增加是由前一期蔬菜价格 LJG 增加引致的，因此，即使蔬菜产量 LCL 增加了，蔬菜价格 LJG

并没有下降，进而城镇居民需求量 LCZXQ 仍然表现为负影响；在产量增加、城镇居民需求量 LCZXQ 减少的情况下，蔬菜销售困难，农村居民只有增加蔬菜消费，减少其他食品消费；此现象也可以合理地解释近年来出现的"卖菜难"和"买菜难"共存的两难现象。蔬菜生产成本 LCB 在滞后一期、二期和三期系数分别是 0.181473、0.185449、0.068304 和 0.302959、0.145520、-0.010276，说明蔬菜生产成本 LCB 增加不会立即对蔬菜需求产生负影响，正如前文分析的成本增加不会立即对蔬菜价格产生正影响一样，其实质影响具有一定的滞后性。

3）方差分解

为了更精确地考察蔬菜价格（LJG）、蔬菜产量（LCL）、蔬菜生产成本（LCB）、农村居民蔬菜需求（LNCXQ）和城镇居民蔬菜需求（LCZXQ）之间的相互影响程度，本书进行了方差分解，得到不同 VAR 方程的冲击反应对变量波动的贡献度，表 5-3 给出了第 10 个预测期、第 20 个预测期和第 30 个预测期的方差分解结果。

表 5-3 方差分解结果

变量	S	LJG	LCL	LCB	LNCXQ	LCZXQ
LJG	10	0.480628	0.179050	0.033644	0.099534	0.207143
LCL	10	0.332661	0.416618	0.026399	0.071713	0.152610
LCB	10	0.446816	0.171914	0.080975	0.103644	0.196650
LNCXQ	10	0.029429	0.034901	0.007162	0.913566	0.014942
LCZXQ	10	0.147902	0.056150	0.024705	0.092877	0.678367
LJG	20	0.451117	0.190700	0.035953	0.102845	0.219385
LCL	20	0.442013	0.205888	0.035423	0.100993	0.215683
LCB	20	0.449372	0.190304	0.038449	0.103062	0.218813
LNCXQ	20	0.154303	0.081231	0.015782	0.672864	0.075820
LCZXQ	20	0.392103	0.165335	0.033882	0.101082	0.307598
LJG	30	0.449663	0.191265	0.036094	0.102985	0.219993
LCL	30	0.449195	0.192047	0.036067	0.102890	0.219802
LCB	30	0.449575	0.191245	0.036221	0.102996	0.219964
LNCXQ	30	0.406498	0.175237	0.033136	0.186146	0.198983
LCZXQ	30	0.446192	0.189764	0.035971	0.102880	0.225193

从方差分解结果可以发现，随着预测期的加长，方差分解结果越接近，但从第 20 个预测期和第 30 个预测期方差分解结果来看，结果有一定差异，因此可以认为在第 30 个预测期后系统才基本稳定。本书便以第 30 个预测期方差分解结果来说明各变量相互影响的程度。对蔬菜价格 LJG 波动影响程度最大的是城镇居民蔬菜需求 LCZXQ，其对蔬菜价格 LJG 方差贡献约 22%；其次是蔬菜产量 LCL，其对蔬菜价格 LJG 方差贡献约

19.1%；农村居民蔬菜需求 LNCXQ 以及蔬菜生产成本 LCB 对蔬菜价格 LJG 方差贡献较小，分别约为 10.3%和 3.6%。同时，蔬菜价格 LJG 对蔬菜产量 LCL 波动解释程度达到了 44.9%。城镇居民蔬菜需求 LCZXQ、农村居民蔬菜需求 LNCXQ 对蔬菜产量 LCL 波动方差贡献分别约为 22.0%和 10.3%，蔬菜生产成本 LCB 对蔬菜产量 LCL 波动影响程度很小，只达到 3.6%。蔬菜价格 LJG、城镇居民蔬菜需求 LCZXQ、蔬菜产量 LCL 和农村居民蔬菜需求 LNCXQ 都对蔬菜生产成本 LCB 波动贡献较大，其对蔬菜生产成本 LCB 波动解释程度分别约为 45.0%、22.0%、19.1%和 10.3%。对农村居民蔬菜需求 LNCXQ 波动解释程度较大的有蔬菜价格 LJG、城镇居民蔬菜需求 LCZXQ 和蔬菜产量 LCL，其解释程度分别为 40.6%、19.9%和 17.5%。对城镇居民蔬菜需求 LCZXQ 波动影响较大的分别是蔬菜价格 LJG、蔬菜产量 LCL 和农村居民蔬菜需求 LNCXQ，其方差贡献分别约为 44.6%、19.0%和 10.3%。总体上来看，蔬菜价格 LJG 的波动主要受到来自自身的影响，其他变量对其传导相对较弱；而蔬菜价格 LJG 对蔬菜产业内其他因素的影响较为明显。

4）脉冲响应

为了比较直观地考察一变量标准差冲击对其他变量当前及未来的影响轨迹，需要利用脉冲响应函数来描述一变量的正交化新生（innovation）对系统中其他变量的影响。本文使用蒙特卡罗（Monte Carlo）模拟 500 次得到置信区间在 5%~95%的正交化脉冲响应函数图（图 5-4），横轴表示冲击反应的响应期数，纵轴代表变量对冲击的响应程度。如图 5-4 所示，某一变量标准差冲击对其他变量当前及未来的影响轨迹如下。

第一，给蔬菜产量 LCL 一个标准差冲击，蔬菜价格 LJG 最初便会产生较大的正影响，在第一期末响应值增幅达到最大，随后响应程度缓慢增加，最终保持递增的正响应趋势。这说明当前市场条件以及生产环境中，增加蔬菜产量并不能对蔬菜价格起到抑制作用。

第二，给蔬菜生产成本 LCB 一个标准差冲击，蔬菜价格 LJG 最初便会产生较小的负影响，在第一期末响应值绝对值达到最大，随后逐渐由负影响转向正影响，在第一期后，蔬菜价格 LJG 形成正的响应值，并最终保持递增的正响应趋势。这说明蔬菜生产成本 LCB 对蔬菜价格 LJG 影响机制并不畅通，有待于市场体制的逐步完善。

第三，给农村居民蔬菜需求 LNCXQ 一个标准差冲击，蔬菜价格 LJG 最初便会产生较大的正影响，在第一期后逐渐减弱，并最终保持递增的正响应趋势。给城镇居民蔬菜需求 LCZXQ 一个标准差冲击，蔬菜价格 LJG 最初也会产生较大的正影响，在第一期后逐渐减弱，并最终保持递增的正响应趋势。说明需求对蔬菜价格 LJG 能产生正的影响，合理满足人们日益增长的蔬菜多样化需求，是抑制蔬菜价格波动的重要方面。

第 5 章 蔬菜价格波动的成因及机理

第四，给蔬菜价格 LJG 一个标准差冲击，蔬菜产量 LCL 和蔬菜生产成本 LCB 最初便会产生较大的正影响，在第一期逐渐减弱，在第二期响应增加，并最终保持递增的正响应趋势。农村居民蔬菜需求 LNCXQ 最初会产生较大的负影响，在第二期由负转为正，并在第二期末达到正向最大值，同时开始下降并最终达到趋近于零的极小正响应值。城镇居民需求 LCZXQ 最初便会产生较大的负影响，第二期末达到负向绝对值最大，并同时开始减弱最终达到趋近于零的较小负响应值。说明蔬菜价格 LJG 对蔬菜产量 LCL、蔬菜生产成本 LCB 以及城镇居民需求 LCZXQ 有较好的调节作用，而农村居民蔬菜需求 LNCXQ 由于其消费的特殊性使得价格的调节效果并不与传统经济理论相符。

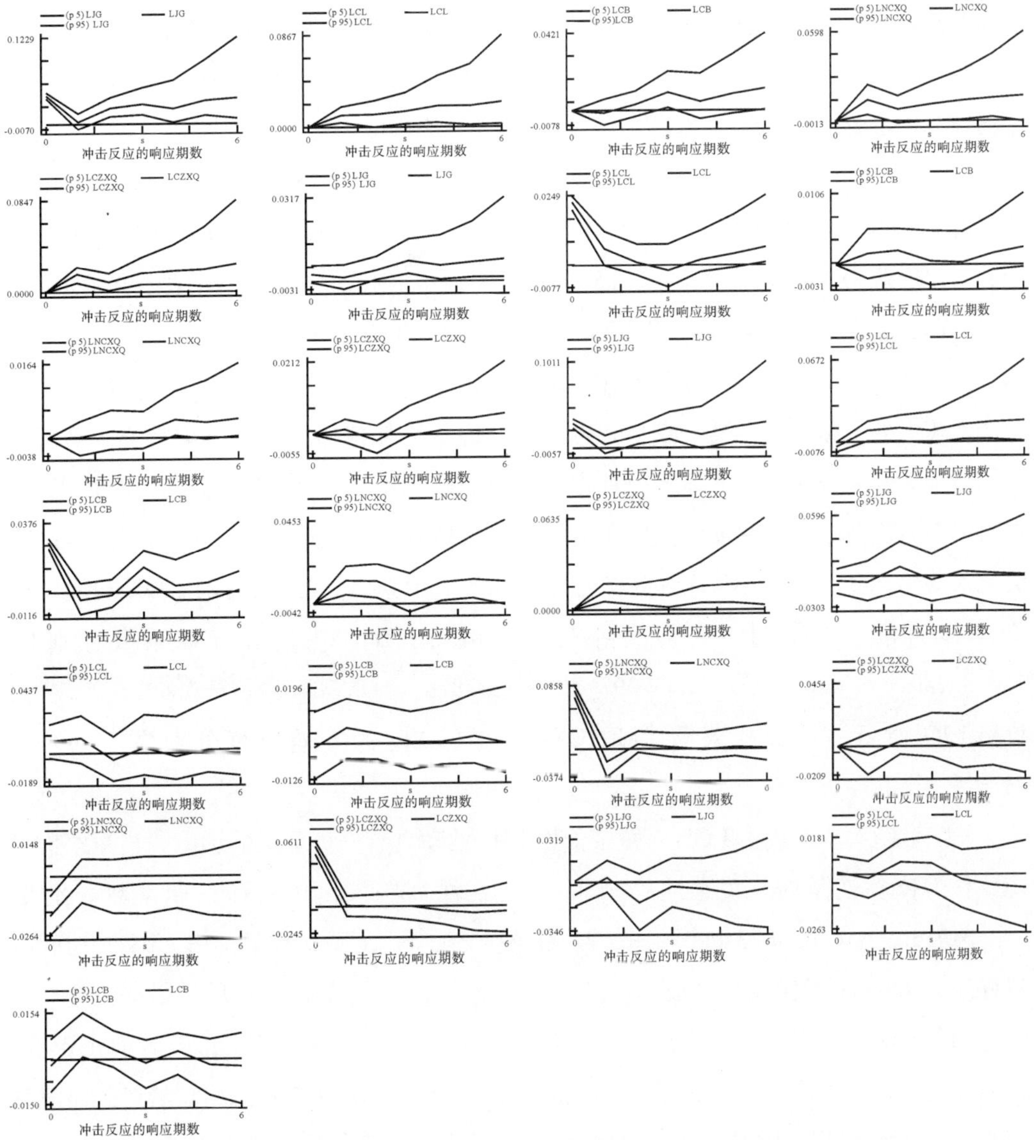

图 5-4 模拟 500 次得到的置信区间在 5%~95% 的正交化脉冲响应函数图

综上，通过 PVAR 模型对蔬菜价格内部传导过程中相关因素的 GMM 估计、方差分解以及脉冲响应，结果清晰地显示了蔬菜产业内部因素对蔬菜价格的内部传导机理以及影响。

第一，蔬菜产量 LCL 对蔬菜价格 LJG 具有正的影响，当蔬菜价格 LJG 作为依赖变量时，蔬菜产量 LCL 在滞后一期、二期和三期的系数分别为 0.405836、0.191430 和 0.129069，且蔬菜产量 LCL 对蔬菜价格 LJG 的方差贡献为 19.1%；若给蔬菜产量 LCL 一个标准差冲击，蔬菜价格 LJG 最初便会产生较大的正影响，在第一期末响应值增幅达到最大，随后响应程度缓慢增加，最终保持递增的正响应趋势。而蔬菜价格 LJG 上涨对蔬菜产量 LCL 总体上同样具有正的影响，当蔬菜产量 LCL 作为依赖变量时，蔬菜价格 LJG 系数在滞后一期、二期和三期分别为 －0.020807、0.045053 和 0.151775，蔬菜价格 LJG 对蔬菜产量 LCL 波动解释程度为 45%。

第二，城乡居民蔬菜需求 LNCXQ 和 LCZXQ 对蔬菜价格 LJG 具有正影响，当蔬菜价格 LJG 作为依赖变量时，城乡居民蔬菜需求 LNCXQ 和 LCZXQ 在滞后一期、二期和三期系数分别为 0.239161、0.150189、0.084820 和 0.290373、0.121375、0.133973，城乡居民蔬菜需求 LNCXQ 和 LCZXQ 对蔬菜价格 LJG 的方差贡献分别为 10.3% 和 22%；给农村居民蔬菜需求 LNCXQ 一个标准差冲击，蔬菜价格 LJG 最初便会产生较大的正影响，在第一期后逐渐减弱，并最终保持递增的正响应趋势。给城镇居民蔬菜需求 LCZXQ 一个标准差冲击，蔬菜价格 LJG 最初便会产生较大的正影响，在第一期后逐渐减弱，并最终保持递增的正响应趋势。而蔬菜价格 LJG 对城乡居民蔬菜需求 LNCXQ 和 LCZXQ 总体上表现为负影响，当城乡居民蔬菜需求 LNCXQ 和 LCZXQ 作为依赖变量时，蔬菜价格 LJG 在滞后一期、二期和三期系数分别是 －0.351697、0.090325、－0.067097 和 －0.127828、－0.524332、－0.097662，蔬菜价格 LJG 对城乡居民蔬菜需求 LNCXQ 和 LCZXQ 的方差贡献分别为 40.6% 和 44.6%。

第三，蔬菜生产成本 LCB 对蔬菜价格 LJG 波动具有先负后正的影响，当蔬菜价格 LJG 作为依赖变量时，蔬菜生产成本 LCB 在滞后一期、二期和三期系数分别为 －0.019166、－0.026892 和 0.210165，蔬菜生产成本 LCB 对蔬菜价格 LJG 波动的解释程度为 3.6%；给蔬菜生产成本 LCB 一个标准差冲击，蔬菜价格 LJG 最初便会产生较小的负影响，在第一期末响应值绝对值达到最大，随后逐渐由负影响转向正影响，在第一期后，蔬菜价格 LJG 形成正的响应值，并最终保持递增的正响应趋势。而蔬菜价格 LJG 对蔬菜生产成本 LCB 波动具有正的影响，当蔬菜生产成本 LCB 作为依赖变量时，蔬菜价格 LJG 在滞后一期、二期和三期系数分别为 0.231966、0.506769 和

0.268585，蔬菜价格 LJG 对蔬菜生产成本 LCB 方差贡献为 45%。

从总体上来看，在蔬菜价格内部传导过程中，蔬菜价格 LJG 的波动主要受到自身的影响，影响程度达 45%；其他变量对其传导相对较弱，城镇居民蔬菜需求 LCZXQ、蔬菜产量 LCL、农村居民蔬菜需求 LNCXQ 和蔬菜生产成本 LCB 对其影响程度分别为 22.0%、19.1%、10.3% 和 3.6%；而蔬菜价格 LJG 对蔬菜产业内其他因素的影响十分明显，影响程度为 40.6%～45%。从变量的冲击反应观察，蔬菜价格 LJG 对蔬菜产量 LCL 冲击表现为正响应，对蔬菜生产成本 LCB 冲击最初表现为负响应并在第二期转为正响应，对农村居民蔬菜需求 LNCXQ 和城镇居民蔬菜需求 LCZXQ 冲击表现为正响应；而给蔬菜价格 LJG 一个标准差冲击，蔬菜产量 LCL 和蔬菜生产成本 LCB 表现为正响应，农村居民蔬菜需求 LNCXQ 和城镇居民需求 LCZXQ 则表现为负响应。由此可见，中国蔬菜产业市场还不完善，效率还不高，蔬菜产业内部传导存在明显的滞后性，部分冲击反应与前文的传统理论分析不相符，具体表现为蔬菜产业价格形成机制不畅，价格调节机制单向有限地发挥着一定的作用。

5.3 外部冲击机制下蔬菜价格波动的成因分析

5.3.1 蔬菜价格波动外部冲击的含义

英国经济学家 W.S. 杰文斯、美国经济学家熊彼特（J. A. Schumpeter）、卢卡斯（Robert Lucas）以及普雷斯科特（Edward C. Prescott）等分别从不同视角对农产品外部冲击以及经济周期的外部冲击进行研究，并对外部冲击的内涵进行了界定。Trostle(2008)认为影响农产品价格波动的外部冲击因素有生物质能源发展、美元汇率等。Hooker(2002)、Trehan(2005)以及何念如和朱闻龙(2006)认为各国经济都在不同程度上受到国际石油价格的外部冲击影响。纪敏(2009)将外部冲击作了如下分类：全球流动性变化的冲击、国际大宗商品价格变化冲击、外需变化对产出缺口的影响、人民币汇率升值以及国际利率的影响。《现代经济词典》对"外部冲击"内涵进行了概括，并明确指出"外部冲击"是指在开放的宏观经济条件下，国际经济中的不确定性因素对国内经济产生的波动性影响。鞠国华(2009)认为外部冲击是在经济全球化、一体化背景下，一种来自于外部的、突发性的、不可预测和预期的，且不为一国政府或者一个经济体所控制的某种事件或力量对该国经济产生的影响。外部冲击既有源于经济方面的因素，如贸易冲突、能源危机、粮食危机以及利率和汇率波动，又有来自于非经济方面事件如技术革命、自然灾难、恐怖袭击以及政治政策的变化，这些外部冲击既带来正效应，也有负效应。王佳和张金水(2011)认为外生冲击是引起经济波动的重要原因，能否准确地预测外生冲击对经济的影响，是决定能否制定更有效经济政策的重要因素。胡鞍钢(1994)认为外部冲击机制主要是通过内部传导机制对每一个波动周期的波幅、波长产生影响，并决定波动过程中的转折点。

综上，本书研究的是中国蔬菜价格的波动，因此，中国蔬菜价格波动的外部冲击内涵可以概括为：在市场经济及全球经济一体化的环境中，那些来自于中国以外的国际因素和中国国内蔬菜产业的外部因素，对蔬菜产业和蔬菜价格产生的影响。这些影响因素具有外部性、突发性、不可预测性以及不易控制的特点。外部冲击不管是国际因素的冲击还是国内蔬菜产业的外部因素冲击，既有来源于经济方面的冲击，也有来自于非经济方面的冲击，并且这种冲击的效应既可以是正效应也可以是负效应。为了便于对蔬菜价格波动的外部冲击展开理论分析，在总结以往研究经验的基础上，选取了部分有代表性的、影响较为显著的蔬菜价格波动的外部冲击变量来进行分析，从国内蔬菜产业的外部影响因素来看，主要选取了干旱等自然灾害、居民收入水平、国内经济周期以及宏观调控手段等外部因素，分析其对蔬菜价格波动产生的外部冲击；在国际因素方面，主要分析了蔬菜进出口对国内蔬菜价格波动产生的外部影响。

5.3.2 自然灾害对蔬菜价格的外部冲击

蔬菜产业与自然气候的关系非常密切，在第4章，对不规则因子分析的过程中就发现：当发生极端恶劣天气如暴雨、干旱等重大自然灾害时，蔬菜产量显著偏低，市场上的供应难以保证，菜价随着自然天气变化大涨大跌。2012年，由于受南方连续阴雨天气以及近日东北、华北等部分地区大雪天气影响，浙江、广东、辽宁、河北等多地信息采集员反映当地菜价上涨。2013年，因北方气温持续下降，南方持续阴雨和降温，影响了蔬菜的生长、采摘和运输，导致多地蔬菜涨价潮来袭。2015年1～3月蔬菜价格受北方倒春寒天气影响明显，导致新季西红柿、芹菜、茄子、黄瓜等品种上市量少，反季蔬菜价格明显处于高位运行。据农业部价格监测显示，2015年2月超过八成品种蔬菜价格上涨，其中西红柿、大白菜、茄子、黄瓜价格相比1月涨幅较大，分别为28.4%、25.0%、25.2%、22.8%。从自然灾害的波及范围看，2010年受自然灾害影响，农作物受灾面积高达3742.6万公顷，其中绝收面积486.3万公顷。2011年，区域干旱严重，北方冬麦区出现41年以来最严重的秋冬连旱，长江中下游地区遭遇60年以来最严重的冬春连旱，内蒙古、甘肃、宁夏等地发生春夏连旱，西南地区遭受夏秋连旱，旱灾造成的直接经济损失占全部自然灾害总损失的30%以上。2014年，全国旱情发展主要经历了冬春旱和夏伏旱两个阶段，其中冬春旱主要发生在山西、河南、河北、山东、甘肃等冬麦区以及湖北、四川、云南等地，夏伏旱主要发生在辽宁、吉林、河南、内蒙古等北方地区。据国家防汛抗旱总指挥部办公室统计，2014 年全国作物受旱面积 3.4 亿亩、受灾面积 1.8 亿亩、成灾面积 8516 万亩、绝收面积 2227 万亩。2016 年受超强厄尔尼诺影响，我国多地遭受严重洪涝灾害，给农业生产和基础设施造成一定损失。据农业部当年 7 月 20 日农情调度，6～7 月的强降雨造成全国农作物受灾 7700 多万亩，部分设施农业、规模养殖受损。

图 5-5 清晰地反映了自然灾害对蔬菜价格的影响机制，当大规模的自然灾害发生以后，由于大多数蔬菜种植的抗风险能力较差，蔬菜生长速度缓慢或者大量减产；同时，为了尽可能抵御自然灾害必然增加投入，如搭建大棚等，形成生产成本的增加；此外，自然灾害之后的恢复性生产，将会耗费更多的劳动力成本，这是自然灾害对蔬菜生产环节的影响。自然灾害对于流通环节的影响也是显著的。中国国土面积广阔，在不同的时节，南北蔬菜的种类各有特色，蔬菜长途流通也是一种经常现象，也正是由于蔬菜的南北流通，使得蔬菜供给量更大、品种更加丰富。当自然灾害发生时，尤其是大范围持续时间长的冰雪天气，会给蔬菜流通带来极为不利的影响，会增加运输的成本，增大损耗；同时，由于流通的困难会减少蔬菜从产地向销售地的供应。蔬菜价格正是受到来自供给减少、成本增加的双重作用，促进蔬菜价格急剧上涨。当然，按蛛网模型理论，蔬菜价格的急剧上涨又会对下一轮蔬菜的生产产生影响，形成新一轮的蔬菜价格剧烈波动。

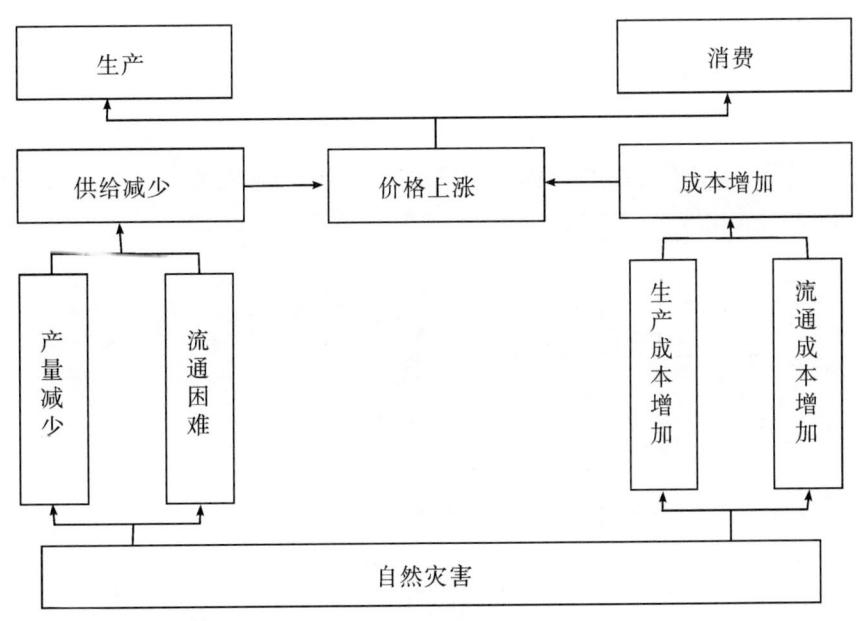

图 5-5 自然灾害对蔬菜价格波动的影响机制

5.3.3 国际因素对蔬菜价格的外部冲击

随着中国加入 WTO，国内农产品市场与国际农产品市场接轨，国际因素对蔬菜价格的影响将日益显著。国际因素的影响对国内蔬菜价格的影响，一是国际农产品价格波动对国内蔬菜价格有着巨大的传导效应。由于人口的增加、主产国农产品的减产、生物能源计划等原因，导致国际农产品价格的上涨。国际农产品市场价格的上涨，必然抬升大宗农产品进口价格（如植物油和大豆）水平，使得国内难以通过有效的进口平抑物价；另一方面也提高了国内流通商、生产者和消费者的涨价预期，由此推动、促成了相关产品涨价的联动效应（方松海等，2008），最终影响蔬菜的价格波动。如 2008 年 6 月以前全球农产品价格暴涨，推动了中国农产品价格的上涨。

国际因素对蔬菜价格还存在更直接的影响，那就是国际蔬菜市场价格的变动，这一影响主要是通过蔬菜的进出口作用于国内蔬菜市场价格。大量进出口必然给国内蔬菜市场的供需带来影响，从而影响国内蔬菜价格的波动。如 2010 年底韩国发生了泡菜危机，2010 年 10 月 6 日，韩国市场上的白菜价格为一棵 1.2 万韩元（约合人民币 70 元），此外大葱、萝卜等其他蔬菜的价格也大幅上涨。韩国泡菜危机原因有两个，一是进口量减少，据韩国关税厅数据显示，2010 年 1~3 月，韩国白菜进口量只有 110 公斤，近乎零进口；二是种植面积减少，2010 年春季低温等异常气候，以及夏季的闷热天气和台风、强降雨，对韩国的农业生产带来了影响。此外，受第 7 号台风"圆规"影响，韩国白菜种植面积的 15%受到严重损失，对白菜价格暴涨起到了推波助澜的作用。韩国泡菜危机推高了中国的大白菜市场价格，2010 年底，中国大白菜涨到 1 元多一市斤。

图 5-6 展示了如上所述的国际因素对国内蔬菜价格传导机制。

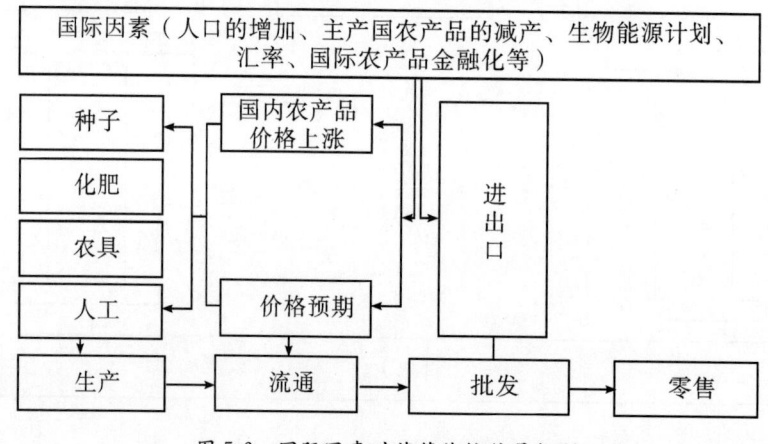

图 5-6 国际因素对蔬菜价格传导机制

5.3.4 经济因素与政策对蔬菜价格的外在影响

1. 居民收入水平对蔬菜价格的外在影响

根据经济学原理，在城乡居民的收入水平较低时，蔬菜属于正常品，城乡居民收入的提高会增加居民对蔬菜的需求，因此，此时蔬菜的需求收入弹性大于零，在其他条件保持不变的条件下，城乡居民收入提高的结果是增加居民对蔬菜的消费量，从而促使蔬菜的价格上涨。但伴随着经济的持续发展，居民的收入水平会不断提高，当城乡居民的收入水平处于较高水平时，蔬菜就归属于劣等品行列，城乡居民收入变化对蔬菜价格的作用于蔬菜属于正常品时的作用相反，即此时蔬菜的需求收入弹性小于零，在其他条件保持不变的条件下，城乡居民收入提高的结果是减少社会对蔬菜的需求量，从而促使蔬菜的价格下降。近年来中国城乡居民的收入水平不断提高，与此同时社会对蔬菜的消费量增长已经趋缓，在部分高收入阶层甚至已出现了下降的趋势。以城镇居民人均蔬菜消费量为例，1990年城镇居民年人均消费的鲜菜量为138.70千克，1995年下降为116.47千克，此后的十多年时间人均消费鲜菜量增长缓慢，到2008年增长为123.15千克，但从2009年开始便持续下降，2012年为112.3千克，远远低于1990年的人均消费鲜菜量水平①。尽管如此，目前城乡居民对于蔬菜的支出占食品类支出的比例依旧比较大。考虑到中国人口的不断增长，农村贫困群体收入水平的不断提高等因素，从长期来看，中国居民对于蔬菜的消费仍然存在增长的需求，因此，城乡居民的收入水平依然会对蔬菜价格波动产生重要的影响。

2. 经济周期对蔬菜价格的外在影响

在第2章中，就经济周期与价格波动的相关理论进行了深入的分析和研究。经济周期是经济运行中存在的周期性的经济扩张与经济紧缩交替出现的运动规律。当经济周期处于扩张时期，整个社会投资增多，市场需求旺盛，人们收入水平普遍提高。当经济周期处于紧缩时期，主要表现为投资和消费需求急剧下降，社会生产力急剧下降。经济周期对蔬菜价格具有重要的外在影响。

通常可以用经济增长速度来描述一国经济发展的现状。经济增长通常是指一个国家在较长的时间跨度内，其居民人均产出或人均收入水平的持续增加，度量一国经济增长速度的最重要指标通常是经济增长率，用公式来表示：

$$G = \Delta Y_t / Y_{t-1} \tag{5-4}$$

式(5-4)中，ΔY_t 为本年度经济总量的增量，一般用该年国内生产总值减去上年国内生

---

① 资料来源：国家统计局数据中心。

产总值来取值；Y_{t-1}为上年所实现的经济总量，一般用上年的 GDP 来衡量。历史经验表明，一国经济若能持续高速增长，该国对商品的需求量就会大大增加。因此，经济增长也是影响蔬菜需求量的重要因素，进而会引起蔬菜价格的波动。当经济增长速度较快时，社会对蔬菜的消费量就会增加，需求量的增长会快于供给量的增长，往往会引起蔬菜价格的上涨；同理，经济增长速度较慢时，抑或是经济出现负增长时，蔬菜价格一般就会下降。根据数据分析，GDP 高增长后的一两年，零售商品价格指数和 CPI 将产生大幅上涨；GDP 增速放慢后的一两年内，CPI 和零售商品价格指数将随之下降，且价格变动幅度都远远超过 GDP 的变化(方松海等，2008)。一方面，通货膨胀预期加大，蔬菜涨价加速，2009 年 11 月 CPI 由负转正之后，一路震荡上行，通货膨胀的压力逐渐增大，由于蔬菜的需求呈现刚性特征，生产效率的提高短期内对蔬菜价格影响较小，一旦通胀预期出现，则蔬菜价格上涨较快，因此，该轮蔬菜价格的上涨，通胀预期的影响不可小觑；另一方面，随着房市的低迷、股市的波动、大量流动性货币开始炒作农产品，使得部分农产品变相成为金融投资品，造成价格暴涨(钱智等，2011)。

3. 宏观调控政策对蔬菜价格的外在影响

宏观调控对价格的影响可分为两个渠道：一是宏观财政政策和货币政策的变动通过影响总体物价水平而对蔬菜价格产生影响；二是直接对蔬菜市场的价格进行管制，以缩小蔬菜价格的波动幅度。在第一个渠道中，财政政策和货币政策对促进蔬菜价格波动的机理存在区别，财政政策主要通过扩大、缩小内需或是增加、减少攻击来对物价水平产生影响，货币政策则主要通过控制市场上流通的货币量来控制总体物价水平，总体物价水平的变动又会对蔬菜价格的变动产生影响。一般来讲，当实行积极的财政政策和宽松的货币政策时，总体物价水平会上升，总体物价水平的上升又会带动蔬菜价格的上涨；当实行消极的财政政策和紧缩的货币政策时，总体物价水平会下降，进而促使蔬菜价格的下降；第二个渠道一般在蔬菜价格出现重大波动时才使用，如当蔬菜的供给量远大于需求量时，会促使蔬菜的价格严重偏低，这时，为了减少蔬菜种植户的损失或保障农户的收入，调动种植户在下一时期继续种植蔬菜的积极性，政府就会通过设置最低保障价格或鼓励农产品加工企业加大蔬菜收购量等措施，在一定程度上阻止蔬菜价格的大幅度下降；当遭遇重大自然灾害，蔬菜供给量严重不足时，蔬菜价格会大幅上涨，此时为了实现物价的稳定，控制因蔬菜短缺而给居民造成的不安定影响等，政府变化加大对蔬菜种植户或中间商的补贴，一是降低蔬菜的生产成本，二是通过补贴来保障蔬菜种植户和销售商的利润，而不至于引起蔬菜价格过分上涨。所以，无论是哪种渠道，宏观调控都会对蔬菜价格的变动产生重要影响，是蔬菜价格波动的重要影响因素。

从改革开放以来中国蔬菜价格形成机制来看，蔬菜价格形成机制总体上是逐步放开的。政府调控对蔬菜价格的影响主要有以下几个方面：一是通过提高蔬菜价格从而提高蔬菜产量，以缓解蔬菜短缺的矛盾。二是蔬菜价格的提高导致了蔬菜连续增产，从而出现蔬菜供大于求的矛盾，进而产生蔬菜销售难的局面，此时蔬菜价格就会下降。三是为了在一定程度上保护农民的利益，国家出台了指导价格。2011年11月30日，国家发改委下发通知，在全国范围内对发电用煤（以下简称"电煤"）实施临时价格干预措施，但由于指导价格的保护程度不高，蔬菜生产会出现减产或者徘徊局面，也就是说，呈现出一定程度的倒退或停滞现象。四是当蔬菜产量再一次出现供不应求的局面时，市场价格会迅速攀升，此时国家定购任务不能完成，迫于市场压力提高定购价格，从而蔬菜的基准价格上升。

综上，在外部冲击下，对蔬菜价格外部冲击的单因素考察，干旱等自然灾害将通过影响蔬菜生产及供给，进而对蔬菜价格产生正影响，即干旱等自然灾害发生的频率、范围以及严重程度，与蔬菜价格波动的方向一致。国际因素主要通过蔬菜需求以及生产资料价格对国内蔬菜价格进行传递，其影响同方向变化。此外，国民收入水平、经济周期以及宏观调控政策对蔬菜价格波动的冲击较为复杂，需要根据外部冲击的结构及原因来具体分析其对蔬菜价格波动的传递机制和影响。有了对蔬菜价格波动外部冲击的单因素考察，下文将从外部冲击的视角，对蔬菜价格波动外部冲击的主要因素进行全面综合考察，以检验中国蔬菜价格面对外部冲击的综合影响时，其作用机理、传递路径及影响程度是否符合理论分析结果。

5.4 基于PVAR模型的蔬菜价格外部冲击反应

5.4.1 模型设立及数据选择

对蔬菜价格外部冲击的单因素考察结果显示，干旱等自然灾害将通过影响蔬菜生产及供给，进而对蔬菜价格产生正影响，即干旱等自然灾害发生的频率、范围以及严重程度，与蔬菜价格波动的方向一致。国际因素主要通过蔬菜需求以及生产资料价格对国内蔬菜价格进行传递，其影响同方向变化。此外，国民收入水平、经济周期以及宏观调控政策对蔬菜价格波动的冲击较为复杂，需要根据外部冲击的结构及原因来具体分析其对蔬菜价格波动的传递机制和影响。为了能更准确地把握蔬菜价格在外部多种冲击共同作用下的反应机制及反应的程度，本书将建立蔬菜价格外部冲击模型，借以考察和检验蔬菜价格在多种外部冲击的共同作用下，蔬菜价格对外部冲击的反应是否与单因素考察的传统理论结果相符。

目前,用于对系统外部冲击反应进行描述的模型较多,但向量自回归模型在解释外部冲击的传递路径、影响程度方面具有较好的效果,一方面可以很好地模拟外部冲击对价格波动的传导路径,另一方面还可以定量考察外部冲击对价格影响的程度,直观分析标准冲击下价格的反应程度。Kim(1998)利用向量自回归误差修正模型考察了美国汇率对生产者价格的冲击及作用路径。Jonathan(1999)利用向量自回归模型考察了汇率对一些工业化国家通货膨胀冲击。中国经济增长与宏观稳定课题组(2008)应用VAR模型对外部冲击影响国内通胀进行了经验研究。张利庠和张喜才(2011)使用VAR模型考察了外部冲击对中国农产品价格的影响。本文在以上研究的基础之上,根据蔬菜价格波动外部冲击的含义及成因的理论分析,按VAR模型的基本形式,设定蔬菜价格波动外部冲击VAR模型如下:

$$z_{it} = \alpha_i + \beta_t + \Gamma_1 z_{it-1} + \cdots + \Gamma_p z_{it-p} + \varepsilon_{it} \quad (5-5)$$

其中: z_{it} 是五维内生变量向量,即 $z_{it} = (LJG_{it}, LBT_{it}, LCZ_{it}, LGDP_{it}, LCZSR_{it})$; i 代表省份; t 代表年份; α_i 代表五维的省效应向量; β_t 代表五维年效应向量; Γ_1 和 Γ_P 代表滞后期不同的变量系数矩阵; P 代表滞后期; ε_{it} 代表扰动向量。其中,LJG代表蔬菜价格;LBT代表政府对蔬菜的补贴;LCZ代表蔬菜受灾面积;LGDP代表经济增长率;LCZSR代表城镇居民收入水平[①]。

受数据统计资料的限制,此处仍采用全国16个省份[②] 2003~2014年的数据,其中蔬菜价格仅能收集到各省蔬菜零售价格指数,所以为了实现数据结构的统一性,本书对所选择的解释变量也进行了指数化处理[③]。同时,考虑到对数据取对数不仅可以减少或消除时间序列中存在的异方差,还能使其趋势线性化,并且不会改变原来的协整关系,因此最后对全部数据进行了对数化处理。以下为各变量数据的具体来源:蔬菜价格来源于2003~2015年《中国统计年鉴》的商品零售价格分类指数中的菜的零售价格

---

① 模型变量之所以没有选择蔬菜进出口变量,主要是受模型自由度的限制,在对蔬菜价格波动影响因素的综合考察中,将对蔬菜进出口变量对蔬菜价格波动的影响进行考察。

② 由于部分省份对一些重要指标的数据缺省较严重,所以本文选择了数据较全的16个省份,分别为河北、辽宁、吉林、上海、江苏、浙江、安徽、福建、河南、广东、广西、海南、重庆、甘肃、新疆、陕西。

③ 对不是指数的变量数据进行指数化处理过程中,需要用到2002年的数据,这些变量包括:蔬菜的产量、政府对蔬菜的补贴、蔬菜成灾面积以及城镇居民人均收入水平。

指数，政府对蔬菜的补贴[①]、蔬菜成灾面积[②]、GDP 增长率、城镇居民人均收入水平等来源于 2003～2015 年的《中国统计年鉴》《中国农村统计年鉴》《中国人口统计年鉴》及相关省市统计年鉴。

5.4.2 单位根检验

本书仍然运用 Eviews 8.0，选取 ADF 单位根检验方法(Dicker and Fuller，1974)对变量原序列(level)做单位根检验。经分析和反复实验比较，仍然选择带有截距(intercept)的检验式，按赤池信息准则(Akaike information criterion，AIC)确定滞后项，单位根检验结果如表 5-4 所示，蔬菜价格 LJG，政府对蔬菜的补贴 LBT，蔬菜成灾面积 LCZ，GDP 增长率 LGDP 和城镇居民收入水平 LCZSR 原序列是平稳数据，同阶单整，可以直接用于 PVAR 估计。

表 5-4 变量 ADF 单位根检验

变量	统计值	P 值
LJG	155.075	0.0000**
LBT	114.261	0.0000**
LCZ	182.853	0.0000**
LGDP	96.7086	0.0000**
LCZSR	96.061	0.0000**

注："***"、"**"、"*"分别代表在 1%、5%、10%的显著性水平上通过了平稳性检验。

5.4.3 面板矩估计

本书根据脉冲响应函数的收敛情况，选择了滞后二阶的 VAR 模型，估计结果如表 5-5 所示，显示了不同依赖变量条件下，其他变量对其产生的外部冲击影响。①当蔬菜价格 LJG 作为依赖变量时，政府对蔬菜的补贴 LBT 以及城镇居民收入水平 LCZSR 在滞后一期和二期都对蔬菜价格 LJG 产生正影响。蔬菜成灾面积 LCZ 在滞后一期和滞后二期系数分别为－0.020037 和－0.017355，这与传统理论不相符，虽其影响很微弱，也反映了蔬菜产业链价格形成机制的不畅。GDP 增长率 LGDP 在滞后一期对蔬菜价格

[①] 由于政府对蔬菜价格补贴的数据各省都没有连续统计数据，因此书中用历年《中国统计年鉴》中财政支农指标来代替政府对蔬菜进行的补贴。由于国家统计口径调整，2006 年及其以前的年份采用农业支出、林业支出、农林水利气象等部门事业费三个项目支出的总和作为财政支农的资金，2007～2014 年采用的是农林水事务支出作为财政支农的资金。

[②] 根据 2003～2015 年《中国统计年鉴》中的成灾面积、农作物播种面积、蔬菜播种面积，整理计算而得。蔬菜成灾面积＝成灾面积×(蔬菜播种面积/农作物播种面积)。

LJG 产生负影响，滞后二期对蔬菜价格 LJG 有着较强的正影响，这与经济周期波动对农产品价格波动影响理论基本吻合。②当政府对蔬菜的补贴 LBT 作为依赖变量时，蔬菜价格 LJG 和城镇居民收入水平 LCZSR 对政府对蔬菜的补贴 LBT 在滞后一期有明显的正影响，在滞后二期，蔬菜价格 LJG 对政府对蔬菜的补贴 LBT 产生负影响，而城镇居民收入水平 LCZSR 仍然保持正影响，这说明，每蔬菜价格上涨的过程中政府补贴的力度都是较大的，但是这样的补贴由于制度和政策的不完善，常常都表现为不稳定、不连续。蔬菜成灾面积 LCZ 和 GDP 增长率 LGDP 在滞后一期的系数分别为 -0.003373 和 2.768061，在滞后二期的系数分别为 0.030079 和 0.170863，这也进一步说明由于对自然灾害预测和防控的不足，当自然灾害发生时，没有对蔬菜产业进行及时补贴，往往是自然灾害发生后才做出反应。同时，当 GDP 增加和人们收入水平提高的情况下，政府预期财政收入会增加进而增加对蔬菜的补贴。

表 5-5　PVAR 估计

依赖变量	h_ljg		h_lbt		h_lcz		h_lgdp		h_lczsr	
统计量	b_GMM	t_GMM	b_GMM	t_GMM	b_GMM	t_GMM	b_GMM	t_GMM	b_GMM	t_GMM
L.h_ljg	-0.177152	-2.550680	0.383214	2.197470	-2.962539	-3.783850	0.011412	0.752212	0.051608	1.455886
L.h_lbt	0.031809	0.840259	0.000505	0.006708	-0.270808	-0.970674	0.002741	0.369691	-0.032544	-2.647650
L.h_lcz	-0.020037	-3.060972	-0.003373	-0.220606	-0.497003	-4.488710	0.001377	0.726898	0.009198	2.582384
L.h_lgdp	-0.286540	-0.746168	2.768061	2.438659	3.114865	0.700625	0.987693	9.619559	1.368759	6.695489
L.h_lczsr	0.317111	2.192752	1.375787	3.082354	-0.931681	-0.525053	-0.098264	-3.142040	0.113018	1.249803
L2.h_ljg	-0.015741	-0.291175	-0.193324	-1.165511	-1.559122	-2.134944	-0.017709	-1.212889	0.097602	3.559553
L2.h_lbt	0.030787	1.527562	0.088320	1.257897	-0.163903	-0.686782	0.002990	0.361414	-0.015303	-1.118941
L2.h_lcz	-0.017355	-2.600046	0.030079	1.623875	-0.175952	-1.982899	0.003729	2.218808	0.005555	1.957375
L2.h_lgdp	0.717700	1.677636	0.170863	0.162364	-7.845031	-1.819318	0.029579	0.271210	-0.266509	-1.203957
L2.h_lczsr	0.686302	3.194701	0.634431	1.540067	4.902031	2.302518	0.011711	0.313701	-0.210839	-1.658226

说明：数据根据 STSTA 计量软件计算结果整理得到，b_GMM 表示 GMM 估计系数，t_GMM 表示 GMM 估计系数的 t 检验值。

5.4.4　方差分解与脉冲响应

1. 方差分解

从方差分解结果(表 5-6)可以发现，从第 20 个预测期和第 30 个预测期方差分解结果来看，结果基本一致，因此可以认为在第 20 个预测期后系统基本稳定。本书便以第 20 个预测期方差分解结果来说明各变量相互影响的程度。对蔬菜价格 LJG 波动影响程度最大的是 GDP 增长率 LGDP，其对蔬菜价格 LJG 方差贡献达 43.6%，其次是城镇居民收入 LCZSR，其方差贡献达 9.6%，蔬菜成灾面积 LCZ 和政府对蔬菜进行的补贴 LBT 对蔬菜价格 LJG 方差贡献相对较小，分别为 3.8% 和 2.3%。同时，蔬菜价格 LJG

对其他变量影响程度较小。政府对蔬菜进行的补贴 LBT 除受到来自自身的影响外，GDP 增长率、城镇居民收入 LCZSR、蔬菜价格 LJG 以及蔬菜成灾面积 LCZ 对其有不同程度的冲击，方差贡献分别为 57.4%、4.7%、2.2% 和 0.8%。

表 5-6 方差分解结果

变量	S	LJG	LBT	LCZ	LGDP	LCZSR
LJG	10	0.462217	0.020255	0.043220	0.369740	0.104568
LBT	10	0.025567	0.397228	0.008783	0.519819	0.048603
LCZ	10	0.063438	0.017864	0.818334	0.062685	0.037679
LGDP	10	0.006915	0.036452	0.005497	0.923499	0.027637
LCZSR	10	0.026220	0.020690	0.016348	0.480588	0.456153
LJG	20	0.406272	0.022886	0.038472	0.436357	0.096013
LBT	20	0.022109	0.349207	0.008123	0.574009	0.046552
LCZ	20	0.061971	0.018488	0.799445	0.082580	0.037516
LGDP	20	0.005755	0.037561	0.005213	0.922836	0.028635
LCZSR	20	0.023973	0.022619	0.015251	0.518165	0.419992
LJG	30	0.398064	0.023291	0.037773	0.446115	0.094757
LBT	30	0.021611	0.342294	0.008027	0.581803	0.046265
LCZ	30	0.061723	0.018586	0.796265	0.085925	0.037502
LGDP	30	0.005595	0.037710	0.005176	0.922739	0.028781
LCZSR	30	0.023626	0.022913	0.015086	0.523980	0.414395

2. 脉冲响应

如图 5-7 所示，变量受到的外部冲击影响随着时间推移而逐渐收敛，表明本系统是稳定的，某一变量标准差冲击对其他变量当前及未来的影响轨迹如下。

第一，给蔬菜补贴 LBT 一个标准差冲击，蔬菜价格 LJG 最初便会产生较大的正影响，在第二期末响应值达到最大，随后逐渐减小并最终达到趋近于零的正响应值。这说明蔬菜补贴 LBT 对蔬菜价格 LJG 具有一定的抑制作用，但效果不明显。

第二，给蔬菜成灾面积 LCZ 一个标准差冲击，蔬菜价格 LJG 最初便会产生较大的负影响，在第一期末响应值绝对值达到最大，随后逐渐由负影响转向正影响，在第三期后，蔬菜价格 LJG 形成正的响应值，并最终达到趋近于零的极小正响应值。这说明蔬菜产业链信息传递滞后，菜农在蔬菜产业链中处于不利地位。

第三，给 GDP 增长率一个标准差冲击，蔬菜价格 LJG 最初便会产生较小的负影响，在第一期末逐渐转为正响应，并最终保持正响应值趋势。这表明经济周期波动对蔬菜价格 LJG 有重要的传递作用。

第四，给城镇居民收入 LCZSR 一个标准差冲击，蔬菜价格 LJG 最初便会产生较大的正影响，在第二期后逐渐减弱，第三期由正转为负，并最终达到趋近于零的极小负响应值。说明随着人民收入水平的提高，食品消费包括蔬菜消费的比重将逐渐降低。

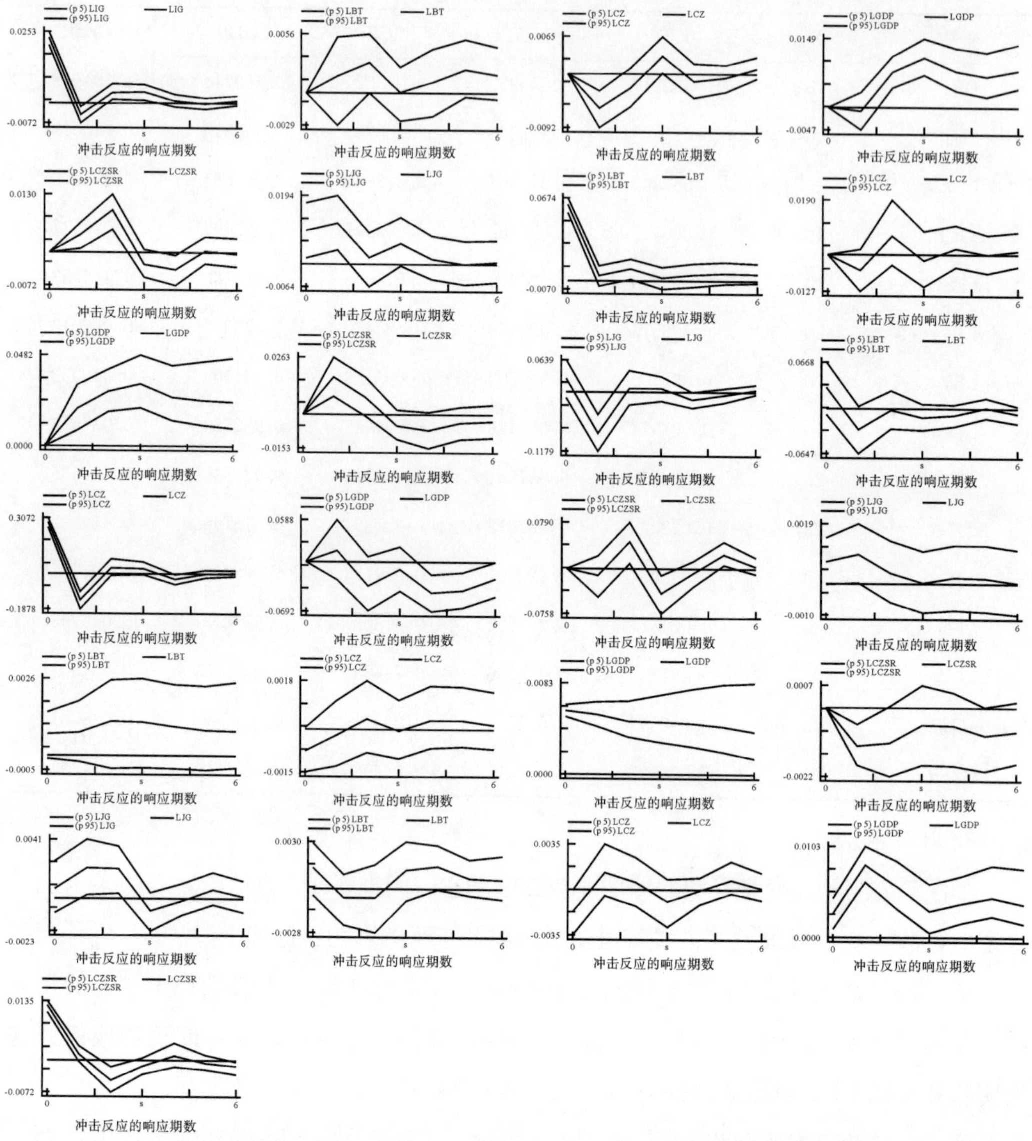

图 5-7　模拟 500 次得到的置信区间在 5%~95% 的正交化脉冲响应函数图

通过对蔬菜价格外部冲击的 GMM 估计、方差分解及变量冲击反应，其结果较为清晰地表现了蔬菜价格对外部变量冲击反应的机理及影响。

第一，当蔬菜价格 LJG 作为依赖变量时，政府对蔬菜的补贴 LBT 以及城镇居民收入水平 LCZSR 在滞后一期和二期都对蔬菜价格 LJG 产生正影响，政府对蔬菜的补贴

第 5 章　蔬菜价格波动的成因及机理

LBT 对蔬菜价格 LJG 方差贡献为 2.3%，城镇居民收入水平 LCZSR 对蔬菜价格 LJG 方差贡献为 9.6%；若给蔬菜补贴 LBT 一个标准差冲击，蔬菜价格 LJG 最初便会产生较大的正影响，在第二期末响应值达到最大，随后逐渐减小，在第三期末变为 0，其后蔬菜价格 LJG 保持正影响，并最终达到趋近于零的正响应值；若给城镇居民收入 LCZSR 一个标准差冲击，蔬菜价格 LJG 最初便会产生较大的正影响，在第二期后逐渐减弱，第三期由正转为负，并最终达到趋近于零的极小负响应值。蔬菜成灾面积 LCZ 在滞后一期和滞后二期系数分别为 −0.020037 和 −0.017355，其对蔬菜价格 LJG 波动的解释程度为 3.8%；若给蔬菜成灾面积 LCZ 一个标准差冲击，蔬菜价格 LJG 最初便会产生较大的负影响，在第一期末响应值绝对值达到最大，随后逐渐由负影响转向正影响，在第三期后，蔬菜价格 LJG 形成正的响应值，并最终达到趋近于零的极小正响应值。GDP 增长率 LGDP 在滞后一期对蔬菜价格 LJG 产生负影响，在滞后二期对蔬菜价格 LJG 有着较强正影响，其对蔬菜价格 LJG 波动的解释程度达到 43.6%；若给 GDP 增长率一个标准差冲击，蔬菜价格 LJG 最初便会产生较小的负影响，在第一期末逐渐转为正响应值，并最终保持正响应值趋势。

第二，当政府对蔬菜的补贴 LBT 作为依赖变量时，蔬菜价格 LJG 和城镇居民收入水平 LCZSR 对政府对蔬菜的补贴 LBT 在滞后一期有明显的正影响，在滞后二期，蔬菜价格 LJG 对政府对蔬菜的补贴 LBT 产生负影响，而城镇居民收入水平 LCZSR 仍然保持正影响，蔬菜价格 LJG 和城镇居民收入水平 LCZSR 对政府对蔬菜的补贴 LBT 波动的解释程度分别为 2.2% 和 4.7%。蔬菜成灾面积 LCZ 和 GDP 增长率 LGDP 在滞后一期的系数分别为 −0.003373 和 2.768061，在滞后二期的系数分别为 0.030079 和 0.170863，其对政府对蔬菜的补贴 LBT 方差的贡献分别为 0.8% 和 57.4%。

综上，蔬菜价格外部冲击分析结果表明，除 GDP 增长率对蔬菜价格波动具有明显的冲击影响外，城镇居民收入 LCZSR、蔬菜成灾面积 LCZ 和政府对蔬菜进行的补贴 LBT 对蔬菜价格方差贡献都非常小，分别为 9.6%、3.8% 和 2.3%。同时，从变量冲击反应观察，当给蔬菜补贴 LBT 一标准差冲击，蔬菜价格 LJG 表现为正响应并在第二期达到最大；当给蔬菜成灾面积 LCZ 一标准差冲击，蔬菜价格 LJG 最初表现为负响应并在第三期转为正响应；当给 GDP 增长率一标准差冲击，蔬菜价格 LJG 总体表现为明显的正响应；当给城镇居民收入 LCZSR 一标准差冲击，蔬菜价格 LJG 最终表现为负响应。由此可见，蔬菜价格对外部冲击反应的效果并不理想，对部分外部冲击的反应存在明显的、不合理的滞后性。外部冲击是蔬菜价格波动的动力源，蔬菜产业内部结构及传导机制决定着以某种方式对外部冲击做出反应。一般来讲，内部传导机制决定着波动的持续性，外部冲击机制则主要是通过内部传导机制对每一个波动周期的波幅、波长产生影响,并决定波动过程中的转折点(胡鞍钢,1994;董玲,2010),因此,蔬菜产业内部价格形成机制及调节机制的不完善,不仅关系到蔬菜产业内部变量对蔬菜价格的影响,还关系到蔬菜价格对外部冲击的反应。

蔬菜价格内部变量及蔬菜产业的外部冲击在不同方面影响着蔬菜价格的波动,综合考察蔬菜价格内部变量及外部冲击的影响,对于准确判断蔬菜价格波动的主要影响因素以及宏观调控政策的科学制定具有重要的意义。在下一章中,将对影响蔬菜价格波动的内部变量和外部冲击进行综合考察。

5.5 本章小结

蔬菜价格波动的成因及机理极为复杂,本书采用理论分析与实证分析相结合的方法,分别从内部传导和外部冲击两个方面,分析了蔬菜价格波动的成因及影响机理,揭示了内外部要素对蔬菜价格波动的影响程度、传导路径和冲击反应。

从总体上来看,在蔬菜价格内部传导过程中,蔬菜价格 LJG 的波动主要受到来自自身的影响,影响程度达 45%;其他变量对其传导相对较弱,除城镇居民蔬菜需求 LCZXQ 对其影响程度为 22%以外,蔬菜产量 LCL、农村居民蔬菜需求 LNCXQ 以及蔬菜生产成本 LCB 对蔬菜价格 LJG 方差贡献分别为 19.1%、10.3%和 3.6%;而蔬菜价格 LJG 对蔬菜产业内其他因素的影响较为明显,影响程度为 40.6%~45%。从变量的冲击反应观察,给蔬菜产量 LCL、农村居民蔬菜需求 LNCXQ 和城镇居民蔬菜需求 LCZXQ 一个标准差冲击,蔬菜价格 LJG 都会在最初便会产生较大的正影响,在第一期后增幅减弱,并最终保持递增的正响应趋势。给蔬菜生产成本 LCB 一个标准差冲击,蔬菜价格 LJG 最初会产生较小的负影响,在第一期末响应值绝对值达到最大,随后逐渐由负影响转向正影响,在第一期后,蔬菜价格 LJG 形成正的响应值,并最终保持递增的正响应趋势。给蔬菜价格 LJG 一个标准差冲击,蔬菜产量 LCL 和蔬菜生产成本 LCB 最初会产生较大的正影响,在第一期逐渐减弱,在第二期响应增加,并最终保持递增的正响应趋势;农村居民蔬菜需求 LNCXQ 最初会产生较大的负影响,在第二期由负转为正,并在第二期末达到正向最大值,之后下降并最终达到趋近于零的极小正响应值;城镇居民需求 LCZXQ 最初也会产生较大的负影响,第二期末达到负向绝对值最大,之后开始减弱最终达到趋近于零的较小负响应值。由此可见,中国蔬菜产业市场还不完善,效率还不高,蔬菜产业内部传导存在明显的滞后性,部分冲击反应与传统理论分析并不相符,具体表现为蔬菜产业价格形成机制不畅,价格调节机制单向有限地发挥着一定的作用。

第 5 章 蔬菜价格波动的成因及机理

在外部变量对蔬菜价格的冲击过程中，文章围绕自然灾害的冲击机制、经济周期的冲击机制、国民收入的冲击机制、国际因素冲击机制以及宏观调控手段的冲击机制等外部变量展开分析。蔬菜价格外部冲击分析结果表明，除 GDP 增长率对蔬菜价格波动具有明显的冲击影响外，城镇居民收入 LCZSR、蔬菜成灾面积 LCZ 和政府对蔬菜进行的补贴 LBT 对蔬菜价格方差贡献都非常小，分别为 9.6%、3.8% 和 2.3%。同时，从变量冲击反应观察，若给蔬菜补贴 LBT 一标准差冲击，蔬菜价格 LJG 表现为正响应并在第二期末达到最大；若给蔬菜成灾面积 LCZ 一标准差冲击，蔬菜价格 LJG 最初表现为负响应并在第三期转为正响应；若给 GDP 增长率一标准差冲击，蔬菜价格 LJG 总体表现为正响应；若给城镇居民收入 LCZSR 一标准差冲击，蔬菜价格 LJG 最终表现为负响应。由此可见，蔬菜价格对外部冲击反应的效果并不理想，对部分外部冲击的反应存在明显的、不合理的滞后性。

第6章 蔬菜价格波动影响因素分析

伴随着政府对蔬菜市场操控程度的不断降低，蔬菜价格的决定权逐渐向市场倾斜，蔬菜价格也将更多地由蔬菜的需求量和供给量决定。然而，通过前文的分析发现，近些年来中国的蔬菜价格剧烈波动现象较严重，给菜农的种植安排及居民的日常生活带来了诸多不便。详细了解影响蔬菜价格的各种因素，寻找蔬菜价格变动的根源，是有效调控蔬菜价格稳定的基础。本章根据前文对蔬菜价格波动及成因分析的结果，首先从理论上分析影响蔬菜价格波动的各种因素，然后基于中国各省蔬菜价格和影响蔬菜价格因素的面板数据，对影响中国蔬菜价格波动的具体因素进行实证分析，为后文中国蔬菜价格宏观调控机制的完善奠定基础。

6.1 蔬菜价格波动影响因素理论分析

前文从内部传导和外部冲击两个方面对蔬菜价格波动的成因进行了理论与实证分析，结果显示蔬菜产业内外部变量都在不同程度上对蔬菜价格波动产生了冲击。为了便于综合考察蔬菜产业内外因素对蔬菜价格产生的冲击，本书根据蔬菜价格波动的成因及市场经济的基本规律，选择可以量化的变量进行研究和讨论。基于这一思想，本书把影响蔬菜价格波动的内外部因素划分为三类：影响供给方面的因素、影响需求方面的因素、其他方面的影响因素。

6.1.1 影响供给方面的因素

蔬菜的供给量是指在一定条件下，蔬菜生产者愿意并有能力提供的蔬菜量。根据经济学原理，在完善的市场经济条件下，蔬菜的价格是由蔬菜的供给量和需求量决定的，在需求量及其他外界因素不变的情况下，蔬菜价格与蔬菜的供给呈反方向变动，供给量增加时会导致蔬菜价格降低，供给量减少时又会促使蔬菜价格上升。如图6-1所示，初始阶段由供给和需求共同决定的蔬菜价格为 P_0，在需求量既定的条件下，蔬菜供给量的增加使得供给曲线由 AS_0 向右下方移动到 AS_1，蔬菜价格也由 P_0 下降为 P_1，相反，蔬菜供给量的减少使得供给曲线由 AS_0 向左上方移动到 AS_2，蔬菜价格也由 P_0 上升为 P_2。目前，影响蔬菜价格波动的供给方面的因素主要有以下几种。

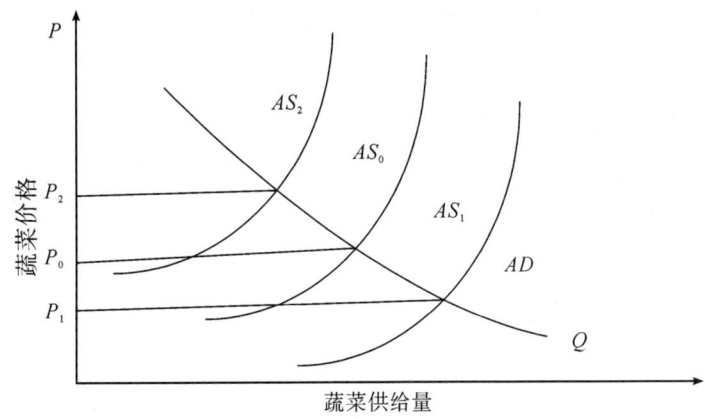

图 6-1　供给量变动与价格变动的关系图

1. 国内蔬菜产量及进口量

在市场经济体制下，蔬菜供给量是所有供给影响因素中最为直接的因素，其他因素基本上都是通过对蔬菜产量产生影响而间接地影响蔬菜供给。在目前全球经济一体化的背景下，一国蔬菜供给量等于本国蔬菜产量及本国蔬菜净进口量之和。在中国市场机制不断完善的情况下，蔬菜供给量对价格的影响尤为显著。由于蔬菜生产具有季节性的特点，且蔬菜的产量在很大程度上又取决于当地的自然环境，再加上市场风险的因素，使得蔬菜行业成为一个集自然风险和市场风险于一体、风险大、利润低的行业，导致农村居民种植蔬菜的积极性一直不是很高，再加上近些年外出务工的农民工不断增多，使得蔬菜产量的不稳定性成为经常性的或不可避免的。蔬菜丰收时，产量会大量增加，使得市场上蔬菜的供给量大于需求量，蔬菜价格被迫大幅下降；歉收时，则又会使市场上的蔬菜供给难以有效满足需求，进而引起蔬菜价格的大幅度上涨。

2. 蔬菜价格

伴随着中国市场经济体制的不断完善，中国蔬菜市场化程度也在不断提高，追求规模化经营、不断提高商品化程度、以经济效益为经营目标逐渐成为蔬菜产业的重要特征，使得价格在引导蔬菜生产和相关资源配置方面发挥着越来越重要的作用。但由于蔬菜的生产周期较长，受农产品生产规律的制约，蔬菜的市场价格一旦发生波动，需要经过一定时间的滞后期才能表现出来。如果蔬菜价格上涨，并不会立刻造成蔬菜产量的增加，为了获取更多的收益，蔬菜生产者会将更多的生产资源投入蔬菜生产，同时也会增加蔬菜生产行业对社会富余资金和投资者的吸引力，从而进一步促进蔬菜生产行业的发展，所以即使蔬菜价格大幅上涨，蔬菜供给量的增加依旧需要一个较长的滞后期。相反,如果蔬菜价格下降,并不会立刻造成蔬菜产量的减少,但价格的下降会降低蔬菜生产的经济效益,进而促使大量的生产资源流出蔬菜生产行业。近些年来伴随着农业现代化技术的不断发展,使得蔬菜生产对蔬菜价格的反应时滞不断缩短,如温室大棚技术的不断推广缩短了蔬菜的生产周期等。

正是由于滞后期的存在,使得蔬菜的供给量难以保持一个比较稳定的状态,进而会促使蔬菜市场价格的波动。因为对于千千万万的蔬菜种植者,他们对蔬菜市场价格的变动虽然有一定的反应,但由于可获得的信息有限,所以对蔬菜价格变动的反应不够灵敏。当蔬菜价格上涨后,大量的蔬菜种植者会增加蔬菜的种植面积,从而导致下期市场上蔬菜供给量的大量增加,并最终引起蔬菜价格的下降,蔬菜种植户收入的降低。同理,当蔬菜价格下降后,大量的蔬菜种植者会减少蔬菜的种植面积,从而导致下期市场上蔬菜供给量的大量减少,并最终引起蔬菜价格的上升。正是这千千万万蔬菜种植户的共同预期和分散决策导致了蔬菜供应量的较大波动,进而引起蔬菜市场价格的波动。

为了更深入地探讨蔬菜价格对蔬菜生产的影响,近些年国内一些学者从实证的角度检验了两者之间的关系,也得出了一些有益的结论。李锁平和王利农(2006)基于1980~2004年蔬菜播种面积和蔬菜环比价格指数做了实证分析,发现在中国蔬菜生产对蔬菜价格的反应程度较大,且这种反应存在滞后性,即上年蔬菜价格在本年的蔬菜生产决策中仍然发挥作用。李桂芹和王丽丽(2012)利用2005年1月~2011年12月的蔬菜价格月度数据测算了蔬菜生产与批发、生产与零售、批发与零售价格之间的同期相关系数,认为蔬菜全产业链条价格之间有超越"线性"的影响关系,呈现出"相互影响"的特征,蔬菜全产业链条价格之间的传递呈现出明显的"非均衡性"。纪龙等(2016)对中国蔬菜生产的空间分布特征进行了考察,然后理论分析了生产空间分布影响蔬菜价格波动的作用机理,并对其影响进行实证检验。结果表明,生产的空间分布通过作用于流通成本、市场供需及外部环境等因素对蔬菜价格波动产生了重要影响。

3. 蔬菜成本

成本是制定商品价格的基础,是决定商品价格水平的关键因素。对于蔬菜而言,成本又可分为生产成本、风险成本、交易成本等,其中生产成本是蔬菜成本的核心。蔬菜的生产成本可分为直接生产成本和间接生产成本,直接生产成本主要包括购买种子、农药、化肥、农膜等生产资料的费用,间接生产成本主要包括土地成本、设备成本、人工成本等。一般而言,在市场上蔬菜供需一定的条件下,蔬菜的销售价格和生产成本是呈同方向变动趋势的。即蔬菜成本上升,蔬菜价格上涨;蔬菜成本下降,蔬菜价格下跌。改革开放以前,由于中国实行的是计划经济体制,生产资料价格的变动幅度较小,所以成本对蔬菜价格的影响较弱,但改革开放以来,尤其是1984年以后,中国开始逐步进行市场经济体制改革,蔬菜生产资料市场也逐渐放开,在中国整体物价水平不断升高的带动下,蔬菜生产资料的价格也在不断上升。1993年以后,国家又对化肥市场逐渐放开,使得中国蔬菜生产资料价格的上涨幅度高于蔬菜价格的上涨幅度,再加上近些年来农民工外出务工的收入增长迅速,使得种植蔬菜的机会劳动成本也迅速上升,致使生产成本逐渐成为蔬菜价格最为重要的影响因素。如表6-1所示,2008~2014年,虽然年度间蔬菜价格差相对于年度间蔬菜生产成本差绝对差额在不断增大,但蔬菜生产成本差与蔬菜价格差的比值,除2011和2014年外均为正值,且比重有越来越大的趋势,说明蔬菜生产成本在蔬菜价格制定中扮演着越来越重要的角色。

表6-1　2008~2014年蔬菜生产成本变化对价格变化的贡献

年份	价格 /(元/公斤)	年度间价格差 /元	单位生产成本 /(元/公斤)	年度间生产 成本差/元	生产成本差 /价格差
2008	1.15	—	0.57	—	—
2009	1.23	0.08	0.58	0.017	0.20
2010	1.56	0.33	0.70	0.120	0.36
2011	1.46	−0.10	0.72	0.017	−0.17
2012	1.57	0.11	0.86	0.137	1.28
2013	1.80	0.23	0.96	0.106	0.46
2014	1.63	−0.17	1.00	0.031	−0.19

资料来源:2014年、2015年全国农产品成本收益资料汇编。

4. 蔬菜补贴

补贴是农业保护的主要手段之一。高峰等(2004)将农业保护定义为"在国民经济运行过程中,政府为确保农业发挥基础作用,使农业的发展与国民经济其他产业的发展相适应,以便实现整个国民经济持续、协调发展而采取的一系列支持与保护农业的政策措施总和"。蔬菜产业作为农业的重要组成部分,其产业能否顺利运转关系着国计民生,但蔬菜产业同样具有农业利润低、风险大的特点,所以同样需要政府适当地进行一定的保护。一般来讲,对蔬菜产业进行补贴主要是指政府通过财政预算对蔬菜生产、蔬菜流通和蔬菜贸易进行一定的转移支付,以弥补市场经济条件下蔬菜产业的弱势性所带来的收入分配的不足,实现蔬菜产业部门的利润目标,充分调动蔬菜种植户的生产积极性,有效保障蔬菜供应。

政府对蔬菜实施补贴政策一般是基于以下几个方面的目标:一是保障国内蔬菜供应稳定;虽然在全球经济一体化的形势下,国内蔬菜的缺口完全可以通过进口来满足,但国际蔬菜市场每年的贸易量有限,国内对蔬菜的巨大需求量若以进口为主,必然会引起世界蔬菜价格的大幅上涨，另外，蔬菜产业作为一国的基础产业，在国内对蔬菜缺口较大，而国外市场又不能有效满足时，会引起国内市场的动乱，因此，保障国内蔬菜供应的稳定至关重要。二是增加农民收入；蔬菜产业属于利润低、风险高的行业，这种风险不仅包括自然风险，还包括市场风险，这些都使得蔬菜产业整体利润率偏低，政府通过对蔬菜产业实施补贴，可以在一定程度上弥补蔬菜种植风险损失，增加农村居民收入。三是增强蔬菜行业的国际竞争力；增加出口可以有效增加农村居民的收入，同时也可以为国家创造外汇，但在中国先进蔬菜种植技术推广缓慢的现实情况下，要想提高中国蔬菜产品在国际市场上的竞争力，还应以充分发挥价格优势为主，政府对蔬菜进行补贴，无疑会更有利于中国蔬菜价格优势的发挥。四是维护蔬菜价格的稳定；蔬菜价格的上涨往往会带动其他商品的价格上涨，并最终推动中国总体物价水平的上升，在目前国内蔬菜生产成本不断上升的形势下，要想维护蔬菜价格的稳定，控制蔬菜价格的过快增长，对蔬菜产业进行一定补贴，降低蔬菜生产成本无疑是非常重要的途径之一。五是促使蔬菜产业的可持续发展；蔬菜产业作为弱势产业，要想同其他行业一样实现可持续发展将会面临更多的困难，政府的补贴政策将会在很大程度上降低蔬菜产业可持续发展的阻力。

虽然政府对蔬菜行业进行补贴会有效促进蔬菜行业的发展，但若政策实施不当也会助长蔬菜价格的波动，如在蔬菜产业遭遇重大自然风险、发展缓慢、蔬菜供应量不足时，由于供给不能有效满足需求，蔬菜价格会大幅上涨，此时对蔬菜实施一定的补贴，将会大大促进蔬菜行业的发展，提高蔬菜供应量，降低蔬菜价格，但受蔬菜补贴政策惯性的影响，在蔬菜产业由衰弱转向繁荣后，蔬菜补贴依然发挥着正向促进作用，从而使得市场上蔬菜供应量大大增加，以至于超过市场需求，蔬菜价格被迫大幅下降。

5. 蔬菜成灾面积

中国是一个自然灾害多发的国家，蔬菜产业属于典型的受自然灾害影响较严重的产业，因此，自然灾害的频繁发生，必然会引起蔬菜产量的大幅减少，并导致蔬菜价格出现较大的波动。虽然中国在近些年来不断加大对农业基础社会建设的投入，以减轻自然灾害对农业造成的损失，但目前中国每年仍有大面积的蔬菜由于自然灾害而遭受损失，甚至绝产。如表6-2所示，在中国对农业基础设施加大投入力度的前提下，蔬菜受灾情况在一定程度上得到了缓解，2007～2014年，下一年蔬菜成灾面积占上一年蔬菜成灾面积的平均比例为95.98%，即蔬菜成灾面积每年在以4.02%的速度减少。但目前中国蔬菜成灾情况依然严重，2007～2014年中国平均每年都有1897.34千公顷蔬菜受灾，对国家和农民造成了巨大损失。因此，在中国，受自然灾害多发的影响，蔬菜成灾面积是影响蔬菜价格波动的重要因素之一。

表 6-2　2007～2014 年中国蔬菜成灾面积

年份	2007	2008	2009	2010	2011	2012	2013	2014	平均值
成灾面积/千公顷	2322.07	2514.66	1910.77	2040.49	1505.57	1429.18	1815.73	1640.25	1897.34
增长率(上年=100)	90.65	108.29	75.98	106.79	73.78	94.93	127.05	90.34	95.98

资料来源：根据 2007～2015 年《中国统计年鉴》中的成灾面积、农作物播种面积、蔬菜播种面积整理计算而得，具体计算公式为：蔬菜成灾面积＝成灾面积×(蔬菜播种面积/农作物播种面积)。

此外，经济周期对蔬菜供给也会产生重要的影响，在前文已经有所论述，本处不再累述。但之所以把经济周期归纳为影响蔬菜供给方面的因素，主要是基于经济周期波动会通过影响蔬菜生产成本和投资从而影响蔬菜供给的角度考虑。为了能将经济周期因素反映到对蔬菜供给的影响中去，常常用经济增长率因素来考察经济周期对蔬菜供给的影响。

6.1.2　影响需求方面的因素

1. 蔬菜需求量

在市场经济体制下，同蔬菜供给量是所有供给影响因素中最为直接的因素一样，蔬菜需求量也是所有需求影响因素中最为直接的因素，其他因素基本上都是通过对蔬菜需求量产生影响而间接地影响蔬菜价格。蔬菜的需求量是指在一定条件下，消费者愿意并有能力购买的蔬菜量。在分析蔬菜供给量与蔬菜价格之间关系时，已经提到蔬菜的价格是由蔬菜的供给量和需求量决定的，但与供给量变动不同，在蔬菜供给量及其他外界因素不变的情况下，蔬菜价格与蔬菜的需求量呈正向变动，需求量增加时会导致蔬菜价格的上升，需求量减少时又会促使蔬菜价格下降。如图 6-2 所示，初始阶段由供给和需求共同决定的蔬菜价格为 P_0，在供给量既定的条件下，蔬菜需求量的减少使得需求曲线由 AD_0 向左下方移动到 AD_1，蔬菜价格也由 P_0 下降为 P_1，相反，蔬菜需求量的增加使得需求曲线由 AD_0 向右上方移动到 AD_2，蔬菜价格也由 P_0 上升为 P_2。蔬菜需求量分为国内蔬菜消费量和蔬菜出口量，其中以国内蔬菜需求量为主。

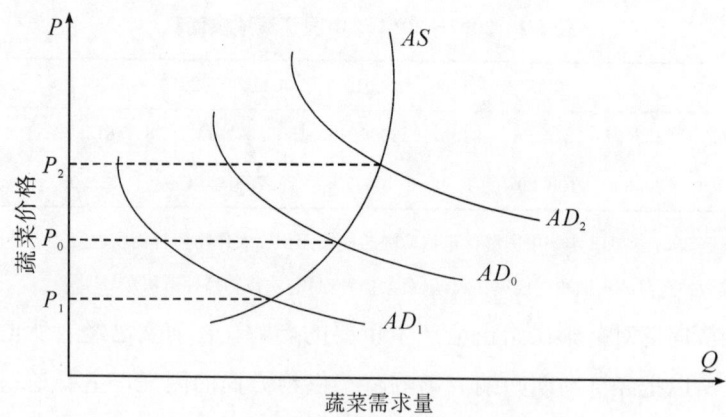

图 6-2 需求量变动与价格变动的关系图

蔬菜出口量方面,由于中国是蔬菜出口大国,所以蔬菜出口量对于蔬菜价格的变动有着重要的影响。如表 6-3 的统计结果所示,2007~2014 年,中国蔬菜的出口量波动较大,2007 年的出口量增加了 11.58%,然而,2011 年和 2012 年的出口增量却分别减少 7.70%、4.02%,到了 2014 年却又增加了 3.15%,较大的出口量波动成了近些年中国蔬菜价格出现较大波动的重要原因之一。

表 6-3 2007~2014 年中国蔬菜出口量及增长率

年份	2007	2008	2009	2010	2011	2012	2013	2014
出口量/万吨	817.30	819.71	802.70	836.37	772	741	778	802.56
增长率/%	11.58	0.29	−2.08	4.19	−7.70	−4.02	4.99	3.15

数据来源:根据海关统计数据整理而得。

2. 替代品的价格

所谓替代品是指能带给消费者近似的满足度的几种商品间具有能够相互替代的性质,若 A 商品价格上升,则顾客们就会去寻求相较于 A 商品便宜的,并且能带来相似满足度的 B 商品购买。替代品之间存在着相互竞争的关系,即一种产品销售的增加会促使另一种商品潜在销售量的减少,反之亦然。对于两种商品之间是否存在相互替代的性质,也可采用交叉弹性系数的正负号来判断,但交叉弹性系数为正时,即一种商品价格的提高会增加另一种商品的消费量,一种商品价格的降低会减少另一种商品的消费量,此时这两种商品就属于替代品。对于蔬菜来说,其替代品有多种,主要有肉制品、水产品、蛋类等。

近些年来,随着中国经济的快速发展,人们收入水平的不断提高,人们对食品的消费逐渐向多元化趋势发展。虽然,对于任何收入水平的居民来说,对蔬菜的消费都是必不可少的,但在收入水平不断提高的推动下,近些年来,人们对肉类产品和蛋类产品的消费量不断增加,在居民消费支出水平变化不大的前提下,对肉类产品和蛋类产品等其他食品的消费就会对蔬菜的消费产生一定的替代效应。对于蔬菜价格与替代品价格之间的关系可以进行如下描述：当肉类产品等替代品的价格上升时，人们就会减少对替代品的消费，增加蔬菜的消费量，在供给量保持不变的情况下，将导致蔬菜价格的上涨；反之，当肉类产品等替代品的价格下降时，人们就会增加对替代品的消费，减少蔬菜的消费量，在供给量保持不变的情况下，将导致蔬菜价格的下降，因此，替代品价格的变动会引起蔬菜价格的波动。

此外，居民收入水平对蔬菜需求也是重要的影响因素，在前文中已经就居民收入水平对蔬菜需求及价格波动的影响进行了详细的论述。

6.1.3 其他方面的影响因素

对蔬菜价格波动产生重要影响的还有市场经济体制。不同的市场经济体制，价格的传导机制也不同，对于中国过去采用的计划经济体制，由于一切商品的生产和销售都是按照计划来完成，且价格多是外生的，即由相关部门事先规定好的，所以包括蔬菜在内的一切商品的价格都是非常稳定的，即使出现波动，波动幅度也非常小。而在市场经济体制，政府一般主要发挥宏观调控的作用，价格的形成则主要依靠市场上的供给和需求，当供给大于需求时，价格就上涨，反之，当供给小于需求时，价格就下降，在这种体制下，一切商品都可能因为供给量或需求量的大幅变动而使商品价格出现较大波动。综合以上两种体制的价格生产机制，不难发现，在市场经济体制下，蔬菜价格更容易出现波动，一是由于蔬菜容易因为自然灾害的发生而出现供给量的巨大变动，二是因为在市场经济体制中，受利润因素的趋势和监管体制不健全影响，容易诱使社会闲散资金对蔬菜进行炒作，从而打破蔬菜供需平衡，扰乱正常的蔬菜流通秩序，使蔬菜价格偏离均衡值。因此，市场经济体制的不同也是影响蔬菜价格波动的一个重要原因。

此外，宏观经济政策对蔬菜价格波动也会产生重要的影响，前文已对宏观经济政策对蔬菜价格波动的影响进行了详细的阐述，此处不再累述。

6.2 蔬菜价格波动影响因素实证分析

6.2.1 变量选择与模型构建

在经济学的研究中，对数据序列之间的相关关系进行分析时常用的分析方法有以下三种：时间序列分析、截面数据分析、面板数据分析。相对于另外两种常用方法，利用面板数据进行分析时具有以下优点：第一，面板数据可以收集更多的信息，可以增加估计量的抽样精度;第二,对于固定效应模型能得到参数的一致估计量,甚至有效估计量;第三,面板数据建模比单截面数据建模可以获得更多的动态信息①。

为了克服数据样本不足的问题,本书采用各省②的面板数据对影响蔬菜价格波动的因素进行实证分析,由于本书分析的是影响全国蔬菜价格波动的影响因素,所以在选择实证模型时,选择的是变截距模型。在前文理论分析的基础上,根据影响因素的可量化性和数据的可得性,选了13个解释变量,分别为蔬菜的产量(LCL)、蔬菜的进口量(LJK)、蔬菜生产成本(LCB)、政府对蔬菜进行的补贴(LBT)、蔬菜成灾面积(LCZ)、GDP增长率(LGDP)、农村居民对蔬菜的价格预期(LJGYQ)、农村居民对蔬菜的需求量(LNCXQ)、城镇居民对蔬菜的需求量(LCZXQ)、蔬菜的出口量(LCK)、农村居民人均收入水平(LNCSR)、城镇居民人均收入水平(LCZSR)、蔬菜的替代品价格(LTDJG)。综上所述,蔬菜价格影响因素模型的基本形式为

$$\ln p_{it} = \alpha + \beta_1 LCL_{it} + \beta_2 LJK_{it} + \beta_3 LCB_{it} + \beta_4 LBT_{it} + \beta_5 LCZ_{it} + \beta_6 LGDP_{it} + \beta_7 LJGYQ_{it}$$
$$+ \beta_8 LNCXQ_{it} + \beta_9 LCZXQ_{it} + \beta_{10} LCK_{it} + \beta_{11} LNCSR_{it} + \beta_{12} LCZSR_{it} + \beta_{13} LTDJG_{it} + \mu_{it}$$
$$(i=1,\cdots,N;\ t=1,\cdots,T) \tag{6-1}$$

式中,α 为常数项;T 是时间序列的时期总数;N 为截面的数量;μ_{it} 是相互独立的随机扰动项,满足零均值和等方差假设。本书中 N 的值为16,T 的值为7,β_i 为系数向量。

6.2.2 数据来源与处理

受数据统计资料的限制,本书实证分析采用的数据为全国16个省份2003~2014年的数据,其中蔬菜价格仅能收集到各省蔬菜零售价格指数,所以为了实现数据结构的统一性,本书对所选择的解释变量也进行了指数化处理③。同时,考虑到对数据取对数不仅可以减少或消除时间序列中存在的异方差,还能使其趋势线性化,并且不会改变原来的协整关系,因此最后对全部数据进行了对数化处理。以下为各变量数据的具体来源:

(1)蔬菜价格(被解释变量):来源于2003~2015年《中国统计年鉴》的商品零售价格分类指数中的菜的零售价格指数。

---

① 张晓峒:《面板数据模型与应用1》,豆丁网,http://www.docin.com/p-45110755.html。
② 由于部分省份对一些重要指标的数据缺失较为严重,所以本书在进行数据收集时并没有收集全部31个省份的数据,而是选择了数据较全的16个省份,分别为河北、辽宁、吉林、上海、江苏、浙江、安徽、福建、河南、广东、广西、海南、重庆、甘肃、新疆、陕西。
③ 在对不是指数的变量数据进行指数化处理过程中,需要用到2002年的数据,这些变量包括:蔬菜的产量、蔬菜的进出口量、政府对蔬菜进行的补贴、蔬菜成灾面积、农村居民对蔬菜的需求量、城镇居民对蔬菜的需求量、农村居民人均收入水平以及城镇居民人均收入水平。

(2)蔬菜的产量和蔬菜生产成本：来源于2003～2015年《中国农村统计年鉴》，而蔬菜生产成本则用其中的农产品生产价格分类指数中的蔬菜生产价格指数代替。

(3)蔬菜的进出口量：根据重庆海关统计处资料整理而得，统计口径包括食用蔬菜、根及块茎以及蔬菜、水果等或植物其他部分的制品。

(4)政府对蔬菜进行的补贴：由于政府对蔬菜价格补贴的数据各省都没有进行连续统计，所以用财政支农指标来代替政府对蔬菜进行的补贴，数据来源于2003～2015年《中国统计年鉴》。由于国家统计口径调整，2006年及其以前的年份采用农业支出、林业支出、农林水利气象等部门事业费三个项目支出的总和作为财政支农的资金，2007～2010年采用农林水事务支出作为财政支农的资金。

(5)蔬菜成灾面积：根据2003～2015年《中国统计年鉴》中的成灾面积、农作物播种面积、蔬菜播种面积整理计算而得。蔬菜成灾面积＝成灾面积＊(蔬菜播种面积/农作物播种面积)。

(6)GDP增长率、农村居民人均收入水平和城镇居民人均收入水平：来源于2003～2015年《中国统计年鉴》。

(7)农村居民对蔬菜的价格预期：同蔬菜价格一样，本书用上一年的蔬菜价格指数作为本年度农村居民对蔬菜的价格预期。因此，需要用到2002年蔬菜零售价格指数作为2003年农村居民对蔬菜的价格预期，但由于2003年后国家统计口径发生了变化，只能用2002年统计年鉴中的鲜菜零售价格指数代替菜的零售价格指数。

(8)农村居民对蔬菜的需求量：由公式农村居民对蔬菜的需求量＝农村人口数＊农村居民家庭人均蔬菜消费量计算所得。农村人口数根据2003～2011年《中国统计年鉴》、2003～2004年《中国人口统计年鉴》及2003年各地区统计年鉴整理得到。农村居民家庭人均蔬菜消费量根据2003～2015年《中国统计年鉴》及2003年各地区统计年鉴整理得到。

(9)城镇居民对蔬菜的需求量：由公式城镇居民对蔬菜的需求量＝城镇人口数＊城镇居民家庭人均蔬菜消费量计算所得。城镇人口数根据2003～2015年《中国统计年鉴》、2003～2004年《中国人口统计年鉴》及2003年各地区统计年鉴整理得到。城镇居民家庭人均蔬菜消费量根据2003～2015年《中国统计年鉴》及2003年各地区统计年鉴整理得到，同时由于统计口径的不一致，分别采用了相应年鉴中的"城市居民家庭平均每人全年购买的主要商品数量"中的蔬菜数量，或者城镇居民家庭人均购买鲜菜量。

(10)蔬菜的替代品价格：肉禽及其制品是蔬菜的重要替代品之一，因此，本书以肉禽及其制品零售价指数作为蔬菜替代品价格指数，数据来源于2003～2015年《中国统计年鉴》。

6.2.3 变量单位根检验

为了避免伪回归，确保估计结果的有效性，我们必须对面板的平稳性进行检验。而检验数据平稳性最常用的方法就是单位根检验。有关对面板单位根的检验方法有很多，如 Levin 和 Lin(1993)较早地提出了 LL 检验方法，后经过 Levine 等(2002)的改进，建立了现在较为普遍运用的 LLC 检验法，该方法要求所有备择假设中所有个体具有同质性，允许不同截距和时间趋势，异方差和高阶序列相关，适合中等维度的面板单位根检验。Im 等(2003)则提出了 IPS 检验法，该方法允许样本数据存在异质性，可以直接对小样本经济数据进行检验(谷安平和史代敏，2010)。为了避免单一检验的局限，本书使用了三种国内应用较为普遍的检验方法：LLC 检验法、IPS 检验法以及 ADF 检验法。

运用 Eviwes 8.0 软件，分别使用以上三种方法对各变量单位根平稳性进行了检验，结果如表 6-4 所示：所有变量基本通过了平稳性检验。LLC 检验结果显示，所有变量统计值在(−18.04070，0.626320)区间变动；除 GDP 变量 P 值没有通过检验外，其余所有变量 P 值都在小于 1% 的显著水平上通过了检验。IPS 检验和 ADF 检验的结果基本相同，其 P 值也基本都在小于 1% 的显著水平上通过了检验，仅 GDP 变量 P 值没有通过检验。因此，认为所有变量是平稳的，可以直接进入实证分析。

表 6-4　三种方法的单位根检验结果

变量	LLC 检验 统计值	LLC 检验 P 值	IPS 检验 统计值	IPS 检验 P 值	ADF 检验 统计值	ADF 检验 P 值
CL	−12.46500	0.0000***	−7.79571	0.0000***	103.74000	0.0000***
JK	−17.4408	0.0000***	−12.0285	0.0000***	155.501	0.0000***
CB	−10.00620	0.0000***	−8.89932	0.0000***	119.87000	0.0000***
BT	−11.79800	0.0000***	−7.73576	0.0000***	108.37800	0.0000***
CZ	−16.43760	0.0000***	−12.83960	0.0000***	169.29100	0.0000***
GDP	0.626320	0.7344	1.27360	0.89860	23.94500	0.77450
JGYQ	−14.78070	0.0000***	−11.23240	0.0000***	150.97900	0.0000***
NCXQ	−12.83690	0.0000***	−9.31986	0.0000***	129.14200	0.0000***
CZXQ	−9.36186	0.0000***	−7.00557	0.0000***	102.38700	0.0000***
CK	−10.4757	0.0000***	−7.32634	0.0000***	106.324	0.0000***
NCSR	−9.34004	0.0000***	−6.45254	0.0000***	91.92400	0.0000***
CZSR	−9.20110	0.0000***	−6.13907	0.0000***	89.23380	0.0000***
TDJG	−18.04070	0.0000***	−12.16630	0.0000***	166.05200	0.0000***

注："***"、"**"、"*"分别代表在 1%、5%、10% 的显著性水平上通过了平稳性检验。

6.2.4 实证结果与分析

本书使用 Eviwes 8.0 软件对 2003~2014 年影响中国蔬菜价格波动的因素进行了估计，估计方法为最小二乘法。Hausman 检验表明，模型的影响形式应为随机影响。模型的可决系数为 0.314797，基本能够满足面板数据所要求的估计精度；F 值在 1% 的显著性水平上通过了检验，说明模型整体拟合较好。模型的具体估计结果如表 6-5 所示，通过实证检验可得到以下结论。

表 6-5 面板数据模型的估计结果

变量	变量系数	t 值	概率
C	0.563389	0.843960	0.3999
LCL	0.101714	1.249209	0.2133
LJK	−0.007181	−2.608890	0.0099***
LCB	0.225931	3.513045	0.0006***
LBT	−0.005994	−0.208705	0.8349
LCZ	0.018141	2.679067	0.0081***
LGDP	0.500056	1.675358	0.0957*
LJGYQ	−0.179876	−2.480150	0.0141**
LNCXQ	−0.015081	−0.503152	0.6155
LCZXQ	−0.069262	−2.593664	0.0103**
LCK	0.007891	0.461227	0.6452
LNCSR	0.144738	1.731907	0.0851*
LCZSR	0.168520	0.959415	0.3387
LTDJG	−0.172415	−2.837146	0.0051***
R^2		0.314797	
F		6.007834	0.00***
Hausman 检验		Chi-Sq. Statistic: 7.967089	0.8457

注："*"、"**"、"***"分别表示 10%、5% 和 1% 的显著性水平。

（1）蔬菜产量、政府对蔬菜生产的补贴、农村居民对蔬菜的需求量、城镇居民收入和蔬菜出口量没有在 10%、5% 和 1% 的显著性水平上通过检验，说明这几个变量并不是影响中国蔬菜价格波动的重要因素。可能的原因是：①一方面，由于温室大棚等新技术的广泛运用，缩短了蔬菜的生产周期，缓解了过去蔬菜种植对价格变动反应迟钝的局面，使得蔬菜种植户可以更好地对蔬菜价格的变动做出反应，同时，由于蔬菜储存技术的发展以及交通运输条件的便捷，有利于蔬菜供应量的调整。另一方面，近年来中国蔬菜产量持续增长，蔬菜总产量从 2002 年的 5.3 亿吨增加到 2015 年的 7.69 亿吨，蔬菜产量平均每年增长3.1%，而居民蔬菜直接消费量在2002~2015年基本都保持在1.3亿吨左右①。在蔬菜产量持续稳定增加的同时，蔬菜国际贸易、储存技术以及深加工企业共同作用调节蔬菜市场供给情况，由此，蔬菜产量对蔬菜价格波动的影响就不再显著了。②政府对蔬菜生产所发放的补贴主要集中于生产大户②，广大散户得到的补贴很少，且补贴占蔬菜生产成本的比重较低，物价上涨对补贴产生明显的抵消作用，因此，政府对蔬菜生产所进行的补贴很难对蔬菜种植行为产生满意的影响。此外，中国对蔬菜的补贴制度还不健全，补贴政策不系统、不规范，操作随意性大，导致政府补贴对蔬菜生产所产生的作用不显著。③农村居民对于蔬菜的消费都会呈现出一定程度的刚性需求，因此，消费者对蔬菜的消费量变动较小，即使农村居民对蔬菜消费量呈现出一定的变化，一般也是表现为逐步上涨或逐步下降，波动的幅度较小，所以农村居民对蔬菜的消费量并没有成为蔬菜价格波动的重要影响因素。④随着城镇居民收入水平的不断提高，大多数城镇居民已形成了固定的饮食结构，城镇居民不会因为收入的增加而改变日常食品消费中蔬菜所占的比例，所以城镇居民的收入水平并没有成为蔬菜价格波动的重要影响因素。⑤蔬菜出口量占蔬菜总产量的比重较小，所以蔬菜出口不会影响蔬菜市场上的供给量，从而可以理解蔬菜出口量对蔬菜价格波动没有显著影响。

(2)蔬菜的进口量在1%的显著性水平上通过了对蔬菜价格波动的检验，但对蔬菜价格是负向影响。可见蔬菜进口对国内的蔬菜供给有着重要影响，当蔬菜进口量增加时会不断增加蔬菜市场上的供给量，进而导致蔬菜价格的降低，反之，蔬菜进口量的减少会导致蔬菜价格的上涨。

(3)蔬菜的生产成本在的1%的显著水平上通过了对蔬菜价格波动的检验，且对蔬菜价格是正向影响，符合上文的理论分析。蔬菜生产成本是蔬菜价格构成的重要内容之一，当蔬菜成本上升时，蔬菜价格上涨；蔬菜成本下降时，蔬菜价格下跌。近年来，蔬菜的各种生产资料尤其是肥料价格大幅度上升，使得直接生产成本增长显著，另外人工成本也有显著增加，所以生产成本逐渐成为蔬菜价格最为重要的影响因素。

---

① 数据来源：按前文提及的农村与城镇居民蔬菜需求量计算公式整理而得。
② 根据国家发展改革委2011年5月26日发布的数据：为贯彻落实国务院40号文关于"大力发展农业生产、稳定农副产品供应"的精神，各地纷纷采取措施，加大蔬菜生产扶持力度。其中北京对"两区两带多群落日光温室和大棚建设项目"按中高档温室每亩1.5万元，简易温室1万元，钢架大棚0.4万元进行补贴；江苏紧急安排1亿元蔬菜生产补贴，扩大冬种、设施蔬菜种植面积；陕西安排补贴资金2.5亿元，其中对日光温室每亩补贴1200元，设施大棚每亩补贴750元；宁夏对中部干旱和南部山区日光温室、大中拱棚、小拱棚建设每亩分别补贴3000元、1000元和200元等，可以发现，各地对蔬菜价格生产环节的补贴主要集中在大户和具有先进设施的蔬菜种植基地。

(4)蔬菜的成灾面积在1%的显著性水平上通过了检验,且对蔬菜价格的影响为正,与理论分析相符。蔬菜的产量没有通过检验而成灾面积通过了检验,可能的原因是蔬菜成灾面积除了可以通过影响蔬菜供给量间接影响蔬菜价格外,还会给社会上大量的闲散资金以炒作的机会,从而会使蔬菜成灾面积对蔬菜价格的影响效应放大,进而成了影响蔬菜价格波动的重要因素。

(5)GDP增长率在10%的显著水平上通过了检验,且影响为正。可能的原因是我国农产品价格与宏观经济之间的联动性日益明显,宏观经济景气波动通过农产品产出、农产品需求和政府宏观调控等三种途径影响农产品价格(刘金全和范融泽,2014)。在蔬菜产出传导路径上,经济波动刺激了蔬菜产出,影响了蔬菜价格的波动;在蔬菜需求传导路径上,经济增长促进了居民收入的增加,购买力的加强,刺激了蔬菜价格的波动;在政府宏观调控传导路径上,经济增长使得国家广义货币供给量增加,货币的超发刺激了经济波动对农产品价格的冲击。所以GDP增长率对蔬菜价格波动有显著影响。

(6)价格预期在5%的显著水平上通过了检验,对蔬菜价格的影响为负,即农村居民对蔬菜的价格预期越高,蔬菜价格越下跌;反之,蔬菜价格越上涨。可能的原因是蔬菜种植户缺乏市场营销知识,不能对市场价格信息做出理性的判断和分析,从而发生盲目跟随价格种植蔬菜的行为,随着蔬菜的价格预期的升高,农村居民会增加蔬菜种植面积,蔬菜供给量变大,导致蔬菜价格下跌。所以,价格预期也成为影响蔬菜价格的重要因素。

(7)城镇居民的蔬菜消费量在5%的显著水平上通过了检验,且对蔬菜价格的影响为负。近年来,蔬菜消费金额不断上升,而人均蔬菜年消费量却呈现递减的趋势,除了物价上涨的原因外,也从相当程度上说明,城镇居民蔬菜消费品质不断提高,这就可以解释即使城镇居民对蔬菜的消费量减少,蔬菜价格仍然呈上涨的趋势。

(8)农村居民收入在10%的显著水平上通过了检验,并且影响为正。可能的原因是农村居民的收入水平相对较低,生活水平还处于物质满足阶段,因此随着收入水平的提高,农村居民对蔬菜的需求量在逐渐增加,所以蔬菜价格上涨,即农村居民收入对蔬菜价格的波动是正向影响。

(9)蔬菜的替代品价格在1%的显著水平上通过了检验,且对蔬菜价格的影响为负。蔬菜的消费价格指数相对其他食品价格指数的波动率为－0.2~0.2(陈爱,2016),这说明在多数年份里,蔬菜与肉禽、蛋类、和水产品的价格变动幅度处于一种竞争关系,所以可以理解肉禽、蛋类等蔬菜替代品的价格对蔬菜价格有负向影响。

6.3 本章小结

本章在分析蔬菜价格波动成因及影响因素的基础上，根据可量化的影响因素，采用全国各省面板数据，运用变截距模型对蔬菜价格波动的影响因素进行了实证检验。根据上述分析结果，可以得出如下结论：中国蔬菜价格波动的影响因素包括影响蔬菜供给的因素、影响蔬菜需求的因素以及其他因素，这些因素综合作用于蔬菜价格的波动。但是随着中国经济的发展、蔬菜种植技术的提高、蔬菜种植的规模化、交通运输及市场环境的改善等，中国蔬菜价格波动的重要影响因素并不是蔬菜产量、政府对蔬菜生产的补贴、农村居民对蔬菜的消费量、城镇居民人均收入水平、蔬菜的出口量等，而是蔬菜的进口量、蔬菜的生产成本、蔬菜的成灾面积、GDP 增长率、蔬菜的价格预期、城镇居民对蔬菜的消费量、农村居民人均收入水平、替代品价格等。这一结果与前文蔬菜价格预测过程中对蔬菜价格剧烈波动风险的判断是一致的，即蔬菜价格剧烈波动主要受到来自蔬菜产业外部变量的冲击。其政策含义是未来对蔬菜价格调控的方向，除了不断加强和完善蔬菜产业市场体系建设以外，还要充分利用和发挥国际市场对中国蔬菜价格的调节作用，要加强对干旱等重大自然灾害和甲流等突发事件的预警防控能力，通过科技创新和基础设施建设等途径增强蔬菜产业抗风险能力，同时，缩减城乡收入差距，不断提高农村居民收入水平，增强农村居民的购买能力。

第7章 蔬菜价格波动的农村居民福利效应

根据第2章的理论分析模型以及其他章节对蔬菜价格波动特征及影响因素的分析，本章将借鉴补偿变量法思想构建基于面板数据的蔬菜价格波动农村居民短期福利效应模型。因为农村居民身份的特殊性，即农村居民既有可能是蔬菜的生产者也有可能是蔬菜的消费者，这里初步假定主产区农村居民同时具备这两种身份。所以，蔬菜价格波动对农村居民福利的影响应该包括两个方面，即作为蔬菜消费者的福利与作为蔬菜生产者出售蔬菜的福利，分别定义为农村居民的消费福利和生产福利。蔬菜价格波动对农村居民的福利效应就等于农村居民的消费福利和生产福利之和。本章将通过第2章中相关理论模型分别计算蔬菜价格波动过程中短期和长期的农村居民消费福利、生产福利以及总福利。

7.1 模型构建与数据来源

7.1.1 模型构建

本书基于补偿变量法（Compensation Variation，简称 CV）来衡量蔬菜价格波动的居民福利效应变动，研究的样本数据是 2003~2014 年中国蔬菜主产地 16 个省的面板数据，根据第2章中农村居民的福利效应模型构建面板数据的蔬菜价格波动的农村居民短期福利效应模型如下：

$$\frac{\Delta w_{it}^{11}}{X_{i0}} = PR_{it}\frac{\Delta P_{it}^{nsc}}{P_{i0}^{nsc}} - CR_{it}\frac{\Delta P_{it}^{nls}}{P_{i0}^{nls}} \tag{7-1}$$

其中，Δw_{it}^{11} 代表 i 省蔬菜价格波动的福利效应变化的一阶近似值，即为该省农村居民短期福利效应，i 代表省域，t 代表年份；X_{i0} 代表 i 省的基期收入；ΔP_{it}^{nsc} 代表 i 省农村蔬菜生产价格的变化；ΔP_{it}^{nls} 代表 i 省农村蔬菜零售价格的变化；P_{i0}^{nsc} 代表 i 省农村基期蔬菜生产价格；P_{i0}^{nls} 代表 i 省农村基期蔬菜零售价格；PR_{it} 为 i 省农村居民蔬菜生产产值占其总收入的比值；CR_{it} 为 i 省农村居民蔬菜消费价值占其总支出的比值。

同理，基于面板数据的蔬菜价格波动的农村居民长期福利效应模型如下：

$$\frac{\Delta w_{it}^{21}}{X_{i0}} = PR_{it}\frac{\Delta P_{it}^{nsc}}{P_{i0}^{nsc}} + \frac{1}{2}\xi_{it}^{ns}PR_{it}(\frac{\Delta P_{it}^{nsc}}{P_{i0}^{nsc}})^2 - CR_{it}\frac{\Delta P_{it}^{nls}}{P_{i0}^{nls}} - \frac{1}{2}\xi_{it}^{nh}CR_{it}(\frac{\Delta P_{it}^{nls}}{P_{i0}^{nls}})^2 \quad (7\text{-}2)$$

其中，Δw_{it}^{21} 代表 i 省蔬菜价格变化的福利效应变动的二阶近似值，即为该省农村居民的长期福利效应；ξ_{it}^{ns} 为 i 省农村蔬菜供给弹性；ξ_{it}^{nh} 为 i 省农村蔬菜希克斯需求弹性，计算公式为：$\xi_{it}^{nh} = E_{it} + CR_{it} \cdot \eta_{it}$，其中 E_{it} 为省域蔬菜需求价格弹性，η_{it} 为省域蔬菜需求收入弹性。

7.1.2 数据来源

根据数据的可获得性，本书选取 2003~2014 年中国蔬菜主产地 16 省份农村居民人均全年蔬菜消费量、农村居民人均蔬菜产量、农村居民人均纯收入、农村居民蔬菜零售价格、农村居民蔬菜收购价格、替代品价格（这里指农村肉禽类及其制品价格）、蔬菜播种面积、化肥施肥量、蔬菜成灾面积等数据进行参数估计与福利测算。数据来源于《中国统计年鉴》、《中国农村统计年鉴》、各省的《统计年鉴》和《农村统计年鉴》、国研网统计数据库、中华人民共和国统计局等。为了消除通货膨胀的影响，本书利用农村居民消费价格指数 CPI 对相关数据进行了平减，采用 Eviews 8.0 进行计量分析。

7.2 单位根及协整检验

为了消除异方差和求得弹性值，避免变量之间剧烈波动，首先对所有变量做对数化处理。为确保结果有效，避免出现伪回归，模型估算前需对各变量进行面板单位根检验，若有变量是非平稳序列，则须对其进行变换，使之变成平稳序列方可进入模型。本书采用常用的面板单位根检验方法，即同质单位根检验 LLC(Levin-Lin-Chu)、Breitung 和异质单位根检验 IPS、ADF-Fisher、PP-Fisher。检验结果（表 7-1）表明，蔬菜供给函数和需求函数中各变量均是零阶单整的，即对变量取自然对数后均变为平稳序列，满足协整检验的条件。本书采用面板数据 Kao 检验方法对蔬菜供给函数各变量做进一步的协整检验，检验结果表明，ADF 的 t-Statistic 为 2.1049，其对应的 P 值为 0.0176，则 ADF 统计量在 5% 的置信水平下检验显著，即 Kao 检验认为蔬菜供给函数序列之间存在协整关系；同理，运用 Kao 检验方法对蔬菜需求函数各变量做协整检验，检验结果表明，ADF 的 t-Statistic 为 −6.5148，其对应的 P 值为 0.0000，可知，ADF 统计量在 1% 的置信水平下检验显著，即 Kao 检验认为蔬菜需求函数序列之间存在协整关系。

表 7-1　农村蔬菜供给函数和需求函数各变量的单位根检验结果

	变量	LLC	Breitung	IPS	ADF-Fisher Chi-stat	PP-Fisher Chi-stat
供给函数变量	LNCGJ	−5.5410*** (0.0003)	0.7935 (0.7863)	−1.8416** (0.0328)	51.0796** (0.0175)	63.6339*** (0.0007)
	LBZ	−11.5097*** (0.0000)	2.4953 (0.9937)	−2.5613*** (0.0052)	86.1160*** (0.0000)	109.576*** (0.0000)
	LSFL	−8.1753*** (0.0000)		−0.4433 (0.3288)	41.3623 (0.1243)	89.8931*** (0.0000)
	LCZ	−12.4145*** (0.0000)	−2.7906*** (0.0026)	−7.2131*** (0.0000)	100.196*** (0.0000)	114.469*** (0.0000)
	LSCYQ	−13.7616*** (0.0000)	−2.8022*** (0.0025)	−9.6430*** (0.0000)	128.501*** (0.0000)	162.875*** (0.0000)
	LBT	−18.9643*** (0.0000)		−4.8994*** (0.0000)	−88.7048*** (0.0000)	229.113*** (0.0000)
	LNCXF	−5.3095*** (0.0000)	1.6380 (0.9493)	−1.4252* (0.0771)	45.9528 (0.0525)	44.1849* (0.0742)
需求函数变量	LNCSR	−4.2912*** (0.0000)	2.2104 (0.9865)	−0.84418 (0.8007)	24.1520 (0.8389)	51.8956** (0.0145)
	LNCLS	−11.3519*** (0.0000)	−4.3103*** (0.0000)	−5.8432*** (0.0000)	88.9690*** (0.0000)	141.250*** (0.0000)
	LNCSG	−11.8844*** (0.0000)	−2.8533*** (0.0022)	−7.8419*** (0.0000)	101.190*** (0.0000)	144.534*** (0.0000)
	LNCTD	−17.6590*** (0.0000)	−7.8496*** (0.0022)	−9.1937*** (0.0000)	130.479*** (0.0000)	154.289*** (0.0000)

注："***"、"**"、"*"分别表示在1%、5%、10%显著性水平上显著；括号内的数据为相应统计量对应的 P 值。

7.3　弹性估计

协整检验结果表明蔬菜供给函数和需求函数各变量间存在长期均衡关系，在此基础上，本书需进一步估计出各个省份蔬菜供给价格弹性、需求价格弹性和收入价格弹性，并以此计算出各个省份农村的蔬菜希克斯需求弹性，以最终测算各个省份蔬菜价格波动的短期福利效应和长期福利效应。

7.3.1 供给弹性

本书对蔬菜供给弹性的估计采用经济学中的经典模型"柯布－道格拉斯(C-D)生产函数模型",因为 C-D 函数一方面可以使变量无量纲化,减少异方差,另一方面模型估计自变量的系数恰好是蔬菜供给价格弹性。考虑到蔬菜价格对蔬菜产量影响的滞后效应,用上年蔬菜价格即价格预期来反映更为合适。具体的供给函数模型如下:

$$\text{LNCCL}_{it} = \alpha_0 + \alpha_1 \text{LBZ}_{it} + \alpha_2 \text{LSFL}_{it} + \alpha_3 \text{LCZ}_{it} + \alpha_4 \text{LSCYQ}_{it} + \alpha_5 \text{LBT}_{it} + \mu_{it} \tag{7-3}$$

其中,i 代表蔬菜主产各个省份;t 代表年份;LNCCL_{it} 代表农村蔬菜总产量;LBZ_{it} 代表蔬菜播种面积;LSFL_{it} 代表农作物化肥施用量;LCZ_{it} 代表蔬菜的成灾面积;LSCYQ_{it} 代表上一年蔬菜生产价格,即农村居民蔬菜价格预期;LBT_{it} 代表农村 CPI 平减后的补贴额;α_0 为常数项,α_1、α_2、$\cdots$、α_5 为相应的变量系数;μ_{it} 为残差项。

面板数据模型估计时,首先需判断模型设定的具体形式,即检验模型形式是随机效应、固定效应还是混合效应,由 F 统计量检验和 Hunsman 检验的结果如下:

$$F_1 = 0.1222, F_2 = 60.9248(N = 16, T = 12, K = 5)$$

查 F 分布,在给定 5% 的显著性水平下,得到相应的临界值:$F_1(75, 96) = 1.4275$,$F_2(90, 96) = 1.4077$,由于 $F_2 = 60.9248$,显然大于 5% 显著性水平下的临界值 1.4077,故拒绝接受 H_2,不能选择混合效应模型,所以需要进一步进行 F_1 检验。而通过计算求得 $F_1 = 0.1222$ 小于 5% 显著性水平下相应的临界值 1.4275,故接受原假设 H_1,选择变截距模型,检验结果见表 7-2。Hausman 检验结果表明,随机效应检验的 P 值为 0.4169,Chi-sq. 统计量为 4.9914,说明接受随机效应模型。

表 7-2 农村蔬菜供给函数模型设定的检验效果

检验方法	原假设	自由度	统计量	检验结论
F_2 检验	H_2:混合模型	(90, 96)	60.9248***	非混合模型
F_1 检验	H_1:个体固定效应模型	(75, 96)	0.1222	变截距模型
Hausman 检验	随机效应模型	5	4.9914	随机效应模型

注:"***"表示 1% 的显著性水平下显著。

根据以上面板数据模型设定的检验结果,考虑到蔬菜各个省份的自然资源、外在环境及作物品种等方面存在较大差异,为了校正这种异质性带来的估计偏差,以便更好地考察蔬菜各个省份供给函数价格弹性差异,真实反映出各省的福利效应差异,本书选取变截距固定效应模型估算各解释变量对地区蔬菜供给量的总体影响,进而得到蔬菜价格弹性。经估计,蔬菜供给函数方程如下:

$$LNCCL_{it}=0.2263+\alpha_0+0.9941LBZ_{it}+0.1845LSFL_{it}-0.0121LCZ_{it}+0.0432LBT_{it}$$
$$+\alpha_i LSCYQ_{it}+\mu_{it}$$
$$(25.1018***)(3.3500***)\quad(-2.9605***)(13.2549***)$$
(7-4)

$$R^2=0.9993,\ \overline{R^2}=0.9991,\ F=6195.318,\ D-Wstat=1.3329$$

以上模型结果表明，回归方程拟合程度很好，调整的 R^2 值为 0.9991，统计量 F 值为 6195.318，其概率 P 值为 0.0000，说明存在地区固定效应。从模型中解释变量回归系数来看，蔬菜的播种面积是影响蔬菜产量增加的主要因素，其次是化肥施用量，即农村地区农村居民每增加 1% 的化肥施用量就会带来 0.1845% 蔬菜产量的增加。相应地，地区受灾面积与蔬菜产量呈负相关关系，其弹性值大小为 -0.0121；而国家政府对农村居民的补贴与蔬菜产量正相关，即国家补贴每增加 1% 所引起的蔬菜产量增加 0.0432%。为了更好地考察各省份蔬菜价格变动的福利效应差异，模型变系数的蔬菜供给函数价格弹性值如表 7-3 所示，α_0 是不同省份供给函数截距，α_i 是上一年蔬菜生产价格弹性值，t 统计量和 P 值分别是 α_i 所对应的估计结果。其中，浙江、福建、新疆 3 个省（自治区）蔬菜生产价格预期相对蔬菜产量不显著，这 3 个省（自治区）有关计算结果仅用于参考。

表 7-3 农村蔬菜上年生产价格的弹性值及常数项

地区	α_0	α_i	t 统计量	P 值
河北	0.3932	-0.0079	-0.5672*	0.0828
辽宁	0.2828	0.0463	4.7246***	0.0000
吉林	1.9886	-0.4119	-17.6586***	0.0000
上海	0.6269	-0.0758	-3.6698***	0.0003
江苏	-4.8506	0.9883	16.3405***	0.0000
浙江	-0.2104	0.0081	0.7660	0.4448
安徽	0.3030	-0.1566	-3.7165***	0.0003
福建	-0.2255	-0.0335	-1.0869	0.2788
河南	-0.3741	0.0333	7.0103***	0.0000
广东	-0.4113	-0.0273	-1.3182*	0.0966
广西	-0.6011	-0.0016	-0.0871*	0.0992
海南	-0.8605	0.1182	5.8629***	0.0000
重庆	3.1509	-0.7550	-8.0626***	0.0000
甘肃	0.4662	-0.1110	-10.3984***	0.0000
新疆	0.4881	-0.0233	-0.2685	0.7887
陕西	-0.2097	-0.0099	-2.1170**	0.0358

注："***"、"**"、"*"分别表示在 1%、5%、10% 显著水平上显著。

7.3.2 需求弹性和收入弹性

本书主要采用可行的广义最小二乘法（GLS）对蔬菜价格需求弹性和收入弹性进行

估计,类似于蔬菜供给函数估计,依据需求函数的基本定义,构建蔬菜需求函数模型如下:

$$LNCCF_{it} = \beta_0 + \beta_1 LNCSR_{it} + \beta_2 LNCLS_{it} + \beta_3 LNCSG_{it} + \beta_4 LNCTD_{it} + \varepsilon_{it} \quad (7-5)$$

其中,i 代表蔬菜主产的各个省份;t 代表年份;$LNCCF_{it}$ 代表农村居民家庭人均蔬菜消费量;$LNCSR_{it}$ 代表农村 CPI 平减后的农村居民人均纯收入;$LNCLS_{it}$ 代表农村蔬菜零售价格;$LNCSG_{it}$ 代表蔬菜收购价格;$LNCTD_{it}$ 代表农村蔬菜的替代品价格,这里用农村肉禽及其制品类价格表示;β_0 为常数项,β_1、β_2、β_3 为相应的变量系数;ε_{it} 为残差项。

在进行需求弹性估计之前,仍要先判断模型设定的具体形式。通过计算 F 统计量和对应临界值比较,结果表明:$F_2=11.9244(N=16,T=12,K=4)$,查 F 分布,在给定 5% 的显著性水平下,其相应的临界值:$F_2(75,112)=1.4078$。很明显,F_2 的值大于 5% 显著性水平下的临界值 1.4078,故拒绝原假设,不能选择混合效应模型,因此需要用 F_1 检验假设 H_1。通过计算得到 $F_1=1.2749$ 小于 5% 显著性水平下相应的临界值 $F_1(60,112)=1.4367$,故接受原假设 H_1,选择变截距模型(检验结果见表 7-4)。进一步地,根据 Hunsman 检验确定模型是随机效应模型还是固定效应模型,结果表明:P 值为 0.1745,Chi-sq. 统计量为 6.3494,说明接受随机效应模型。

表 7-4　农村蔬菜需求函数模型设定的检验结果

检验方法	原假设	自由度	统计量	检验结论
F_2 检验	H_2:混合模型	(75,112)	11.9244***	非混合模型
F_1 检验	H_1:个体固定效应模型	(60,112)	1.2794	变截距模型
Hausman 检验	随机效应模型	4	6.3494	随机效应模型

注:"***"表示 1% 的显著性水平下显著。

考虑到各个省份农村人均纯收入、个人偏好及消费水平等差异,为了校正这种异质性带来的估计偏差,这里也采用固定效应面板模型估计农村蔬菜需求函数。具体估计方程如下:

$$LNCXF_{it} = 7.1081 + \varphi_i - 0.1939 LNCSG_{it} - 0.0037 LNCTD_{it} + \beta_i LNCLS_{it} + \upsilon_i LNCSR + \varepsilon_{it}$$
$$(-2.0819**)(-0.1185***) \quad (7-6)$$
$$R^2 = 0.9780, \overline{R^2} = 0.9704, F = 128.9765, D-Wstat = 1.8408$$

由需求函数模型结果可知,回归方程拟合程度很好。调整的 R^2 值为 0.9704,统计量 F 值为 128.9765,其概率 P 值为 0.0000,方程适合变截距固体效应模型。从模型解释变量回归系数来看,蔬菜的收购价格弹性为 -0.1939,意味着农村蔬菜收购价格每上升 1%,农村居民对蔬菜的需求量下降 0.1939%,即农村居民会通过减少自身蔬菜消费以换取更多的蔬菜收入。在农村居民人均纯收入、农村蔬菜零售价格两个变量模型中采取变系数形式(表 7-5)，目的是综合考察这两个变量对不同地区农村居民蔬菜消费量的差异，以获取异质性的蔬菜价格弹性和收入弹性，更真实地测算各个省份的福利效应变化。其中，安徽、福建两个省农村蔬菜零售价格变化对其蔬菜需求量变化影响不显著，由于后面计算福利时须用到蔬菜需求价格弹性，为确保结果的准确性，这两个省福利计算结果仅供参考使用。

表 7-5 农村居民蔬菜零售价格弹性及收入弹性值

地区	β_i	t 统计量	P 值	v_i	t 统计量	P 值
河北	−0.4933	−11.7944***	0.0000	0.2702	76.0385***	0.0000
辽宁	0.3527	6.1778***	0.0000	−0.4714	−212.2021***	0.0000
吉林	0.2492	3.4704***	0.0007	−0.5431	−59.5538***	0.0000
上海	−0.3440	−8.4118***	0.0000	0.0616	8.6021***	0.0000
江苏	0.5505	48.2272***	0.0000	−0.1687	−107.0412***	0.0000
浙江	0.0522	2.2880**	0.0236	−0.1756	−31.2518***	0.0000
安徽	0.0396	1.4778	0.1417	−0.0837	−26.6311***	0.0000
福建	0.0364	1.2362	0.2184	−0.0589	−12.8749***	0.0000
河南	0.5364	6.8472***	0.0000	−0.3120	−89.2437***	0.0000
广东	−0.4703	−8.5116***	0.0000	−0.2673	−206.5456***	0.0000
广西	0.0782	8.7866***	0.0000	−0.2763	−34.5270***	0.0000
海南	0.0584	3.7495***	0.0003	−0.0933	−32.3205***	0.0000
重庆	−0.4003	−13.2445***	0.0000	−0.1877	−64.7799***	0.0000
甘肃	−0.6528	−13.7095***	0.0000	0.1159	17.0063***	0.0000
新疆	−0.2534	−6.7970***	0.0000	0.1585	176.3948***	0.0000
陕西	1.0301	8.5011***	0.0000	−0.1470	−59.0890***	0.0000

注："***"、"**"、"*"分别表示在1%、5%、10%显著水平上显著。

7.4 福利测算

7.4.1 净收益率的测算

利用各省农村居民人均蔬菜消费量(千克/人)、农村居民人均食品消费量(千克/人)、农村居民家庭人均食品支出(元/人)、各省农村居民人均总支出(元/人)等数据，计算得出各省 CR 值(表 7-6)。其中，由于统计年鉴中没有农村居民人均蔬菜消费支出的数据，本书通过"农村居民人均食品消费中蔬菜消费所占比重×农村居民人均食品支出"进行计算获得，即农村居民人均蔬菜消费支出＝(农村居民人均蔬菜消费量/农村居民人均食品消费量)×农村居民家庭人均食品支出。利用农村居民蔬菜人均生产产值(亿元)、农村居民人均总收入(元/人)、各省农村人口等数据,计算得出各省 PR 值(表 7-7),进而得到各省蔬菜净收益 NBR 值(表 7-8),即 NBR＝PR－CR。

表 7-6　农村居民蔬菜人均消费支出占其总支出比重(CR)的变化情况　　单位:%

地区	2003	2004	2005	2006	2007	2008	2009	2010	2011	2012	2013	2014
河北	4.5023	5.0640	4.7327	4.6295	4.2355	4.6307	4.2429	4.2837	5.2738	5.2981	3.2540	4.4695
辽宁	9.4840	10.0087	8.1202	7.9308	7.8287	7.2873	7.0712	7.0374	5.7010	5.5617	4.7290	3.1713
吉林	6.5062	8.9096	8.0885	7.4151	7.0184	5.7122	5.1171	5.7746	5.0450	5.6004	4.2201	0.4836
上海	6.4970	6.3315	7.2454	7.0987	7.1635	7.8954	7.2474	7.4456	7.7038	7.8862	6.3732	5.7929
江苏	7.6795	8.8838	8.7569	8.5525	8.6249	9.0049	10.0318	8.5714	7.2380	7.4477	4.8648	5.8991
浙江	6.3326	6.3701	6.1294	6.1654	6.0245	5.8939	5.6910	5.3065	6.2951	6.3801	5.7090	5.9057
安徽	7.1075	7.7215	6.9367	6.3929	6.8854	9.1226	7.0545	7.1895	6.9099	6.3941	6.6434	5.1048
福建	9.0467	8.5641	8.7194	8.2984	8.9481	9.2729	8.9437	9.1227	8.9200	9.0018	6.8024	7.6315
河南	8.3863	7.6449	7.1764	7.2835	7.3016	7.3718	6.8387	6.7771	6.3976	6.1777	5.5618	4.3663
广东	11.0461	11.4051	10.4657	10.7003	11.0556	11.1518	11.2780	11.1504	10.8967	10.7405	8.8193	9.1448
广西	10.5326	10.7756	9.7582	10.1382	10.1298	10.2035	9.6119	9.5970	7.5524	7.5775	4.9943	5.7256
海南	8.7420	8.0435	8.2015	6.6490	9.9839	7.1325	8.9123	8.3420	8.2697	8.0564	5.5763	5.6886
重庆	13.1258	14.4736	12.2950	12.3249	13.3327	12.2794	10.7159	10.6799	11.2667	10.2873	11.7244	10.2423
甘肃	3.8254	4.0602	3.9670	3.4907	3.6202	4.0100	3.5136	4.1882	4.6879	4.1214	3.6763	4.1374
新疆	4.8121	4.6865	4.8301	3.4192	3.5884	3.8387	3.8543	3.8354	3.1439	3.1289	2.9064	3.7845
陕西	5.0527	5.5337	5.0205	5.1168	4.7147	4.8605	8.0635	5.1084	4.2819	4.1937	3.2849	3.7129

表 7-7　农村居民蔬菜人均生产产值占其总收入比重(PR)的变化情况　　单位:%

地区	2003	2004	2005	2006	2007	2008	2009	2010	2011	2012	2013	2014
河北	19.2921	19.5463	24.4728	26.5401	27.1430	25.4631	29.8560	33.0791	28.4702	30.7483	33.9479	29.0279
辽宁	17.9683	17.6339	19.6339	20.7836	22.0816	20.2972	19.9762	22.9637	16.7234	22.6403	23.0499	23.5858
吉林	12.3941	9.1200	10.2803	9.8866	11.1698	9.3928	12.3483	17.4078	10.2918	10.7747	14.5748	13.7358
上海	24.2495	22.3250	33.2505	31.0898	28.7050	28.3396	27.8416	22.4741	16.1611	15.4166	14.1945	12.5313
江苏	13.3194	13.0081	18.2422	18.9149	20.5181	23.0391	26.0266	31.1100	26.4265	28.1399	29.5757	29.6911
浙江	9.6127	8.8370	15.0829	14.8682	14.4230	10.0378	10.6764	10.8887	8.9687	9.0841	10.8903	11.0132
安徽	9.4880	8.4905	11.4301	12.0143	12.8636	12.2972	13.6095	15.6254	13.2952	13.9620	14.7213	12.8156
福建	16.2071	16.1351	24.0566	24.5400	24.7534	25.3211	26.2809	32.8956	20.0252	20.9142	20.2104	21.0503
河南	16.0693	17.0090	23.0744	24.6753	23.8616	23.3152	27.3523	29.2165	21.1158	22.2766	21.2330	22.1570
广东	11.6322	11.0648	22.7003	25.5557	25.5350	25.9392	22.9513	24.5287	19.8352	20.4213	21.6322	21.3203
广西	7.5482	9.3962	14.6425	16.7129	19.7868	21.9755	20.5417	21.8329	17.3393	18.8327	19.5537	20.2616
海南	36.6043	33.3185	35.9900	38.8494	36.5639	40.2746	41.8598	38.9632	36.0019	44.9208	40.5277	42.8535
重庆	10.8151	10.5143	17.0537	19.0941	19.8226	19.9253	24.8948	26.4409	24.8069	26.5579	26.4330	26.7796

续表

地区	2003	2004	2005	2006	2007	2008	2009	2010	2011	2012	2013	2014
甘肃	12.3751	15.7902	17.3351	18.0192	22.3200	21.3882	23.5018	26.4802	22.0678	23.4340	24.4647	25.0959
新疆	13.3286	17.6369	8.9127	9.3266	7.6261	10.3456	8.7789	12.9234	15.1655	13.1689	13.2550	15.9999
陕西	13.0960	12.5864	15.8570	17.1426	18.8857	20.7856	21.9328	24.8172	25.0036	26.3812	28.6501	28.0361

表7-8 农村居民蔬菜净收益率(NBR)的变化情况 单位:%

地区	2003	2004	2005	2006	2007	2008	2009	2010	2011	2012	2013	2014
河北	14.7897	14.4823	19.7402	21.9105	22.9075	20.8323	25.6131	28.7954	23.1963	25.4502	30.6939	24.5585
辽宁	8.4843	7.6252	11.5137	12.8528	14.2529	13.0099	12.9050	15.9263	11.0225	17.0786	18.3209	20.4145
吉林	5.8879	0.2103	2.1919	2.4715	4.1513	3.6806	7.2312	11.6332	5.2468	5.1743	10.3548	13.2522
上海	17.7525	15.9935	26.0051	23.9912	21.5415	20.4442	20.5942	15.0285	8.4574	7.5304	7.8213	6.7384
江苏	5.6399	4.1243	9.4854	10.3624	11.8932	14.0342	15.9948	22.5385	19.1885	20.6922	24.7109	23.7919
浙江	3.2800	2.4669	8.9536	8.7028	7.3985	7.1439	4.9853	5.5822	2.6736	2.7039	5.1812	5.1074
安徽	2.3805	0.7690	4.4934	5.6214	5.9783	3.1746	6.5550	8.4360	6.3853	7.5679	8.0779	7.7108
福建	7.1605	7.5710	15.3373	16.2416	15.8053	16.0483	17.3372	23.7728	11.1052	19.1823	13.4081	13.4188
河南	7.6830	9.3641	14.8980	17.3918	16.5599	15.9434	20.5136	22.4394	14.7181	16.0989	15.6712	17.7907
广东	0.5861	−0.3403	12.2345	14.8554	12.4794	12.7864	11.6733	13.3784	8.9385	9.6809	12.8130	12.1755
广西	−2.9844	−1.3794	4.8844	6.5747	9.6571	11.7720	10.9298	12.2359	9.7869	11.2552	14.5594	14.5359
海南	27.8622	25.2750	27.7885	32.2004	26.5800	33.1421	32.9475	30.6212	27.7322	36.8644	34.9514	37.1649
重庆	−2.3106	−3.9593	4.7587	6.7692	6.4899	7.6459	14.1809	15.7610	15.5401	16.2706	14.7087	16.5373
甘肃	8.5497	11.7299	13.3681	14.5285	16.8998	17.3782	19.9882	22.2919	17.3799	19.3126	20.7885	20.9585
新疆	8.5165	12.9504	5.0826	5.9074	4.0377	6.5069	4.9246	9.0880	12.0216	10.0400	10.3486	12.2154
陕西	8.0433	7.0526	10.8365	12.0259	14.1711	15.9251	13.8693	19.7088	20.7217	22.1875	25.3652	24.3231

根据以上CR、PR以及NBR值计算的结果，可以发现：

第一，各省CR值总体呈现递减趋势，但下降幅度存在较大异质性。表现为：有些省份下降的幅度更大，如辽宁CR值下降2/3，河南、广西下降1/2，而河北CR值稳定在4.5左右，基本保持不变；还有一些省份CR值呈现出先增后减的情况，如上海市在2003~2008年整体呈递增趋势，2008年之后开始递减，然后又上升至2012年达极大值后，开始下降，整体上看也是处于递减的，但下降幅度不大；类似的还有江苏省在2009年达到最大值10.03，之后开始递减，整体上也是递减的，但下降幅度也不大。原因在于一方面是进入21世纪以来，各个省份的经济发展速度存在差异，如上海、江苏、辽宁等经济发展相对较快，农村居民收入增加较快，使得用于蔬菜方面的消费支出随着收入基数的逐渐增大而减少。另一方面，随着社会的进步，农民的物质生活水平不断提高，农村居民消费也变得多元化，蔬菜消费被其他多样化的消费品所替代，也使得蔬菜消费占总消费的比重总体上呈现递减趋势。

第二，各省PR值总体呈现递增趋势，但增加幅度存在较大的异质性。表现为：1/3的省份PR值总体呈现先增后减的趋势，其中，浙江、福建、河南、广东、广西等在2010年达到极大值，之后逐渐递减，但相比2003年是增加的；而上海市PR值表现为2005年达到最大，之后递减，且上海市整体PR值是递减的；其余各省PR值则表现为逐年递增，个别年份除外，如吉林、安徽、重庆、陕西等。就PR值增长幅度而言，江苏、广西、重庆、陕西等省份PR值增长幅度均超过100%，增长幅度最高的是广西壮族自治区，高达168.4%，相比吉林省PR值增长幅度最小，为10.8%。对大多数省份而言，蔬菜生产所得的收入在农村居民总收入中所占的比重有所增加，表明蔬菜已成为人民生活的必需品，且日益被重视，尤其是吃惯了各种海鲜大肉，反而更偏好蔬菜，使市场上对蔬菜的需求增加，农村居民的蔬菜供给相应增加，使得农村居民蔬菜生产收入在总收入中比重上升。

第三，各省蔬菜生产净收益率NBR存在较大的异质性。除广西、重庆、广东个别年份之外，16个省的蔬菜生产净收益率都为正数，即NBR>0，说明这16个省份一直作为净出售者参与到蔬菜生产消费活动中。同时，除上海外各省NBR值在2010之前总体表现了稳定的逐渐上升的态势，且在2010年达到局部最大值，之后开始出现部分下降或波动的趋势。说明2010年全国蔬菜收益达到局部最大，农民获益较多。2003~2014年大多数省份NBR值有明显上升，表明这些省份农村居民蔬菜的收益逐渐增加；2014年上海、浙江、安徽三省NBR值较小，不超过8，说明农村居民蔬菜收益所占比重较低；海南和河北两省NBR值一直较高，海南NBR值保持在27以上，河北NBR值保持在14以上，说明这两省盛产蔬菜，农村居民从事蔬菜生产活动较多，蔬菜收益占农村居民总收入的比重较大。

7.4.2 短期福利

本书以2002年为基准年，测算2003~2014年各省农村蔬菜价格波动给农村居民带来的短期福利变化情况。在对各省农村居民蔬菜净收益率分析的基础上，分别将各省农村PR值和CR值代入短期福利模型方程(式7-1)，以2002年各省农村居民家庭人均纯收入为基期收入，即X_{i0}（i为各省份）；以2002年各省农村蔬菜生产价格和零售价格分别作为基期价格，即P_{i0}^{nsc}和P_{i0}^{nls}，并将各省份农村蔬菜生产价格和零售价格一同代入农村蔬菜短期福利模型中，测算各个省份农村蔬菜价格波动的农村居民短期福利效应。农村居民既作为蔬菜生产者，又作为蔬菜的消费者，具有双重身份，而蔬菜价格波动不仅会影响蔬菜生产者的福利，也会影响蔬菜消费者的福利。由此，农村蔬菜价格波动的农村居民短期福利效应包括农村居民的短期生产福利效应和短期消费福利效应，农村蔬菜价格波动的农村居民长期福利效应包括农村居民的长期生产福利效应和长期消费福利效应。具体测算结果如表 7-9～表 7-11 所示。

表 7-9 蔬菜价格波动的农村居民短期人均生产福利　　　单位：千元/人

地区	2003	2004	2005	2006	2007	2008	2009	2010	2011	2012	2013	2014
河北	19.7375	21.1476	26.8181	27.0297	37.4198	22.0102	42.9167	48.8356	33.0971	34.3200	39.9493	13.9743
辽宁	5.9224	3.6145	0.8103	4.7690	8.4629	−0.9103	0.5771	17.3113	−7.2238	18.0642	3.9319	−2.5957
吉林	10.6953	3.6476	0.6952	0.9059	3.9828	−0.4314	2.1289	5.5041	1.2114	4.8242	3.4983	−4.0578
上海	22.2591	−1.1021	27.5294	14.5118	13.1117	17.4604	19.9545	10.6728	1.7167	6.5506	3.9913	−1.7227
江苏	5.3278	3.1652	6.3442	5.7128	2.9573	5.1395	13.3085	17.5074	10.8061	10.7092	8.1424	1.8031
浙江*	7.8410	9.9067	12.8817	4.3370	3.0900	8.9080	5.7740	11.2739	5.0908	6.2067	2.9763	3.5887
安徽*	1.4866	−0.7614	−0.8205	−0.2222	−0.6676	0.8680	−0.1542	2.7030	−1.2160	−0.7218	−0.3220	−2.7775
福建	−3.0222	0.4921	4.5859	3.0620	5.5767	3.2209	−0.8654	17.4445	−1.5270	11.1633	1.3309	2.7725
河南	3.9565	7.4798	10.9277	13.9276	5.7367	1.6112	35.4043	32.9676	−5.8164	8.1815	1.4365	4.3365
广东	10.8943	10.1149	23.4103	21.1518	21.2668	27.7866	12.2861	31.1991	13.8851	24.2929	23.7539	13.5591
广西	3.0805	7.8600	3.0319	2.7857	4.1339	5.7378	2.5605	3.6617	0.6462	7.3310	4.4131	2.1396
海南	9.3273	−12.9804	−9.9257	3.1900	−7.3916	7.1802	−1.5878	−12.3453	9.3184	3.7086	−10.3994	−0.6693
重庆	1.6344	1.9743	2.3970	2.1281	5.3417	4.0635	7.0896	6.0421	7.3801	6.5269	3.6470	3.9835
甘肃	0.5570	4.5209	−1.5476	1.2542	2.6913	−0.1945	2.7707	4.3414	−0.5920	−2.2004	1.8596	−3.3290
新疆*	0.8767	5.7970	0.5508	1.1067	1.8937	1.3080	4.2766	3.8950	1.6673	3.5446	2.9396	1.6680
陕西	7.6560	1.3344	−7.6130	2.1705	4.2017	−3.6297	−3.0959	8.0058	−3.4839	3.0366	4.4259	−0.9766

注：省份后面加"*"，表示该省份价格弹性没有通过显著性检验。

表 7-10 蔬菜价格波动的农村居民短期人均消费福利　　　单位：千元/人

地区	2003	2004	2005	2006	2007	2008	2009	2010	2011	2012	2013	2014
河北	−2.0291	0.5603	0.4342	−1.4243	−1.0287	−1.4246	−1.8893	−1.1040	−0.3700	−2.0446	−0.9660	0.4463
辽宁	−10.5568	−0.0901	−3.4352	−4.3545	−4.7917	−1.8803	−6.1527	−3.5261	−0.7526	−3.3374	−1.8445	−0.5138
吉林	−5.0115	−0.4357	−0.2967	−3.1006	−1.2013	−1.2431	−1.9395	−1.4756	−0.6662	−1.8351	−2.4250	−0.0225
上海	−3.4128	−0.7999	−4.7212	−5.4752	−9.4786	−14.1744	−11.0353	−8.6142	−3.1759	−9.1763	−6.1021	−3.0429
江苏	0.5448	7.2476	−0.1242	1.0618	−3.1205	−0.8624	−3.9498	0.1976	2.5160	0.8718	0.7075	2.6783
浙江*	−0.1973	4.5647	0.4638	1.4818	1.3407	−1.0493	0.0000	1.1927	2.8299	−0.5111	0.8131	3.1542
安徽*	−3.0428	3.5713	−0.5436	0.8064	0.5922	−0.8892	−0.1618	0.7145	1.5319	−0.5866	0.3047	1.2586
福建*	1.9004	2.6017	−0.8454	0.7241	−1.0411	−0.9590	0.3179	3.0957	5.7366	−2.5892	−0.3078	2.1457
河南	−2.4661	1.3270	−0.8683	−0.2975	−0.5964	−0.2258	−1.3267	−0.0969	1.0582	−0.7822	−0.2839	1.1681
广东	−3.3341	−2.5818	−4.2811	−3.6547	−3.7321	−7.4406	−1.5677	−1.2842	−0.9953	−6.8249	−5.5690	−1.1985
广西	−2.8292	−0.5263	−1.0922	−2.1456	−1.2987	−8.4509	−1.1736	−1.4940	−1.4293	−2.6831	−0.8537	−0.7457
海南	−3.2557	−0.1598	−4.0521	0.0000	−3.7182	−2.7802	−0.1328	−1.1495	−2.1559	−2.6803	−2.1460	−0.5791
重庆	−4.2378	−2.3220	1.4547	−2.3727	−1.5775	−0.8865	−2.2344	−0.9959	0.2485	−1.5885	−0.5878	−0.2259
甘肃	−0.4314	−0.2522	0.2010	−0.9129	−0.4142	−0.4916	−1.1428	−0.7941	−0.2528	−0.8824	−0.6369	0.1555
新疆*	−0.4739	−1.2000	0.2791	−1.5220	−0.4665	−0.9376	−1.3817	−1.2805	−0.9722	−1.5839	−0.7328	−0.5143
陕西	−2.3010	0.2918	0.2006	−0.8421	−0.8362	−0.5670	−2.3708	−0.8652	−0.1916	−0.9315	−0.4514	0.0593

注：省份后面加"*"，表示该省份价格弹性没有通过显著性检验。

表 7-11 蔬菜价格波动的农村居民短期人均总福利　　　　　　单位：千元/人

地区	2003	2004	2005	2006	2007	2008	2009	2010	2011	2012	2013	2014
河北	17.7083	21.7079	27.2524	25.6055	36.3911	20.5856	41.0274	47.7316	32.7270	32.2754	38.9833	14.4206
辽宁	−4.6344	3.5244	−2.6249	0.4145	3.6712	−2.7906	−5.5756	13.7852	−7.9764	14.7268	2.0873	−3.1095
吉林	5.6838	3.2119	0.3985	−2.1947	2.7815	−1.6745	0.1894	4.0285	0.5452	2.9892	1.0733	−4.0802
上海	18.8463	−1.9019	22.8082	9.0366	3.6330	3.2860	8.9192	2.0586	−1.4591	−2.6258	−2.1109	−4.7656
江苏	5.8726	10.4128	6.2200	6.7746	−0.1632	4.2771	9.3587	17.3098	13.3221	11.5810	8.8499	4.4815
浙江*	7.6437	14.4714	13.3455	5.8188	4.4307	7.8587	5.7740	12.4666	7.9207	5.6955	3.7894	6.7429
安徽*	−1.5562	2.8099	−1.3640	0.5842	−0.0754	−0.0212	−0.3160	3.4175	0.3159	−1.3084	−0.0173	−1.5190
福建	−1.1218	3.0938	3.7406	3.7861	4.5357	2.2619	−0.5474	20.5402	4.2097	8.5741	1.0232	4.9182
河南	1.4904	8.8068	10.0594	13.6301	5.1403	1.3854	34.0776	32.8707	−4.7581	7.3994	1.1526	5.5045
广东	7.5603	7.5330	19.1291	17.4972	17.5347	20.3460	10.7184	29.9149	12.8898	17.4680	18.1848	12.3606
广西	0.2513	7.3338	1.9397	0.6401	2.8352	−2.7131	1.3869	2.1677	−0.7831	4.6479	3.5594	1.3939
海南	6.0716	−13.1402	−13.9778	3.1900	−11.1098	4.4000	−1.7206	−13.4948	7.1626	1.0283	−12.5454	−1.2484
重庆	−2.6034	−0.3477	3.8517	−0.2446	3.7642	3.1771	4.8551	5.0463	7.6286	4.9384	3.0592	3.7575
甘肃	0.1256	4.2688	−1.3466	0.3413	2.2771	−0.6860	1.6279	3.5473	−0.8449	−3.0828	1.2227	−3.1734
新疆*	0.4028	4.5970	0.8299	−0.4153	1.4272	0.3704	2.8950	2.6145	0.6951	1.9608	2.2069	1.1537
陕西	5.3550	1.6262	−7.4124	1.3284	3.3655	−4.1966	−5.4666	7.1406	−3.6755	2.1051	3.9745	−0.9173

注：省份后面加"＊"，表示该省份价格弹性没有通过显著性检验。

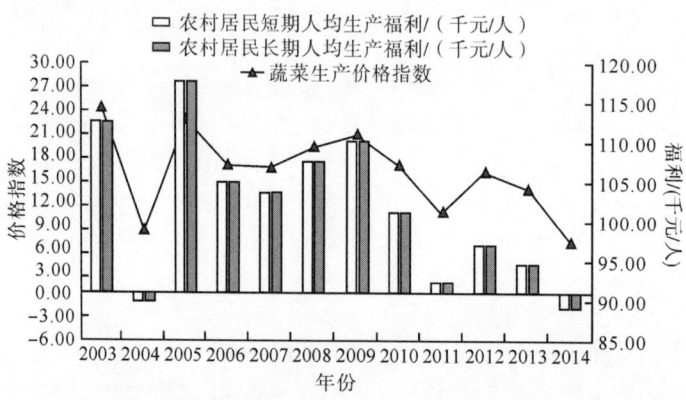

图 7-1　上海市蔬菜价格波动与农村居民人均生产福利变化趋势图

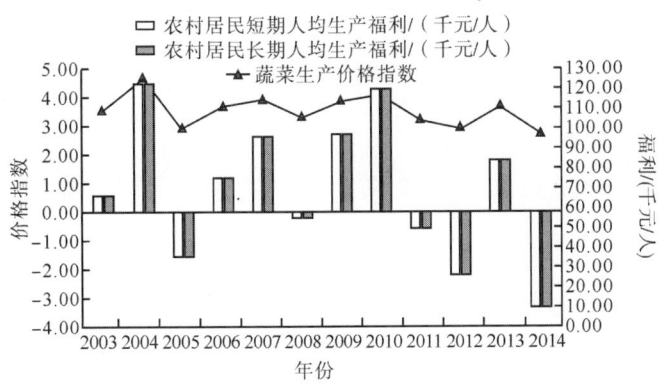

图 7-2　甘肃省蔬菜价格波动与农村居民人均生产福利变化趋势图

根据以上测算得到的农村居民短期人均生产福利、短期人均消费福利以及短期人均总福利变化趋势，可以得出以下结论。

(1)蔬菜生产价格变化影响着农村居民人均生产福利同方向变化，但变化幅度存在明显的省际差异。如图 7-1 和图 7-2 所示，当蔬菜生产价格上涨时，农村居民人均生产福利随之增加，如甘肃省在 2004 年蔬菜生产价格最高时，农村居民人均生产福利达到最大值(4521 元/人)；当蔬菜价格下降时，农村居民人均生产福利随之下降，如上海市在 2004 年蔬菜生产价格最低时，农村居民人均生产福利达到最小值，且福利为负值(-1102 元/人)，也就是说蔬菜生产价格突然迅速下降，致使农村居民人均生产福利受损严重，甚至亏损。此外，在蔬菜生产价格变动相同幅度时，各省农村居民人均生产福利却差异较大。如上海市 2003~2004 年蔬菜生产价格迅速下降 15.48%，使得农村居民人均生产福利也急速下降，甚至为负值，下降幅度达 23.36%；2004~2005 年上海市农村蔬菜生产价格又迅速上升 14.04%，农村居民人均生产福利随之急剧增加，增幅达 28.63%。对比甘肃省，在 2004~2005 年甘肃农村蔬菜生产价格下降 25.2%，相应地，农村居民蔬菜人均生产福利仅增加 6.07%；在 2005~2007 年农村蔬菜生产价格上涨 14.08%，农村居民人均生产福利仅增加 4.24%。其原因是各省农业补贴的方式、目标不同，以及农产品市场机制完善的程度不同，导致蔬菜产销利益分配格局不同。

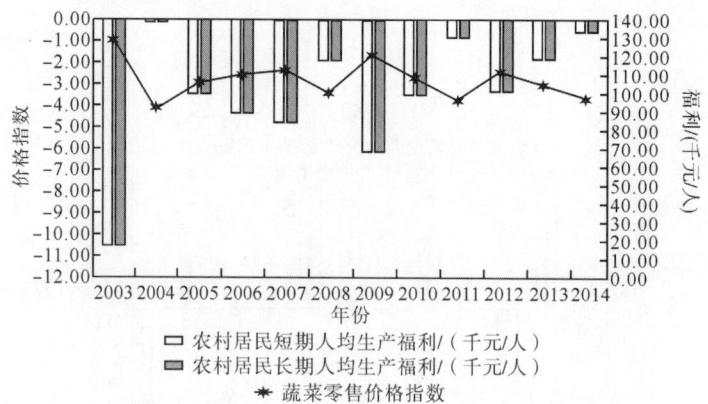

图 7-3 辽宁省蔬菜价格波动与农村居民人均消费福利变化趋势图

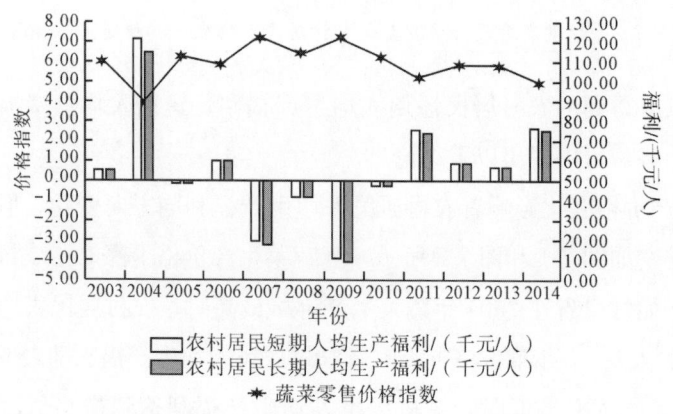

图 7-4 江苏省蔬菜价格波动与农村居民人均消费福利变化趋势图

(2)蔬菜零售价格变化影响着农村居民人均消费福利反方向变化,但变化幅度存在明显的省际差异。如图 7-3 和图 7-4 所示,当蔬菜零售价格上涨时,农村居民人均消费福利损失严重,如辽宁省在 2003 年蔬菜零售价格最高时,农村居民人均消费福利达到负向最大值(−10557 元/人);江苏省 2009 年农村蔬菜零售价格上升至最高时,农村居民人均消费福利损失也达到负向最大值(−3950 元/人)。当农村蔬菜零售价格下降时,农村居民人均消费福利损失减少,如辽宁和江苏在 2004 年蔬菜零售价格下降至最低点,农村居民人均消费福利分别达到最大,即−90 元/人和 7248 元/人。此外,在蔬菜零售价格变动相同幅度时,各省农村居民人均消费福利却有明显差异。如辽宁省在 2004~2007 年蔬菜零售价格上升 20.1%,相应地,农村居民人均消费福利下降为 4702 元/人,而甘肃省在 2005~2006 年蔬菜零售价格上升 19.1%,引起农村居民人均消费福利下降 1114 元/人,前者是后者的 4 倍之多。由消费福利计算公式可知,产生上述差异的原因是各省农村居民存在收入差距,蔬菜消费占农村居民总消费支出的比重不同等。

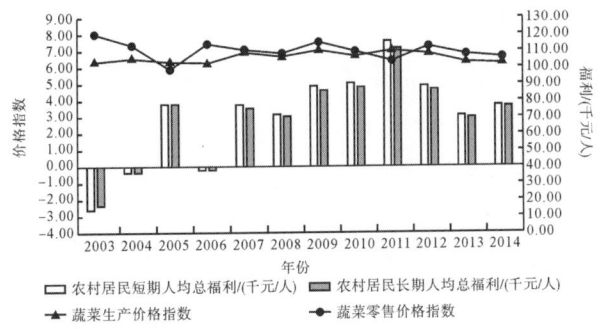

图 7-5　重庆市蔬菜价格波动与农村居民人均总福利变化趋势图

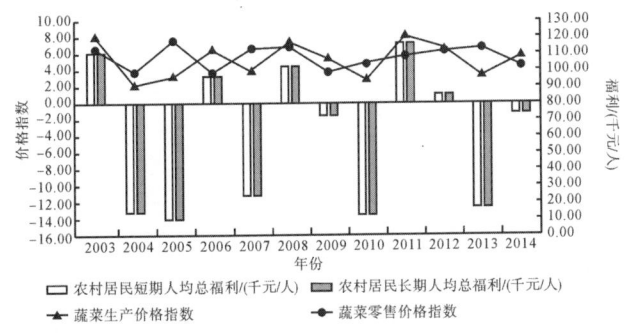

图 7-6　海南省蔬菜价格波动与农村居民人均总福利变化趋势图

(3)蔬菜价格稳定更有利于农村居民人均短期总福利的增加,如图 7-5 和图 7-6 所示。重庆市蔬菜价格趋于平稳,尤其是 2007 年以后,蔬菜生产价格和零售价格微小波动,农村居民短期人均总福利较高,且趋于平稳,均值维持在 4528 元/人;相比,2003～2006 年重庆蔬菜价格波动较频繁、剧烈,此时重庆地区农村居民短期人均总福利均值为 164 元/人。相比重庆,海南省 2003～2014 年农村蔬菜生产价格和零售价格波动都更加剧烈,农村居民人均总福利为正值的有 5 个年份,负值达 7 个年份。海南农村居民从种植蔬菜中获利的年份少于亏损的年份,且福利负值绝对值大于正值,2003～2014 年农村居民蔬菜短期人均总福利均值为 −3782 元/人,长期人均总福利为 −3752 元/人,即整体上近年来海南农村居民在蔬菜种植上一直处于亏损状态,且短期亏损更多。

7.4.3　长期福利

前文在蔬菜供给函数和需求函数模型估计农村蔬菜价格弹性和收入弹性时,采用固定效应面板模型进行估计,各解释变量都较好地通过了显著性检验。本书将估计式(7-4)中得到的农村蔬菜供给弹性、估计式(7-6)中得到的农村蔬菜需求价格弹性和蔬菜需求收入弹性,代入弹性公式:$\varepsilon_{it}^{nh} = E_{it} + CR_{it} \cdot \eta_{it}$,($i$ 表示省份,t 表示时间,ε_{it}^{nh} 表示农村蔬菜的希克斯需求弹性，E_{it} 为农村蔬菜需求价格弹性，η_{it} 为农村蔬菜需求收入弹性），计算得到各省农村蔬菜希克斯需求弹性。以 2002 年为基准年，将各省农村蔬菜希克斯需求弹性 ε_{it}^{mh} 和蔬菜供给价格弹性 ε^s 代入长期福利效应模型方程(7-2)，以测算出 2003～2014 年各省蔬菜价格变化给农村居民带来的长期福利变化情况。具体长期福利效应见表 7-12～表 7-14。

表 7-12 蔬菜价格波动的农村居民长期人均生产福利　　　　　　单位：千元/人

地区	2003	2004	2005	2006	2007	2008	2009	2010	2011	2012	2013	2014
河北	19.7078	21.1139	26.7749	26.9892	37.3439	21.9823	42.8260	48.7295	33.0405	34.2636	39.8801	13.9644
辽宁	5.9389	3.6207	0.8106	4.7782	8.4902	-0.9099	0.5772	17.4211	-7.1975	18.1855	3.9375	-2.5933
吉林	9.8692	3.5171	0.6910	0.8984	3.8557	-0.4332	2.0960	5.3483	1.1986	4.6309	3.4232	-4.1651
上海	22.1346	-1.1024	27.3906	14.4706	13.0752	17.3949	19.8674	10.6419	1.7156	6.5336	3.9845	-1.7241
江苏	5.5924	3.2608	6.6182	5.9271	3.0102	5.2819	14.1534	18.7307	11.3547	11.2153	8.4207	1.8167
浙江*	7.8462	9.9158	12.8907	4.3380	3.0906	8.9130	5.7765	11.2835	5.0932	6.2101	2.9770	3.5897
安徽*	1.4780	-0.7639	-0.8226	-0.2223	-0.6689	0.8658	-0.1543	2.6857	-1.2202	-0.7232	-0.3222	-2.7998
福建*	-3.0248	0.4921	4.5818	3.0602	5.5708	3.2190	-0.8655	17.4007	-1.5275	11.1351	1.3305	2.7708
河南	3.9638	7.5046	10.9666	13.9867	5.7471	1.6120	35.7487	33.2471	-5.8043	8.2041	1.4372	4.3429
广东	10.8587	10.0826	23.3260	21.0907	21.1998	27.6740	12.2631	31.0606	13.8512	24.1920	23.6628	13.5290
广西	3.0800	7.8574	3.0316	2.7855	4.1335	5.7372	2.5604	3.6615	0.6462	7.3298	4.4127	2.1395
海南	9.3853	-12.8571	-9.8589	3.1964	-7.3552	7.2114	-1.5864	-12.2499	9.3773	3.7161	-10.3343	-0.6691
重庆	1.5900	1.9076	2.3364	2.0854	5.0827	3.9144	6.7262	5.7937	6.9849	6.2382	3.5565	3.8768
甘肃	0.5561	4.4758	-1.5525	1.2512	2.6799	-0.1945	2.7593	4.3165	-0.5926	-2.2076	1.8547	-3.3444
新疆*	0.8763	5.7851	0.5505	1.1059	1.8907	1.3070	4.2636	3.8876	1.6662	3.5386	2.9356	1.6670
陕西	7.6421	1.3339	-7.6243	2.1696	4.1988	-3.6316	-3.0972	7.9978	-3.4854	3.0355	4.4238	-0.9767

注：省份后面加"*"，表示该省份价格弹性没有通过显著性检验。

表 7-13 蔬菜价格波动的农村居民长期人均消费福利　　　　　　单位：千元/人

地区	2003	2004	2005	2006	2007	2008	2009	2010	2011	2012	2013	2014
河北	-2.0299	0.5602	0.4342	-1.4247	-1.0289	-1.4250	-1.8899	-1.1042	-0.3701	-2.0455	-0.9660	0.4462
辽宁	-10.5602	-0.0901	-3.4373	-4.3583	-4.7967	-1.8814	-6.1653	-3.5303	-0.7530	-3.3447	-1.8476	-0.5143
吉林	-4.6363	-0.4336	-0.2956	-2.9732	-1.1812	-1.2171	-1.8692	-1.4393	-0.6578	-1.7773	-2.2933	-0.0224
上海	-3.4024	-0.7993	-4.7036	-5.4510	-9.4067	-14.0293	-10.9390	-8.5572	-3.1684	-9.1155	-6.0684	-3.0336
江苏	0.5401	6.5246	-0.1245	1.0456	-3.2586	-0.8725	-4.1395	-0.1982	2.4088	0.8593	0.6948	2.5289
浙江*	-0.1973	4.5657	0.4638	1.4819	1.3408	-1.0493	0.0000	1.1927	2.8302	-0.5111	0.8131	3.1546
安徽*	-2.9928	3.6349	-0.5419	0.8103	0.5941	-0.8858	-0.1616	0.7172	1.5449	-0.5845	0.3053	1.2704
福建*	1.9026	2.6060	-0.8449	0.7244	-1.0404	-0.9584	0.3180	3.1015	5.7568	-2.5851	-0.3077	2.1490
河南	-2.4673	1.3265	-0.8684	-0.2975	-0.5965	-0.2258	-1.3274	-0.0969	1.0577	-0.7825	-0.2840	1.1667
广东	-3.3268	-2.5775	-4.2688	-3.6457	-3.7229	-7.4043	-1.5661	-1.2831	-0.9947	-6.7938	-5.5462	-1.1975
广西	-2.8234	-0.5261	-1.0913	-2.1423	-1.2975	-8.3991	-1.1726	-1.4924	-1.4278	-2.6778	-0.8532	-0.7453
海南	-3.2832	-0.1598	-4.0978	0.0000	-3.7493	-2.8052	-0.1328	-1.1531	-2.1687	-2.7007	-2.1652	-0.5804
重庆	-3.9835	-2.2525	1.4866	-2.2880	-1.5428	-0.8746	-2.1483	-0.9787	0.2495	-1.5432	-0.5823	-0.2250

续表

地区	2003	2004	2005	2006	2007	2008	2009	2010	2011	2012	2013	2014
甘肃	−0.4298	−0.2517	0.2013	−0.9048	−0.4126	−0.4895	−1.1303	−0.7890	−0.2524	−0.8761	−0.6332	0.1557
新疆*	−0.4737	−1.1987	0.2792	−1.5188	−0.4662	−0.9365	−1.3794	−1.2785	−0.9707	−1.5799	−0.7318	−0.5140
陕西	−2.2953	0.2919	0.2006	−0.8414	−0.8354	−0.5666	−2.3660	−0.8644	−0.1915	−0.9304	−0.4511	0.0593

注：省份后面加"*"，表示该省份价格弹性没有通过显著性检验。

表 7-14 蔬菜价格波动的农村居民长期人均总福利　　　　单位：千元/人

地区	2003	2004	2005	2006	2007	2008	2009	2010	2011	2012	2013	2014
河北	17.6779	21.6742	27.2091	25.5646	36.3150	20.5572	40.9361	47.6253	32.6704	32.2181	38.9141	14.4107
辽宁	−4.6214	3.5306	−2.6268	0.4198	3.6935	−2.7913	−5.5880	13.8908	−7.9505	14.8408	2.0899	−3.1075
吉林	5.2329	3.0835	0.3954	−2.0747	2.6745	−1.6503	0.2268	3.9090	0.5409	2.8536	1.1298	−4.1874
上海	18.7322	−1.9017	22.6870	9.0196	3.6685	3.3655	8.9284	2.0848	−1.4528	−2.5819	−2.0840	−4.7577
江苏	6.1325	9.7854	6.4937	6.9727	−0.2484	4.4094	10.0139	18.5326	13.7635	12.0745	9.1155	4.3456
浙江*	7.6489	14.4815	13.3545	5.8199	4.4314	7.8637	5.7765	12.4762	7.9234	5.6990	3.7901	6.7443
安徽*	−1.5148	2.8709	−1.3645	0.5880	−0.0747	−0.0201	−0.3160	3.4029	0.3248	−1.3077	−0.0170	−1.5294
福建*	−1.1223	3.0980	3.7369	3.7846	4.5304	2.2606	−0.5475	20.5022	4.2293	8.5500	1.0228	4.9197
河南	1.4965	8.8311	10.0982	13.6892	5.1505	1.3862	34.4213	33.1502	−4.7466	7.4216	1.1533	5.5095
广东	7.5320	7.5051	19.0573	17.4450	17.4768	20.2697	10.6971	29.7775	12.8565	17.3982	18.1167	12.3315
广西	0.2566	7.3313	1.9403	0.6432	2.8361	−2.6619	1.3878	2.1691	−0.7816	4.6521	3.5596	1.3942
海南	6.1021	−13.0169	−13.9567	3.1964	−11.1045	4.4063	−1.7192	−13.4030	7.2086	1.0154	−12.4996	−1.2495
重庆	−2.3936	−0.3450	3.8230	−0.2025	3.5399	3.0398	4.5779	4.8149	7.2345	4.6950	2.9741	3.6518
甘肃	0.1264	4.2241	−1.3511	0.3463	2.2674	−0.6841	1.6290	3.5275	−0.8450	−3.0837	1.2215	−3.1886
新疆*	0.4026	4.5864	0.8298	−0.4129	1.4245	0.3705	2.8842	2.6091	0.6954	1.9587	2.2037	1.1529
陕西	5.3468	1.6258	−7.4237	1.3283	3.3634	−4.1982	−5.4632	7.1334	−3.6769	2.1051	3.9726	−0.9174

注：省份后面加"*"，表示该省份价格弹性没有通过显著性检验。

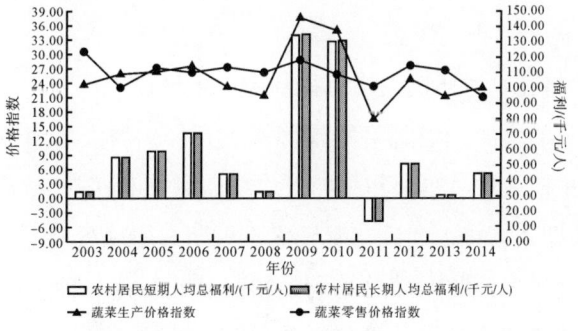

图 7-7 河南省蔬菜价格波动与农村居民人均总福利变化趋势图

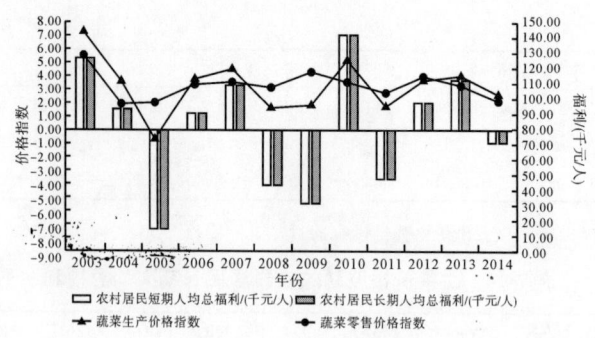

图 7-8 陕西省蔬菜价格波动与农村居民人均生产福利变化趋势图

通过对各省蔬菜价格变动的农村居民短期人均福利效应、长期人均福利效应对比分析，得出以下结论。

(1) 蔬菜价格变动引起的农村居民短期人均福利效应和长期人均福利效应变化趋势一致，即蔬菜生产价格上升使得农村居民短期人均生产福利和长期人均生产福利得以改善，反之，蔬菜生产价格下降使得农村居民短期人均生产福利和长期人均生产福利恶化；蔬菜零售价格上升使得农村居民短期人均消费福利和长期人均消费福利得以恶化，反之则福利改善。如图 7-7、图 7-8 所示，河南省在 2009 年、2010 年随蔬菜生产价格上升人均总福利得以改善，陕西省在 2010 年生产价格达到最大值时人均总福利达到最大。

(2) 蔬菜价格波动的农村居民人均长期福利优于短期人均福利，但效果不明显。如辽宁、江苏、河南、海南等，一方面因为蔬菜价格弹性小，农村居民对蔬菜价格变化做出决策调整过程比较迟钝，且做出调整需要一定时间，存在滞后效应；另一方面，由于蔬菜本身易腐烂、不易存储等特点，需要及时出售，使得农村居民长期福利略优于短期。

(3) 蔬菜生产价格在农村居民人均总福利中占主导作用，表现出蔬菜生产价格上升带来的人均生产福利的增加大于蔬菜零售价格上升带来的人均消费福利的下降，所以整体上，农村居民短期人均总福利和长期人均总福利为正值。

(4) 农村居民长期人均总福利没有明显优于短期人均总福利，且部分年份存在农村居民短期人均总福利优于长期人均总福利的情况。此结论与前文蔬菜价格传导机制中的研究结论一致，即蔬菜价格传导机制不顺畅，导致缺乏蔬菜价格资源配置的长期效应。

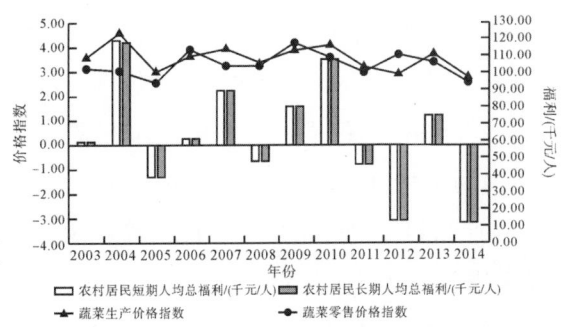

图 7-9 甘肃省蔬菜价格波动与农村居民人均总福利变化趋势图

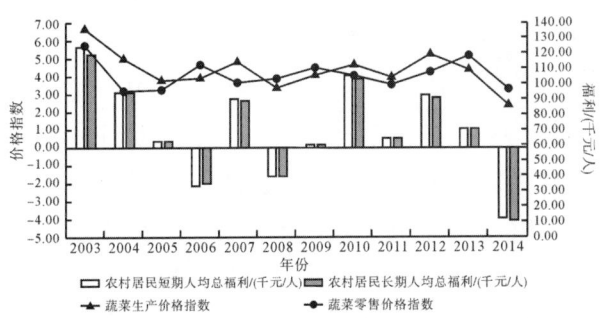

图 7-10 吉林省蔬菜价格波动与农村居民人均生产福利变化趋势图

7.5 本章小结

基于补偿变量法构建了蔬菜价格波动的农村居民福利效应计算模型。在对蔬菜供给函数和需求函数估计求得蔬菜供给价格弹性、需求价格弹性及需求收入弹性的基础上,计算出了农村居民 PR、CR 值,代入短期福利效应模型和长期福利效应模型中,测算出蔬菜价格波动的短期人均福利效应和长期人均福利效应。通过比较分析主要得出以下几点结论。

(1)各省农村居民 CR 值呈下降趋势、PR 值呈递增趋势,但存在较大的省际差异。如辽宁农村居民 CR 值下降 2/3,而河南、广西农村居民下降了一半,河北农村居民 CR 值基本保持不变;1/3 省份的 PR 值总体呈现先增后减的趋势,如浙江、福建、河南、广东等。PR 值增长幅度存在显著差异,江苏、广西、重庆、陕西等省份 PR 值增长幅度均超过 100%;增长幅度最大的是广西壮族自治区,高达 168.4%;吉林省 PR 值增长幅度最小,为 10.8%。

(2)蔬菜生产价格变化影响着农村居民人均生产福利同方向变化,农村蔬菜零售价格变化影响着农村居民人均消费福利反方向变化,但变化幅度存在明显的省际差异。

如上海市 2003~2004 年蔬菜生产价格迅速下降 15.48%,引起农村居民人均生产福利急速下降幅度达 23.36%;2004~2005 年农村蔬菜生产价格上升 14.04%,农村居民人均生产福利增幅达 28.63%。而甘肃省,2004~2005 年农村蔬菜生产价格下降 25.2%,农村居民蔬菜人均生产福利仅增加 6.07%;2005~2007 年农村蔬菜生产价格上涨 14.08%,农村居民人均生产福利仅增加 4.24%。辽宁省 2004~2007 年蔬菜零售价格上升 20.1%,农村居民人均消费福利下降 4702 元/人,而甘肃省在 2005~2006 年蔬菜零售价格上升 19.1%,引起农村居民人均消费福利下降仅为 1114 元/人,前者是后者的 4 倍之多。

(3)蔬菜价格稳定更有利于农村居民人均短期总福利的增加,如重庆市蔬菜价格总体趋于平稳,重庆地区整体上农村居民短期人均总福利较高,维持在 4528 元/人;2003~2006 年期间,重庆蔬菜价格波动较频繁、剧烈,此时重庆农村居民短期人均总福利仅为 164 元/人。海南省农村居民从种植蔬菜中获利的年份少于亏损的年份,且福利负值绝对值明显大于正值,海南在 2003~2014 年农村居民蔬菜短期人均总福利均值为 −3782 元/人,长期人均总福利为 −3752 元/人,即整体上近年来海南农村居民在蔬菜种植上一直处于亏损状态,且短期亏损更多。

(4)蔬菜价格变动引起的农村居民短期人均福利效应和长期人均福利效应变化趋势一致,即蔬菜生产价格上升使得农村居民短期人均生产福利和长期人均生产福利得以改善,反之,蔬菜生产价格下降使得农村居民短期人均生产福利和长期人均生产福利恶化;蔬菜零售价格上升使得农村居民短期人均消费福利和长期人均消费福利得以恶化,反之则福利改善。并且,多数省份农村蔬菜价格波动的农村居民人均长期福利优于短期人均福利,但效果并不明显。

(5)蔬菜生产价格在农村居民人均总福利中占主导作用,表现出蔬菜生产价格上升带来的人均生产福利的增加大于蔬菜零售价格上升带来的人均消费福利的下降。所以整体上,农村居民短期人均总福利和长期人均总福利为正值。

(6)农村居民长期人均总福利没有明显优于短期人均总福利,且个别省份和个别年份存在农村居民短期人均总福利优于长期人均总福利的情况。

第 8 章　蔬菜价格波动的城镇居民福利效应

与第 7 章相同，本章在第 2 章和其他章节研究的基础上，利用第 2 章蔬菜价格波动的居民福利效应模型，对蔬菜价格波动的城镇居民福利效应进行测算。因为城镇居民是单纯的蔬菜消费者，因此蔬菜价格波动的城镇居民福利效应都表现为消费福利，即蔬菜价格上涨将引起城镇居民福利损失，而蔬菜价格下降将会增加城镇居民福利。本书旨在通过观察消费者福利变动反映蔬菜价格变动对消费者福利的影响，与第 7 章计算蔬菜价格波动的农村居民福利不同的是，本章只计算城镇居民的消费福利变化情况，因此福利效应模型仅为短期消费福利模型和长期消费福利模型，需要的弹性估计也仅需要计算城镇居民蔬菜需求的需求弹性和收入弹性。

8.1　模型构建与数据来源

8.1.1　模型构建

本章研究的样本期间也是 2003～2014 年中国 16 个省的面板数据，根据第 2 章居民福利效应模型，构建基于面板数据的蔬菜价格波动的城镇居民短期福利效应模型如下：

$$\frac{\Delta w_{it}^{12}}{X_{i0}} = -CR_{it}\frac{\Delta P_{it}^{ds}}{P_{i0}^{ds}} \tag{8-1}$$

其中，Δw_{it}^{12} 代表 i 省城镇蔬菜价格变动的福利效应变化的一阶近似值，即为该省城镇居民短期福利效应；i 代表省域；t 代表年份；X_{i0} 代表 i 省的基期收入；ΔP_{it}^{ds} 代表 i 省城镇蔬菜零售价格的变化；P_{i0}^{ds} 代表 i 省城镇基期蔬菜零售价格；CR_{it} 为 i 省城镇居民蔬菜消费价值占其总支出的比值。

同理，基于面板数据的蔬菜价格变化的城镇居民长期福利效应模型如下：

$$\frac{\Delta w_{it}^{22}}{X_{i0}} = -CR_{it}\frac{\Delta P_{it}^{ds}}{P_{i0}^{ds}} - \frac{1}{2}\xi_{it}^{h}CR_{it}\left(\frac{\Delta P_{it}^{ds}}{P_{i0}^{ds}}\right)^{2} \tag{8-2}$$

其中，Δw_{it}^{22} 代表 i 省蔬菜价格变化的福利效应变动的二阶近似值，即为该省城镇居民的长期福利效应；ξ_{it}^{h} 为 i 省城镇蔬菜希克斯需求弹性，计算公式为：$\xi_{it}^{h} = E_{it} + CR_{it} \cdot \eta_{it}$，其中 E_{it} 为省域蔬菜需求价格弹性，η_{it} 为省域蔬菜需求收入弹性。

8.1.2 数据来源

根据数据的可获得性,本书选取2003~2014年中国蔬菜主产地16省份城镇居民人均全年蔬菜消费量、城镇居民家庭人均可支配收入、蔬菜零售价格、蔬菜替代品价格(这里用"肉禽类及其制品价格"来替代)、城镇居民消费价格指数、城镇居民家庭人均蔬菜消费支出、城镇居民家庭人均总支出等数据进行参数估计与福利测算。数据来源于《中国统计年鉴》、各省的《统计年鉴》、《中国城市(镇)生活与价格年鉴》、国研网统计数据库、中华人民共和国统计局等。为了消除通货膨胀的影响,本书利用城镇居民消费价格指数CPI对相关数据进行平减,采用Eviews 8.0进行计量分析。

8.2 单位根及协整检验

在建立模型之前,首先对相关变量进行对数化处理,以消除异方差,防止数据剧烈波动,同时,为了避免"伪回归"现象,须对各变量进行面板单位根检验和协整检验。与第7章单位根检验方法类似,本章采用同质单位根检验LLC(Levin-Lin-Chu)、Breitung和异质单位根检验IPS、ADF-Fisher、PP-Fisher。检验结果(表8-1)表明,蔬菜需求函数中各变量均是零阶单整的,即对变量取自然对数后均变为平稳序列,满足协整检验的条件。本章采用面板数据Kao检验方法对蔬菜需求函数各变量做进一步的协整检验,检验结果表明,ADF的t-Statistic为1.5371,其对应的P值为0.0621,可知,ADF统计量在10%的置信水平下检验显著,即Kao检验认为蔬菜需求函数序列之间存在协整关系,城镇居民需求函数各变量存在长期均衡关系。

表8-1 城镇蔬菜需求函数各变量单位根检验结果

	指标	LLC	Breitung	IPS	ADF-Fisher Chi-stat	PP-Fisher Chi-stat
需求函数变量	LCZXF	−5.6092*** (0.0000)	0.6298 (0.7356)	−2.6298*** (0.0043)	56.2938*** (0.0050)	56.8229*** (0.0044)
	LCZSR	−16.9282*** (0.0000)	−3.6026*** (0.0002)	−9.7912*** (0.0000)	136.298 (0.0000)	178.709*** (0.0000)
	LCZLS	−10.8902*** (0.0000)	−5.4671*** (0.0000)	−8.5303*** (0.0000)	115.490 (0.0000)	133.700*** (0.0000)
	LCZTD	−17.0235*** (0.0000)	−7.8738*** (0.0000)	−8.9818*** (0.0000)	129.231 (0.0000)	147.461*** (0.0000)

注:"***"、"**"、"*"分别表示在1%、5%、10%显著性水平上显著;括号内的数据为相应统计量对应的P值。

8.3 弹性估计

城镇居民蔬菜价格弹性和收入价格弹性估计，需要构建城镇居民蔬菜价格波动的需求函数模型，具体形式如下：

$$LCZXF_{it} = \gamma_0 + \gamma_1 LCZSR_{it} + \gamma_2 LCZLS_{it} + \gamma_3 LCZTD_{it} + \sigma_{it} \tag{8-3}$$

其中，i 代表蔬菜主产各个省份；t 代表年份；$LCZXF_{it}$ 代表城镇居民蔬菜人均消费量；$LCZSR_{it}$ 代表城镇 CPI 平减后的城镇居民家庭人均可支配收入；$LCZLS_{it}$ 代表城镇蔬菜零售价格；$LCZTD_{it}$ 代表城镇蔬菜替代品价格（这里用"肉禽类及其制品价格"指标来替代）；γ_0 为常数项，γ_1、γ_2、γ_3 为相应的变量系数；σ_{it} 为随机扰动项。

面板数据模型估计前，首先应判断模型设定的具体形式，由 F 统计量检验和 Hunsman 检验结果如下：

$F_1 = 2.8581$，$F_2 = 9.9489$（$N=16$，$T=12$，$K=3$）

查 F 分布，在给定 5% 的显著性水平下，得到相应的临界值：

$F_1(45, 128) = 1.4677$，$F_2(60, 128) = 1.4222$，由于 $F_2 = 9.9489$，大于 5% 显著性水平下的临界值 1.4222，故拒绝接受 H_2，不能选择混合效应模型，所以需要进一步进行 F_1 检验。而通过计算求得 $F_1 = 2.8581$ 大于 5% 显著性水平下相应的临界值 1.4677，故拒绝接受原假设 H_1，选择变系数模型，检验结果见表 8-2。Hausman 检验结果表明，随机效应检验的 P 值为 0.8340，Chi-sq. 统计量为 0.8643，说明接受随机效应模型。

表 8-2 城镇蔬菜供给函数模型设定的检验效果

检验方法	原假设	自由度	统计量	检验结论
F_2 检验	H_2：混合模型	(60, 128)	9.9489***	非混合模型
F_1 检验	H_1：个体固定效应模型	(45, 128)	2.8581	变系数模型
Hausman 检验	随机效应模型	3	0.8643	随机效应模型

注："***"表示 1% 的显著性水平下显著。

根据以上面板数据模型设定的检验结果，考虑到蔬菜各个省份城镇的经济发展、生活水平、个人偏好、风俗文化等方面存在较大差异，为了校正这种异质性带来的估计偏差，以便更好地考察蔬菜各个省份城镇需求函数价格弹性和收入弹性的差异，真实反映出各省的消费者福利效应变化，本书选取变截距固定效应模型估算各解释变量对地区消费者蔬菜消费量的总体影响，进而得到蔬菜价格弹性和收入弹性。经估计，城镇蔬菜需求函数方程如下：

$$LCZXF_{it}=5.3946+\theta_i-0.0452LCZTD_{it}+\gamma_i LNCZSR_{it}+\delta_i LCZLS+\sigma_{it}$$
$$(-1.3042)^{***} \tag{8-4}$$
$$R^2=0.8847, \overline{R^2}=0.8460, F=22.8650, D-Wstat=1.8536$$

由需求函数模型结果可知，回归方程拟合程度较好。调整的 R^2 值为 0.8460，统计量 F 值为 22.8650，其概率 P 值为 0.0000。从城镇居民蔬菜替代品价格系数来看，城镇肉禽类及其制品价格每上升 1%，城镇居民对蔬菜的消费量下降 0.0452%，可以看出一方面城镇居民对肉禽类的偏好，肉禽类已成为生活必需品；另一方面表明随着生活水平和收入的提高，肉禽类价格小幅上升并不会明显影响到人们对蔬菜的消费量。θ_i 代表需求函数模型变系数截距，基于篇幅限制，这里不再单独列出其值。城镇居民家庭人均可支配收入、城镇蔬菜零售价格两个变量模型中采取变系数形式（表8-3），目的是获取异质性的蔬菜价格弹性和收入弹性，更真实地测算各个省份的福利效应变化。其中，重庆、安徽、吉林 3 个省城镇蔬菜零售价格变化对蔬菜需求量影响不显著，由于后面计算福利时会用到蔬菜需求价格弹性，为确保分析结果可靠性，这 3 个省计算的福利结果仅供参考。

表8-3 城镇居民蔬菜零售价格弹性及收入弹性值

地区	γ_i	t统计量	P值	δ_i	t统计量	P值
河北	−0.3005	−90.0552***	0.0000	0.3093	22.6383***	0.0000
辽宁	−0.1767	−72.1003***	0.0000	−0.1327	−6.8364***	0.0000
吉林	−0.2462	−89.6148***	0.0000	0.0213	0.9689	0.3342
上海	0.0666	25.5410***	0.0000	−0.1005	−22.4115***	0.0000
江苏	0.0590	21.7992***	0.0000	0.0354	2.9392***	0.0038
浙江	−0.0700	−18.4979***	0.0000	−0.2269	−14.1286***	0.0000
安徽	−0.0177	−4.8399***	0.0000	−0.0139	−1.4571	0.1473
福建	−0.1776	−58.4774***	0.0000	0.2801	148.0580***	0.0000
河南	−0.2820	−54.8429***	0.0000	0.5575	21.9511***	0.0000
广东	−0.0863	−32.4120***	0.0000	0.0735	11.8655***	0.0000
广西	−0.1304	−43.3317***	0.0000	−0.0615	−7.0907***	0.0000
海南	0.0060	2.2829**	0.0239	0.3981	30.3433***	0.0000
重庆	0.1100	20.3143***	0.0000	0.0108	0.3227	0.7474
甘肃	−0.1350	−52.5741***	0.0000	0.0416	1.6630*	0.0985
新疆	0.0969	122.4558***	0.0000	−0.2144	−34.1132***	0.0000
陕西	−0.1070	−27.5567***	0.0000	0.2293	20.7179***	0.0000

注："***"、"**"、"*"分别表示在1%、5%、10%显著水平上显著。

8.4 福利测算

8.4.1 CR 的测算

CR 衡量的是作为纯消费者的城镇居民蔬菜支出占其总支出的比重。本书利用各省城镇居民人均菜类支出、城镇居民家庭人均总支出等数据，计算得出各省 CR 值(表 8-4)，再结合前面估计的蔬菜价格弹性和收入弹性，测算城镇居民蔬菜价格波动的消费福利变化。

表 8-4　城镇居民蔬菜人均消费支出占其总支出比重(CR)的变化情况　　单位：%

	2003	2004	2005	2006	2007	2008	2009	2010	2011	2012	2013	2014
河北	3.0767	3.1041	3.0050	2.8007	2.9452	3.1405	3.0257	3.0238	2.5665	2.6245	1.9841	1.7232
辽宁	3.5056	3.4396	3.3460	3.1951	2.8581	3.0588	2.6909	2.7145	2.5716	2.4777	2.4413	1.8084
吉林	3.0956	3.2929	3.1214	2.9816	2.8769	3.2553	3.1428	2.9213	2.6667	2.4813	2.4495	1.8618
上海	1.9655	1.7043	1.9755	1.9058	1.8678	1.8316	1.3918	1.9094	1.9894	1.8961	1.9817	1.5217
江苏	2.6907	2.6003	2.4504	2.3222	2.4898	2.6318	2.4872	2.8226	2.5134	2.5373	2.7091	2.0484
浙江	2.2742	2.2078	1.9826	1.9205	1.9159	2.0034	1.8579	2.1004	2.0028	2.1573	1.9677	1.5848
安徽	3.0817	2.9066	3.0706	2.8288	2.5358	3.1282	2.8953	2.9263	2.8606	2.6980	2.9624	2.3536
福建	2.7485	2.6969	2.8160	2.4645	2.6730	2.4780	2.3052	2.6945	2.3661	2.4927	2.3343	2.0831
河南	2.9329	3.1329	2.7746	2.8169	2.9867	2.9068	2.8778	2.7026	2.4289	2.3161	2.4924	1.7880
广东	2.2448	2.1777	2.2391	2.1403	2.1796	2.6892	2.2590	2.5105	2.3670	2.5851	2.6959	2.2225
广西	2.8502	2.8928	3.2586	3.0266	2.7419	2.7959	2.4682	2.6547	2.6183	2.7595	3.0615	2.3558
海南	3.3543	3.2779	3.3902	3.2153	3.2780	3.3716	3.5053	3.6764	3.5331	3.9698	3.8452	2.7182
重庆	2.9734	2.9112	2.8447	2.7901	2.7352	3.0874	3.2461	3.3003	3.1329	3.3732	3.6210	3.1535
甘肃	3.1532	2.9496	2.4681	2.7159	2.8798	3.2575	3.2308	3.4821	3.2323	3.0397	2.7298	2.2464
新疆	2.5503	2.6610	2.6294	2.6853	2.3352	2.6892	2.4872	2.5989	2.6624	2.5727	2.4669	1.9906
陕西	2.4482	2.4043	2.4258	2.3458	2.8259	2.7150	2.7382	2.8521	2.6128	2.6941	2.6430	2.1624

由表 8-4 可知，城镇居民 CR 值总体较平稳，除上海市较低外，其他省份基本保持在 2~3.5；相较于农村居民，城镇居民 CR 值明显偏小。城镇居民 CR 值也存在一定的差异，具体表现为：多数省份城镇居民 CR 值逐渐下降，但下降幅度存在差异，如辽宁省和河北省城镇居民 CR 值 2014 年与 2003 年相比，分别下降了 48.41% 和 43.99%，而广东省仅下降了约 1%；重庆市城镇居民 CR 值不降反升，与 2003 年 CR 值相比，2014 年重庆城镇居民 CR 值升高 6.05%。这可以从两方面解释：一方面说明多数省份城镇居民蔬菜消费支出在其总支出中比例下降，随着消费的多元化，城镇居民会更多地选择其他消费品来替代蔬菜；另一方面，随着经济发展和社会进步，城镇居民人均可支配收入不断增加，而收入增长快于对蔬菜消费的增长。此外，城镇居民 CR 值整体

明显比农村居民 CR 值偏小,一个重要原因是城镇居民家庭人均可支配收入高于农村居民人均纯收入,城镇居民家庭用于蔬菜消费支出只占其总支出的一小部分,更多的收入用于其他日常生活消费。

8.4.2 短期福利

在对各省城镇居民 CR 值分析的基础上,以 2002 年为基准年,以 2002 年各省蔬菜零售价格作为基期价格,即 P_{i0}^{ds};以 2002 年各省城镇居民家庭人均可支配收入为基期收入,即 X_{i0}(i 为各省份),并将各省城镇居民 CR 值代入短期福利模型方程(式 8-1),测算各省份 2003~2014 年蔬菜价格变动的城镇居民短期人均福利效应。具体的测算城镇居民福利效应结果如表 8-5 所示。

表 8-5 蔬菜价格波动的城镇居民短期人均消费福利 单位:千元/人

地区	2003	2004	2005	2006	2007	2008	2009	2010	2011	2012	2013	2014
河北	−4.4145	1.1069	0.0322	−2.2911	−1.4100	−2.5050	−3.4639	−3.8719	−0.0692	−2.8123	−1.1901	0.4065
辽宁	−7.0465	0.4949	−2.8102	−3.7388	−2.7616	−1.5879	−5.1022	−5.8219	−0.0359	−4.2581	−1.9614	−0.2527
吉林*	−4.9254	0.5964	−2.0305	−2.5957	−1.3200	−1.0522	−4.0187	−5.4227	0.0000	−2.3520	−2.8217	−0.0245
上海	1.4722	2.5331	1.0169	0.5567	−1.3469	−2.9275	−1.5317	−0.7994	1.9109	−0.8172	−0.0976	1.1430
江苏	−1.7883	3.4128	−0.6724	0.3872	−1.0070	−0.2483	−1.5964	−1.8774	1.1968	−0.1534	0.2457	1.3625
浙江	0.2283	3.4689	−0.5761	1.2480	0.7809	−0.2481	0.4120	−1.2471	2.2722	−1.1665	0.8554	1.8316
安徽*	−3.3204	4.3244	−1.1309	0.6875	0.2609	−0.3514	−0.8045	−1.3034	1.3213	−0.4302	0.1466	1.6307
福建	1.3267	0.2774	−0.8556	0.4162	−0.7666	−1.4984	0.3476	−3.4742	2.1559	−2.2498	−0.2007	0.9669
河南	−2.6289	0.8666	−1.0308	−0.5068	−0.5781	−1.8968	−1.8436	−1.9813	1.0653	−0.8939	−0.5247	1.1606
广东	−2.7084	−1.5329	−3.0323	−1.9671	−1.6893	−5.8302	−0.5066	−5.8440	−1.1344	−4.8967	−4.1531	−1.0652
广西	−1.9274	−0.5542	−1.5765	−1.6872	−1.0504	−7.9984	−0.9019	−4.4248	−1.3150	−3.1533	−1.5153	−0.5487
海南	−2.5437	−1.4387	−3.0141	−0.9474	−2.7507	−4.4335	−1.4741	−5.2686	−2.3464	−5.2451	−3.4676	−0.9121
重庆*	−8.1946	−6.0656	−2.6712	−6.1820	−5.2280	−5.3170	−7.4174	−5.9855	−4.1772	−6.9559	−5.9075	−4.7791
甘肃	−4.4133	0.3890	−0.5223	−3.6570	−1.6349	−2.5017	−5.2211	−3.3986	−1.6200	−2.7263	−2.3043	−1.0518
新疆	−3.1584	−0.3298	−1.6167	−5.7599	−2.5938	−5.1726	−3.8956	−5.7690	−3.4125	−5.7108	−3.2857	−2.2236
陕西	−5.0274	2.0381	−0.4281	−1.8351	−1.8383	−1.8565	−3.8327	−4.2716	−1.0216	−2.1424	−1.4187	0.4729

注:省份后面加"*",表示该省份价格弹性没有通过显著性检验。

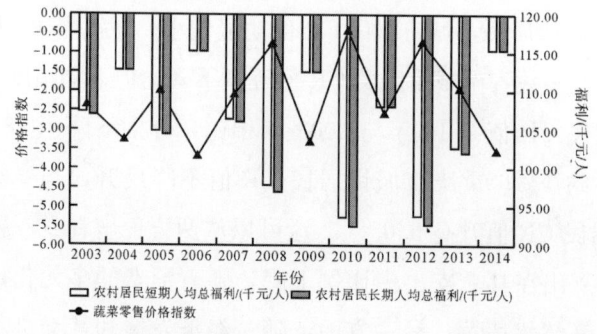

图 8-1 海南省蔬菜价格波动与城镇居民人均消费福利变化趋势图

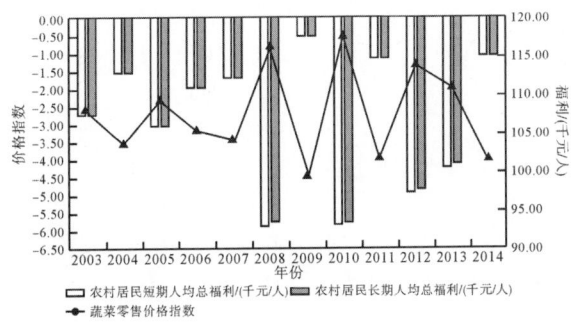

图 8-2 广东省蔬菜价格波动与城镇居民人均消费福利变化趋势图

根据以上计算得到的蔬菜价格波动的城镇居民短期人均福利效应，可以发现：

(1)蔬菜零售价格变化与城镇居民短期人均福利变化呈反方向变动，但变化幅度存在明显的省际差异。当蔬菜零售价格上涨时，城镇居民短期人均消费福利恶化；当蔬菜零售价格下降时，城镇居民短期人均消费福利改善，说明城镇居民作为蔬菜纯消费者，其福利变化和蔬菜价格息息相关（图 8-1 和图 8-2）。海南省蔬菜零售价格在 2005 年、2008 年、2010 年、2012 年达到局部极大值，城镇居民短期人均消费福利分别在 2005 年、2008 年、2010 年、2012 年也达到了局部负向绝对值极大值；同时在蔬菜价格下降时，城镇居民短期人均消费福利得到改善，如 2004 年、2006 年、2009 年、2014 年。广东省蔬菜价格在 2008 年和 2010 年分别达到极大值时，城镇居民短期人均消费福利也达到极小值，福利极大受损；当广东省蔬菜零售价格下降时，城镇居民短期人均消费福利增加，如 2004 年、2009 年、2011 年和 2014 年。在各省份蔬菜零售价格变化幅度相当时，城镇居民短期人均消费福利变化幅度却存在较大差异。如辽宁省 2003～2004 年蔬菜零售价格下降 30.83%，城镇居民短期人均消费福利增加 7541 元/人；而河北省 2003～2004 年城镇蔬菜零售价格下降 26.58%，城镇居民短期人均消费福利只增加 5521 元/人。这和地区城镇经济发展水平、居民消费偏好、资源禀赋不同等原因有关。

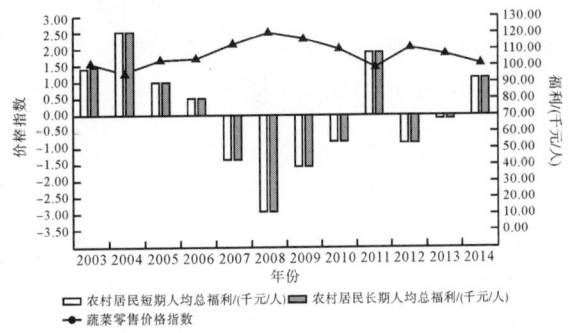

图 8-3 上海蔬菜价格波动与城镇居民人均消费福利变化趋势图

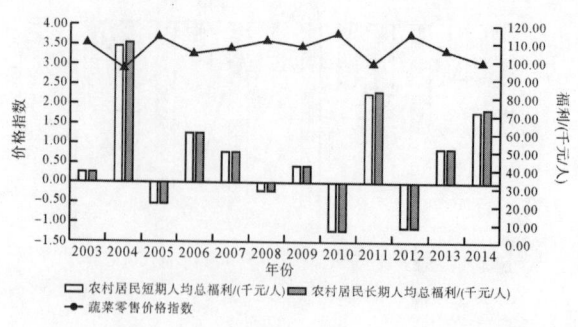

图 8-4 浙江省蔬菜价格波动与城镇居民人均消费福利变化趋势图

(2)各省城镇居民短期人均消费福利基本为负值，部分省份（自治区）在部分年份为正值。如海南省、广东省、广西壮族自治区、新疆维吾尔自治区等省份蔬菜零售价格波动的城镇居民短期人均消费福利均为负值，甘肃省、辽宁省等蔬菜零售价格波动的城镇居民短期人均消费福利在 2004 年为正值，其余年份均为负值；陕西、河北、河南等省份蔬菜零售价格波动的城镇居民短期人均消费福利为负值的年份数量多于为正值的年份数量，个别省份如上海、福建等蔬菜零售价格波动的城镇居民短期人均消费福利为负值的年份数量等于为正值的年份数量，仅有浙江省蔬菜零售价格波动的城镇居民短期人均消费福利为正值的年份数量多于为负值年份数量（图 8-3、图 8-4）。根据蔬菜价格波动城镇居民短期福利效应计算公式可知，CR 为正值，仅有 $\frac{\Delta P_{it}^{ds}}{P_{i0}^{ds}}$ 中的 ΔP_{it}^{ds} 可能为负值也可能为正值，这主要取决于基期 2002 年蔬菜零售价格与以后各年蔬菜价格的大小。由此，如果某省在某年的蔬菜零售价格波动的城镇居民短期人均消费福利为正值，说明该省该年份蔬菜零售价格小于基期 2002 年的蔬菜零售价格。

8.4.3 长期福利

将前文估计得到的城镇居民蔬菜价格弹性和收入弹性代入弹性公式：$\varepsilon_{it}^{ch} = E_{it} + CR_{it} \cdot \eta_{it}$（$i$ 表示省份，t 表示时间，ε_{it}^{ch} 表示城镇居民蔬菜的希克斯需求弹性，E_{it} 为城镇居民蔬菜需求价格弹性，η_{it} 为城镇居民蔬菜需求收入弹性），计算得到各省城镇居民蔬菜希克斯需求弹性。以 2002 年为基准年，将各省城镇居民蔬菜希克斯需求弹性 ε_{it}^{ch} 和蔬菜供给价格弹性 ε^{ch}，代入长期福利效应模型方程(8-2)，测算出 2003～2014 年各省蔬菜价格波动引起的城镇居民长期福利。测算结果如表 8-6 所示。

表 8-6 蔬菜价格波动的城镇居民长期人均消费福利   单位：千元/人

地区	2003	2004	2005	2006	2007	2008	2009	2010	2011	2012	2013	2014
河北	−4.1228	1.1253	0.0322	−2.2164	−1.3809	−2.4101	−3.2858	−3.6495	−0.0691	−2.7042	−1.1747	0.4080
辽宁	−6.2301	0.4989	−2.6792	−3.5051	−2.6312	−1.5454	−4.6514	−5.2360	−0.0359	−3.9382	−1.8933	−0.2515

续表

地区	2003	2004	2005	2006	2007	2008	2009	2010	2011	2012	2013	2014
吉林*	-4.4617	0.6032	-1.9516	-2.4670	-1.2867	-1.0310	-3.7099	-4.8616	0.0000	-2.2470	-2.6707	-0.0245
上海	1.4710	2.5312	1.0163	0.5565	-1.3477	-2.9313	-1.5312	-0.7998	1.9086	-0.8175	-0.0976	1.1430
江苏	-1.8025	3.3611	-0.6744	0.3866	-1.0115	-0.2486	-1.6078	-1.8928	1.1904	-0.1535	0.2454	1.3538
浙江	0.2287	3.5576	-0.5735	1.2605	0.7858	-0.2477	0.4134	-1.2353	2.3126	-1.1564	0.8612	1.8621
安徽	-3.3001	4.3592	-1.1285	0.6884	0.2610	-0.3512	-0.8033	-1.3002	1.3246	-0.4299	0.1466	1.6359
福建	1.3339	0.2777	-0.8524	0.4168	-0.7643	-1.4906	0.3480	-3.4258	2.1709	-2.2319	-0.2005	0.9691
河南	-2.5780	0.8729	-1.0239	-0.5051	-0.5756	-0.8910	-1.8195	-1.9673	1.0700	-0.8913	-0.5234	1.1574
广东	-2.6908	-1.5274	-3.0102	-1.9580	-1.6826	-5.7402	-0.5060	-5.7566	-1.1312	-4.8344	-4.1074	-1.0625
广西	-1.8888	-0.5510	-1.5512	-1.6579	-1.0388	-7.3320	-0.8933	-4.2193	-1.2968	-3.0496	-1.4917	-0.5455
海南	-2.6028	-1.4580	-3.0962	-0.9559	-2.8213	-4.6122	-1.4932	-5.5011	-2.3943	-5.4594	-3.5642	-0.9214
重庆	-8.7217	-6.3545	-2.7273	-6.4826	-5.4431	-5.5387	-7.8481	-6.2659	-4.3139	-7.3342	-6.1799	-4.9580
甘肃	-4.2312	0.3904	-0.5198	-3.5342	-1.6101	-2.4430	-4.9657	-3.2896	-1.5955	-2.6571	-2.2555	-1.0419
新疆	-3.1695	-0.3299	-1.6202	-5.8089	-2.5968	-5.2124	-3.9097	-5.8105	-3.4290	-5.7491	-3.2950	-2.2190
陕西	-5.0026	2.0417	-0.4280	-1.8328	-1.8318	-1.8508	-3.8076	-4.2358	-1.0201	-2.1350	-1.4157	0.4729

注：省份后面加"*"，表示该省份价格弹性没有通过显著性检验。

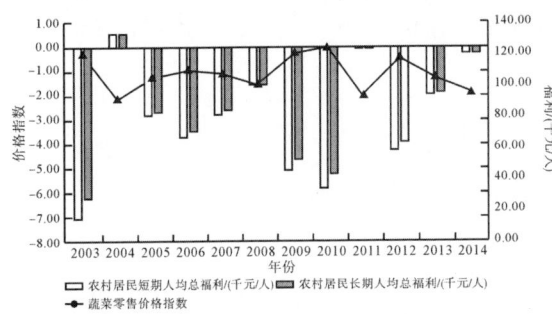

图8-5 辽宁省蔬菜价格波动与城镇居民人均消费福利变化趋势图

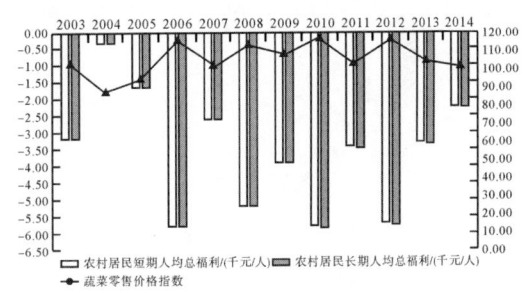

图8-6 新疆维吾尔自治区蔬菜价格波动与城镇居民人均消费福利变化趋势图

根据蔬菜价格波动的城镇居民长期人均福利测算结果，可以发现：

(1)蔬菜零售价格变化与城镇居民长期人均福利变化呈反方向变动，变动幅度存在明显的省际差异。当蔬菜零售价格上涨时，城镇居民长期人均消费福利恶化；当蔬菜零售价格下降时，城镇居民长期人均消费福利改善，如图8-1～图8-6所示。如辽宁省在2003年和2010年城镇蔬菜零售价格分别达到局部最大，由图8-5可知，城镇居民长期人均消费福利也分别达到负向绝对值最大，即-6230元/人和-5236元/人。

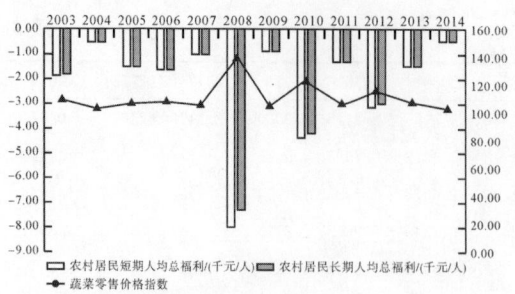

图 8-7 广西壮族自治区蔬菜价格波动与城镇居民人均消费福利变化趋势图

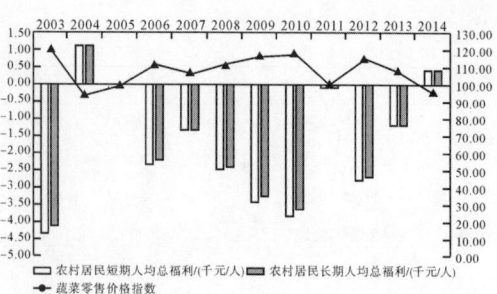

图 8-8 河北省蔬菜价格波动与城镇居民人均消费福利变化趋势图

(2)城镇居民长期人均消费福利没有明显优于短期人均消费福利,且部分年份存在城镇居民短期人均消费福利优于长期人均消费福利的情况(图 8-2,图 8-5,图 8-7,图 8-9 等)。如广西 2008 年城镇居民短期人均消费福利和长期人均消费福利分别为 −7998 元和 −7333 元;海南、新疆、江苏等省更为明显。一方面蔬菜作为一种生活必需品,需求弹性较小;另一方面,蔬菜价格机制不顺畅,城镇居民对蔬菜价格波动做出决策调整的过程相对滞后和迟钝,致使城镇居民短期人均消费福利优于长期人均消费福利。

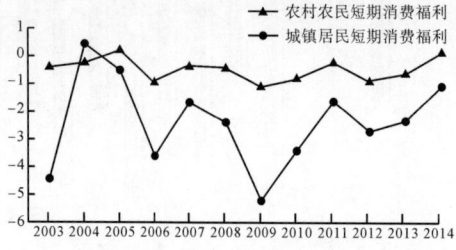

图 8-9 甘肃省农村与城镇居民短期消费福利变化趋势图

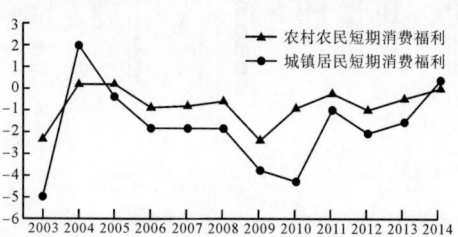

图 8-10 陕西省农村与城镇居民短期消费福利变化趋势图

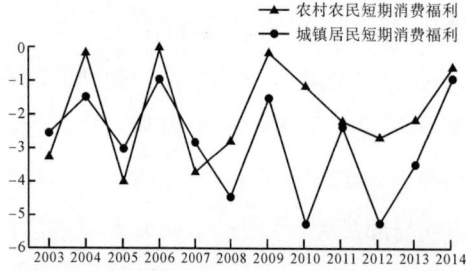

图 8-11 海南省农村与城镇居民短期消费福利变化趋势图

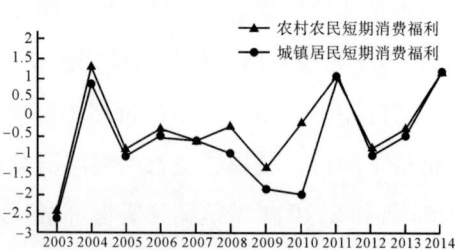

图 8-12 河南省农村与城镇居民短期消费福利变化趋势图

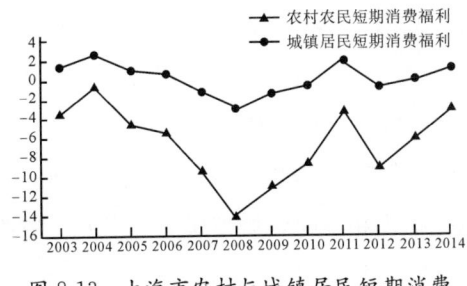
图 8-13 上海市农村与城镇居民短期消费福利变化趋势图

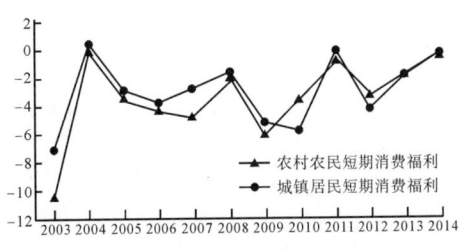
图 8-14 辽宁省农村与城镇居民短期消费福利变化趋势图

(3)农村居民与城镇居民消费福利变化趋势基本一致,但农村居民消费福利普遍优于城镇居民消费福利。如图 8-9~图 8-14 所示(长期消费福利与短期消费福利变化趋势一致,这里使用短期消费福利图形来举例),农村居民与城镇居民消费福利变化趋势基本一致,农村居民消费福利波动幅度普遍小于城镇居民消费福利的波动幅度。根据前文分析可知,农村居民 CR 值整体明显大于城镇居民 CR 值且农村和城镇居民 CR 值都为正值,农村与城镇蔬菜价格变化基本相当,但基期城镇居民人均收入远大于农村居民人均收入,同时因为消费福利表现为福利损失,普遍为负值,因此除上海和辽宁外,农村居民消费福利水平普遍高于城镇居民消费福利水平。说明农村居民普遍在蔬菜自给自足的条件下因蔬菜价格波动而受益。

8.5 本章小结

本章首先构建了蔬菜价格波动的城镇居民消费福利测算的理论模型,同时利用城镇居民蔬菜需求函数估计出了蔬菜需求价格弹性和蔬菜需求收入弹性,最终计算出了城镇居民 CR 值,以及城镇居民短期消费福利和长期消费福利。通过比较分析得到以下结论。

(1)城镇居民 CR 值总体表现为下降趋势,但存在明显的省际差异,且城镇居民 CR 值明显小于农村居民 CR 值。如 2014 年与 2003 年相比,辽宁省和河北省城镇居民 CR 值分别下降了 48.41% 和 43.99%,而广东省却只下降了约 1%;有个别省份城镇居民 CR 值不降反升,如重庆市,与 2003 年 CR 值相比,2014 年重庆城镇居民 CR 值升高 6.05%。

(2)蔬菜零售价格变化与城镇居民长期人均福利变化呈反方向变动,变动幅度存在明显的省际差异。海南省蔬菜零售价格在 2005 年、2008 年、2010 年、2012 年达到局部极大值,城镇居民短期人均消费福利分别在 2005 年、2008 年、2010 年、2012 年也达到了局部负向绝对值极大值；同时在蔬菜价格下降时，城镇居民短期人均消费福利得到改善，如2004年、2006年、2009年、2014年。广东省蔬菜价格在2008年和2010年分别达到极大值时，城镇居民短期人均消费福利也达到极小值，福利极大受损；当广东省蔬菜零售价格下降时，城镇居民短期人均消费福利增加，如2004年、2009年、2011年和2014年。在各省份蔬菜零售价格变化幅度相当时，城镇居民短期人均消费福利变化幅度却存在较大差异。如辽宁省2003～2004年蔬菜零售价格下降30.83%，城镇居民短期人均消费福利增加7541元/人；而河北省2003～2004年城镇蔬菜零售价格下降26.58%，城镇居民短期人均消费福利只增加5521元/人。辽宁省在2003年和2010年城镇蔬菜零售价格分别达到局部最大，城镇居民长期人均消费福利也分别达到负向绝对值最大，即−6230元/人和−5236元/人。

(3) 从整体上看，城镇居民长期人均消费福利优于短期人均消费福利，但效果不明显，且个别省份和个别年份存在城镇居民短期人均消费福利优于长期人均消费福利。如广西、广东、辽宁、甘肃、河北、河南等省份蔬菜价格波动的长期人均消费福利优于短期人均消费福利。以广西壮族自治区2008年为例，城镇居民短期人均消费福利和长期人均消费福利分别为−7998元和−7332元，长期人均消费福利小于短期人均消费福利。此外，海南、新疆、江苏等省份蔬菜价格波动的城镇居民短期人均消费福利优于长期人均消费福利。

(4) 农村居民与城镇居民消费福利变化趋势基本一致，但农村居民消费福利普遍优于城镇居民消费福利。如图8-9～图8-14所示，农村居民与城镇居民消费福利变化趋势基本一致，农村居民消费福利波动幅度普遍小于城镇居民消费福利的波动幅度。除上海和辽宁外，农村居民消费福利水平普遍高于城镇居民消费福利水平。

第 9 章　蔬菜价格的调控机制

通过对价格波动理论的梳理和学习，可以定义：蔬菜价格调控实际是政府通过财政货币政策等经济手段和行政法规等法律手段，在尊重市场经济规律的前提下，对蔬菜生产、流通和消费各环节进行调节和控制，以保持供需平衡和价格的合理波动，充分发挥蔬菜价格对蔬菜产业资源最优配置功能，保护相关主体的利益，促进蔬菜产业的健康发展。根据蔬菜价格的波动理论、蔬菜价格波动的成因和居民福利理论，认识到蔬菜价格的波动受多种因素影响，包括从生产到最终消费者的各环节，蔬菜价格波动的直接结果是改变蔬菜生产者和消费者福利。蔬菜价格调控是一项系统工程，是政府利用"有形的手"与市场这只"无形的手"密切配合的过程，因此，密切配合的目标是什么，如何密切配合，怎样才能密切配合成了研究的重点。本书的前期研究，已经为蔬菜价格的调控指明了方向。

9.1　蔬菜价格调控现状及问题

近年来，蔬菜价格大起大落，蔬菜产业的发展受到了党和国家领导人的高度重视，国务院及相关部门对蔬菜生产、流通以及消费进行了积极的调控（王小雄，2007，2008；《中国蔬菜》编辑部，2011，2012）。

(1)对蔬菜产业各环节进行综合宏观调控的重大事件有：2004～2016 年连续 13 个中央一号文件，分别从减免农业税收、农机具购置补贴、农资综合补贴、良种补贴、产业结构调整、基础设施建设、科技创新、构建新型农业经营体系等方面全方位地为农业发展提出了指导性意见，蔬菜产业的发展也深受其益。自 2008 年蔬菜价格持续上涨以来，国务院办公厅及有关部门，多次发布保障蔬菜供给和价格稳定的通知或意见：2008 年 10 月中国共产党第十七届中央委员会第三次全体会议审议通过了《中共中央关于推进农村改革发展若干重大问题的决定》，其中对蔬菜生产、流通以及消费的各环节的发展和建设提出了明确的指导意见。2010 年 3 月国务院办公厅印发了《关于统筹推进新一轮菜篮子工程建设的意见》（国办发〔2010〕18 号），《意见》指出，要突出转变农业发展方式的基本要求,大规模开展标准化创建活动,带动蔬菜产品标准化生产,建设一批设施化生产基地,夯实稳定发展基础,要完善菜篮子产品检验检疫风险预警体系,要推动菜篮子市长负责制的落实,合理确定大中城市菜篮子产品生产用地保有数量、菜篮子重点产品自给率和产品质量安全合格率等指标,并将确保菜篮子产品质量、价格基本稳定、产销衔接顺畅、市场主体行为规范、突发事件处置及时、风险控制迅速有力、农业生态环境得到保护等纳入各地菜篮子工程建设考核指标体系。2009年农业部发布了《全国蔬菜重点区域发展规划(2009—2010年)》,规划建设较强市场竞争力和特色的8个蔬菜重点区域,包括:华南冬春蔬菜重点区域、长江上中游冬春蔬菜重点区域、黄土高原夏秋蔬菜重点区域、云贵高原夏秋蔬菜重点区域、黄淮海与环渤海设施蔬菜重点区域、东南沿海出口蔬菜重点区域、西北内陆出口蔬菜重点区域、东北沿边出口蔬菜重点区域。2010年11月国务院办公厅发布《国务院关于稳定消费价格总水平保障群众基本生活的通知》,要求各地和有关部门及时采取16项措施,进一步做好价格调控监管工作,稳定市场价格,切实保障群众基本生活;《通知》要求有关部门和各地切实加强蔬菜种植基地和蔬菜大棚建设,南方省区和有关蔬菜主产区要抓好冬季蔬菜的生产,中央和地方各级财政给予必要的支持。2010年12月国务院办公厅又发布了《关于进一步促进蔬菜生产保障市场供应和价格基本稳定的通知》。2011年1月国家发展改革委、农业部、商务部、交通运输部、工商总局联合下发了《关于做好2011年春节期间蔬菜市场保供稳价工作的紧急通知》。2011年2月国家发展改革委、农业部会同商务部、水利部等部门在全国进行调研,起草了《全国蔬菜产业发展规划(2011—2020年)》,为未来10年中国蔬菜产业的发展提出了全面的指导性意见。2012年8月国务院发布《国务院关于深化流通体制改革加快流通产业发展的意见》,支持建设和改造一批具有公益性质的农产品批发市场、农贸市场、菜市场、社区菜店、农副产品平价商店以及重要商品储备设施、大型物流配送中心、农产品冷链物流设施等。2013年1月国务院发布《国务院办公厅关于保障近期蔬菜市场供应和价格基本稳定的紧急通知》,农业部门要完善灾害性天气防控预案,指导北方地区抓好设施蔬菜生产,加固温室大棚,做好设施蔬菜的防寒保温。2015年8月国务院发布《国务院办公厅关于加快转变农业发展方式的意见》,推进农业结构调整。2017年国务院发布《国务院办公厅关于印发"菜篮子"市长负责制考核办法的通知》,强化"菜篮子"市长负责制,全面加强"菜篮子"工程建设。

(2)对蔬菜生产调控方面的主要事件有:2006年农业部制定并发布了番茄、蒜薹、青花菜、大白菜、辣椒和莴笋等6种蔬菜的等级规格标准。在2008年年初南方出现重大冰雪灾害时,国务院煤电油运和抢险抗灾应急指挥中心发布了《关于加强农业减灾工作搞好蔬菜生产的公告》,从恢复生产、田间管理、生产服务等方面对蔬菜的减灾工作进行了指导和布置。2008年7月农业部出台《关于促进设施农业发展的意见》,意见指出,发展设施农业要以设施园艺和设施养殖技术创新为重点,加大政策扶持力度,创新发展机制。2008年,农业部还启动蔬菜产业技术体系建设项目,该项目将建立起中国蔬菜产业育种、栽培、病虫防控、设施设备、产业经济和采后处理与加工的较完善的产业技术研究体系,紧紧围绕中国蔬菜产业的共性问题和各生态区栽培中的主要技术问题进行研究,为蔬菜产业可持续发展提供技术支持和信息服务。2009~2010年,农业部在全国蔬菜发展重点区域创建蔬菜标准园400个,通过集成技术、集约项目、集中力量,稳定提高蔬菜质量安全水平,提升产业发展质量效益,增强产业竞争力,打造一批高标准、高水平、具有引领示范作用的蔬菜生产"国家队"和主力军。2009~2010年,农业部在全国蔬菜重点发展区域基地县组织创建设施蔬菜标准园200个,集中连片面积达13.3 hm²以上;露地蔬菜标准园200个,集中连片面积达66.7 hm²以上标准园全面推行标准化。2009年以来,农业部分别在宁夏银川、湖北宜昌、江西婺源举行仪式,先后启动了蔬菜、水果、茶叶标准园创建工作,在全国已创建标准园819个,其中蔬菜标准园401个。2010年5月7日,农业部组织专家制定了蔬菜标准园创建规范,指导各地科学选建标准园;分作物编写了关键技术培训教材,在主产区组织了9期标准化生产技术培训班;创办了"全国园艺作物标准园信息网",组织5个专家组对10个省进行了巡回指导和工作督导,各地按照要求,加强领导,强化措施,大力推进标准园创建。2010年年初甘肃省委、省政府《甘肃省蔬菜产业发展扶持办法》确定对蔬菜产业扶持的重点是:支持河西走廊、沿黄灌区、泾河流域、渭河流域、徽成盆地五大优势产区,发展优势突出、带动农民增收效果显著的设施蔬菜和高原夏菜,每年整合筹措4000万元,设立蔬菜产业发展专项资金,作为支持蔬菜产业发展的资金来源。2011年农业部启动了蔬菜生产信息监测预警,5月6日发布了《蔬菜生产信息监测管理办法(试行)》,安排1000万元财政资金,专项用于建立蔬菜生产信息监测网络。在面临传统种业向现代种业转变的关键时刻,2011年4月,国务院发布了《国务院关于加快推进现代农作物种业发展的意见》,9月农业部组织起草并公布了《农作物种子生产经营许可管理办法》,2012年12月国务院发布《国务院办公厅关于印发全国现代农作物种业发展规划(2012—2020年)的通知》。2015年5月农业部发布《农作物种子生产经营许可管理办法》,明确申请种子生产许可证及运营许可证所具备的条件。

(3)在蔬菜流通调控方面的主要事件有:2008年经国家发展改革委审核批准的山东省重点项目工程"中国·寿光农产品物流园"开建,园区占地总面积200 hm²,总投资20亿元,可实现年蔬菜、水果及农副产品交易量100亿kg;2009年一期规划建设主要包括蔬菜果品交易区、蔬菜电子商务交易区、农资交易区、农产品加工区、物流配送区及配套服务区六大功能区；2010年二期全部建成后成为亚洲最大的综合性农产品物流园，还成为中国最大的蔬菜集散中心、价格形成中心、信息交易中心、物流配送中心和蔬菜标准形成中心。2010年交通运输部、国家发展改革委、财政部三部门联合发布通知，进一步完善鲜活农产品运输绿色通道政策，增加鲜活农产品品种，增加越冬蔬菜供应，降低农产品流通成本，自2010年12月1日起，所有收费公路对整车合法装载鲜活农产品的车辆免收通行费。2010年10月农业部发布了《农业部定点市场管理办法》。2010年12月国家发展改革委经济贸易司召集农业部、商务部、交通运输部、铁道部、工商总局等部门相关司局讨论并建立了《保障蔬菜市场供应稳定价格部门工作机制》。2011年5月国家发展改革委发布了《关于完善价格政策促进蔬菜生产流通的通知》。2012年2月国家发展改革委、财政部、农业部、商务部等四部委联合下发了《关于建立北方大城市冬春蔬菜储备制度的通知》，对冬春蔬菜储备工作提出了明确要求。2012年5月陕西省发展改革委会同省财政厅、省农业厅、省商务厅联合下发了《关于建立大中城市冬春蔬菜储备制度的通知》，对陕西省冬春蔬菜储备工作进行了安排部署。2013年国务院发布《国务院办公厅关于印发降低流通费用提高流通效率综合工作方案的通知》，对蔬菜等农产品流通中用电用水等实行支持性价格政策，规范和降低农产品市场收费，利用价格调节基金支持降低农产品流通成本。2013年2月国务院发布《国务院办公厅关于落实中共中央国务院关于加快发展现代农业进一步增强农村发展活力若干意见》，关于"大力培育现代流通方式和新型流通业态，发展农产品网上交易、连锁分销和农民网店"的问题，由商务部会同发展改革委、农业部、工业和信息化部、供销合作总社等部门研究提出落实意见。2014年国务院发布《国务院办公厅关于落实中共中央国务院关于全面深化农村改革加快推进农业现代化若干意见有关政策措施分工的通知》，商务部会同中央农办、发展改革委、农业部、财政部、交通运输部、公安部、工商总局、供销合作总社等部门负责落实关于"着力加强促进农产品公平交易和提高流通效率的制度建设，加快制定全国农产品市场发展规划，落实部门协调机制，加强以大型农产品批发市场为骨干、覆盖全国的市场流通网络建设，开展公益性农产品批发市场建设试点"的问题。2016年国务院发布《国务院办公厅关于深入实施"互联网＋流通"行动计划的意见》积极推进流通创新发展。

(4)在蔬菜消费调控方面的主要事件：2011年入秋以来，随着部分鲜活农产品集中大量上市，内蒙古马铃薯、甘肃洋葱等先后出现销售难，山东泰安、济南、枣庄、临沂、日照等地又发生大白菜滞销，河北等其他大白菜主产区也面临较大销售压力，价格已同比下降了50%左右，有的地方已跌破成本价。对此，农业部发出紧急通知，要求各地农业部门务必高度重视，采取积极有效措施。上海在国内率先推出了"冬淡"和"夏淡"蔬菜成本价格保险产品，当市场价格低于保单约定时，可以获得相应赔偿。昆明市依托生产、销售龙头企业推进蔬菜直销点建设，目前全市已经设立蔬菜直销点43个，计划年内在全市设300个蔬菜直销点。由于直销点蔬菜价格较低，带动了周边农贸市场蔬菜价格的下降。苏州市开展了主题为"保障供应、价格惠民、稳定物价"的蔬菜价格惠民活动。采取政府倡议、企业运作、舆论监督的全新模式稳定蔬菜价格。参加活动的18家大型超市和园区邻里中心7家生鲜店积极响应政府倡议，每家每天至少拿出4个品种的蔬菜进行优惠销售。随着电子商务的发展，按照《国务院关于大力发展电子商务加快培育经济新动力的意见》（国发2015）和《国务院关于积极推进"互联网＋"行动的指导意见》（国发2015）的部署要求，发挥电子商务在培育经济新动力、打造"双引擎"、实现"双目标"方面的重要作用，扎实推进农业电子商务快速健康发展，农业部、国家发展和改革委员会、商务部共同研究制定了《推进农业电子商务发展行动计划》。

(5) 在蔬菜安全调控方面的主要事件：根据十一届全国人大常委会第二次委员长会议的决定，全国人大常委会办公厅于2008年4月20日向社会全文公布"食品安全法"（草案），"食品安全法"的制定，进一步提高蔬菜产品的安全性，从法律层面对蔬菜产品的安全起着重大的推动和保证作用。2009年10月1日实施的《供港澳蔬菜检验检疫监督管理办法》，对供港蔬菜检验检疫管理措施进行了完善和规范。为进一步加强农药市场监管工作，2010年上半年农业部牵头组织开展"整治禁限用高毒农药保蔬菜质量安全专项行动"，组成9部门联合督导组，对蔬菜重点产区高毒农药监管工作进行督导检查，进一步加大了农药市场监督检查力度，向社会公布了监督抽查发现的违法经营单位和违法产品名单，公开曝光了一批典型案件的查处情况。3月份以来，各级农业部门共编印《安全科学使用农药挂图》等宣传资料800万份向农民免费发放，集中力量加强对农民的技术指导和培训。2010年9月中华人民共和国工业和信息化部、中华人民共和国环境保护部、中华人民共和国农业部、国家质量监督检验检疫局联合发布《农药产业政策》，明确了今后10年中国农药工业的发展规范。2013年12月国务院发布《国务院办公厅关于加强农产品质量安全监管工作的通知》，强化对无公害农产品、绿色食品、有机农产品、地理标志农产品的认证后监督，坚决打击假冒行为。2016年1月国务院发布《国务院办公厅关于加快推进重要产品追溯体系建设的意见》，推进主要农业生产资料追溯体系建设，12月国务院发布《国务院办公厅关于建立统一的绿色产品标准、认证、标识体系的意见》，农业部发布《农业生产安全保障体系建设规划（2016—2020年）》。根据《农产品质量安全法》的规定和《国务院办公厅关于印发

2016年食品安全重点工作安排的通知》要求，2016年，农业部按季度组织开展了4次农产品质量安全例行监测。

（6）中国蔬菜价格调控存在的主要问题：从2007年以来蔬菜价格剧烈的波动及调控的现状分析，目前中国蔬菜价格调控还存在一些不足之处，严重影响了蔬菜价格调控的效果：一是蔬菜价格调控的滞后性，被动调控成为一种主要的模式；二是缺乏足够的政策调控，在生产、流通、安全、信息监测等方面资金投入不够；三是在蔬菜保险、税收、补贴、支持性价格、批发市场用地等方面政策不完善、不配套；四是各地方政府支持政策不均衡、不稳定，调控的目标不清晰；五是调控的法律制度不完善；六是实施调控的主体由多部门组成，调控的效率不高；七是生产销售信息网络体系建设严重滞后；八是政府使用行政手段调控蔬菜市场的现象比较严重；九是流通体系政府职能缺位。

9.2 蔬菜价格调控目标及思路

由价格波动理论可知，蔬菜价格波动是由外部冲击和内部传导共同形成的。外部冲击是蔬菜价格波动的动力源，内部传导机制决定着对外部冲击的反应。内部传导机制决定蔬菜价格波动的持续性，外部冲击机制对蔬菜价格波动的波幅、波长产生影响并最终决定波动的拐点。蔬菜价格波动受蔬菜产业链各环节成本的影响、蔬菜市场供需变化的影响、蔬菜生产时滞性的影响，同时干旱等自然灾害、国际因素、居民收入水平、经济周期和宏观调控手段等也都会对蔬菜价格波动产生影响。正如前文对蔬菜价格波动的认识，蔬菜价格波动是绝对存在的，其波动也正是对蔬菜市场资源配置功能的体现。但是，由于市场机制的缺陷和蔬菜生产的自身的弱质性，蔬菜价格的波动常常偏离正常范围，从第4章中的分析可以发现，蔬菜价格常年发生剧烈波动的风险都比较大，因此，需要进一步加强蔬菜价格的宏观调控能力。

研究结果显示，中国蔬菜产业市场还不完善，效率还不高，蔬菜价格形成机制不畅，蔬菜价格机制单向地发挥着有限的调节作用；蔬菜产业容易受到外部冲击的影响，价格剧烈波动的风险较大，抗风险能力较差。这些都为蔬菜价格调控提供了理论参考。同时，通过对蔬菜价格波动的居民福利的测算，一方面农村和城镇居民CR值总体都表现为下降趋势，但下降幅度存在明显的省际差异，且城镇居民CR值明显小于农村居民CR值；另一方面蔬菜生产价格变化影响着农村居民生产福利同方向变化，蔬菜零售价格变化影响着农村和城镇居民消费福利反方向变化，蔬菜生产价格在农村居民总福利中占主导作用，农村和城镇居民长期福利没有明显优于短期福利，蔬菜价格相同变化幅度引起的居民福利变化存在明显的省际差异。因此，蔬菜价格调控还要考虑到蔬菜作为人民日常生活的必需品这一现实，它涉及社会民生问题和农村与城镇居民利益协调的问题，对其价格调控还应注意与国家经济发展水平相适应的问题。借鉴其他国家调控农产品价格的经验，可以发现发展中国家蔬菜价格一般维持在较低水平，而发达国家往往把蔬菜价格维持在较高水平，这也是国家宏观经济发展的需要。

总的来说，对蔬菜价格调控的目标包括以下几个方面。

(1)健全蔬菜产业市场机制。蔬菜产业市场机制由价格机制、供求机制、竞争机制以及风险防范机制等组成。健全的市场机制是合理配置蔬菜产业资源、保障蔬菜产业健康发展最主要的途径。

(2)保障蔬菜供需平衡。蔬菜价格是蔬菜价值的外在体现，同时也受供求变化的影响。由经济学原理可知，当供给大于需求时，价格将会下降；当需求大于供给时，价格将会上升。因此，保障蔬菜供需的总体平衡，是蔬菜价格合理波动的重要条件。

(3)提高蔬菜流通效率。蔬菜从产地到销售地的转移，离不开流通中介。而蔬菜大多具有易腐蚀特点，如果蔬菜流通效率不高，必然增加流通成本，最终导致蔬菜价格的上涨。就目前中国蔬菜市场价格上涨的原因来看，有不少学者认为，流通环节太多、效率不高，是促成蔬菜价格波动的重要原因。尤其在发生重大自然灾害等突发事件的情况下，蔬菜流通的效率对蔬菜销售地价格的波动影响将更加明显。也就是说，在这样的情况下，如果蔬菜流通效率很高，能及时反应，增加受灾地区的蔬菜供给，蔬菜价格由于突发事件引起的价格波动将大幅降低。

(4)保障生产者与消费者的利益。生产者是蔬菜供给提供者，消费者是蔬菜流通的最终归属，正是由于二者的存在才使得其他环节显得更有意义。如果生产者的利益得不到保障，一个理性的经济人则不愿意从事蔬菜生产劳动，蔬菜供给将会减少，蔬菜价格将会不断上涨；蔬菜消费是老百姓日常生活中的基本消费，蔬菜价格的剧烈上涨固然能保障生产者的利益，但蔬菜消费者将无法承受，尤其是一些低收入者对蔬菜价格的上涨更为敏感，由此可能带来更为严重的社会问题。

(5)维持蔬菜价格的合理波动。通过前面的分析可知：只有蔬菜价格的合理波动才是调节蔬菜产业资源配置的最有效的机制，也是保护生产者与消费者利益最大化的最好方式。合理的价格波动能刺激生产，合理配置资源，正确发挥资源配置的信号功能。

结合文中对蔬菜价格波动成因及居民福利变化的特点，政府对蔬菜价格进行合理调控的思路是：从提高蔬菜生产者积极性出发，保障蔬菜供需基本平稳，供给结构多样，在尊重市场规律的前提条件下，健全和规范蔬菜产业市场机制，以经济政策和法律手段调控为主，行政直接干预调控为辅，事前调控为主事后调控为辅，将蔬菜总体价格水平波动控制在一定范围，维护消费者的利益，促进蔬菜产业健康有序地发展。其中蔬菜产业市场体系建设尤其是蔬菜价格形成机制建设，以及预警防控机制建设和蔬菜产业抗风险能力建设是中国蔬菜价格调控的重点工作。

9.3 蔬菜价格调控机制的完善

结合 2016 年《国务院办公厅关于深入实施"互联网＋流通"行动计划的意见》、《国务院办公厅关于加快推进重要产品追溯体系建设的意见》、《国务院办公厅关于建立统一的绿色产品标准、认证、标识体系的意见》、《国务院办公厅关于印发 2016 年食品安全重点工作安排的通知》、农业部《农业生产安全保障体系建设规划（2016—2020 年）》、《全国蔬菜产业发展规划（2011—2020 年）》等文件精神，本书对蔬菜价格调控的机制进行了完善，主要包括价格机制、供需机制、风险预警与防控机制和决策机制。

9.3.1 价格机制

研究结果显示，蔬菜价格形成机制不畅，价格调节机制单向发挥着有限的调节作用；蔬菜零售价格与居民福利呈反方向变动，蔬菜生产价格在农村居民福利变化中起主导作用，蔬菜价格波动导致的居民长期福利没有明显优于短期福利，表明当前的蔬菜价格对于蔬菜产业资源优化配置以及利益调节方面功能还没能较好地发挥。而在商品交换的过程中，每个商品生产者都要计较自己在交换时发生的得失，计较的结果必然应该是要求商品交换以价值为基础进行等价交换（陆立军和王祖强，2004）。价格是商品的货币表现，价值机制反映的是价格与价值之间的关系。价格机制是指在商品市场中，通过竞争的作用，价格变动自动调节商品供求变化的一种内在的市场机理。价格机制是商品市场的调节机制，其调节主体是商品市场、调节对象是企业、调节手段是价格、调节目标是物资资源的有效配置（张剑辉，1995）。一般而言，影响商品价格变动的因素除了商品本身价值量大小以外，还有货币价值量大小、供求关系等的共同作用。价格机制是市场机制中的基本机制，它包括价格形成机制和价格调节机制，具有传递信息、调节资源配置、调节收入以及形成竞争机制的功能，因此，它可以调节生产、调节消费、调节社会产品供需的总平衡，它能决定生产什么、生产多少、如何生产、为谁生产等基本问题。

马克思曾说：农产品的市场价值的决定是市场价值规律造成的。蔬菜价值同样也是市场价值规律形成的。蔬菜价格是蔬菜价值的货币表现，同时也受市场供求机制的影响。蔬菜价格也有其特殊的影响因素，如种植土地的有限性、人口的绝对增加以及自身的弱质性，使蔬菜总体上处于需求大于供给的状态。蔬菜价格机制对调节蔬菜生产，调节蔬菜消费具有十分重要的作用。尽管中国的蔬菜价格管理体制已经由固定一价制逐渐改革为了市场管理制，但是由于中国长期计划经济的影响，商品差价和比价不合理，蔬菜价格总体水平偏低。为此，加强对蔬菜价格调控，就要充分尊重市场规律，充分发挥价格机制对蔬菜生产和消费等的调控作用。要建立健全蔬菜市场价格机制，主要从以下几方面入手。

第一，健全蔬菜价格市场形成机制。由于历史原因，农业产品一直受到"工农剪刀差"的影响，蔬菜价格也不例外，一直处于较低水平，蔬菜价格市场形成机制不畅，没能真正应市场的要求，菜农利润空间小，生产积极性有待提高。同时，蔬菜价格机制也没有很好地发挥价格调节和资源配置的作用，进而不利于蔬菜价格合理波动。由此，需要逐步放开蔬菜价格，使蔬菜价格主要依靠市场供求关系决定而恢复到正常水平，同时要建立和完善蔬菜价格法律法规，制止乱收费、乱涨价，实施反倾销、反暴利等措施。

第二，完善蔬菜价格市场信息传递功能。蔬菜价格要实现调节蔬菜生产和消费，形成公平公正的竞争机制，以及实现蔬菜价格机制的其他全部功能，必须保证蔬菜价格传递渠道的畅通、准确和及时。只有蔬菜价格市场信息及时、准确地传递到相关利益主体，才能实现蔬菜产业资料的合理配置，实现生产者和消费者利益最大化，否则将误导生产者和消费者，形成蔬菜产业的无序竞争，促进蔬菜价格的剧烈波动。目前，中国蔬菜价格市场信息传递功能明显不畅，中国农业信息网是发布蔬菜价格最权威的网站，但是上面也仅有各重点批发市场的批发价格，且这些批发价格数据不准确，查询极为不方便。作者在相关单位走访调研期间，发现相关单位基本没有蔬菜零售价格的数据，除上级临时要求调查的少数种类蔬菜的阶段性数据。广大散户大多凭借自己在市场交易中的经验判断，来调节自己的生产行为。因此，完善蔬菜价格市场信息传递功能，需要从设施、技术、管理制度以及法律法规等全方面着手，完成蔬菜批发和零售价格采集、加工、储存、传递等全过程，并最大程度向社会公开。

9.3.2 供需机制

研究结果显示，当前蔬菜价格已脱离供求基本面的影响，但这并不意味着供需关系不会对蔬菜价格波动产生影响，只是这种影响在一定的条件下变得相对很小，但如果不给予高度的重视，同样会对蔬菜价格波动产生重要的影响。经济学原理告诉我们，供需机制是商品供给和需求相互作用机理及关系的总和。供需机制是通过商品的供给和需求相互作用，形成商品交易价格，商品交易价格又反作用于供给和需求的过程。

如图9-1，设D_0、S_0和P_0分别为供需均衡状态下的需要曲线、供给曲线和均衡价格，当供给由S_0增加到S_1，也就是供给大于均衡时的需要时，商品价格下降，由P_0下降为P_3；反之，当供给小于需求时，商品价格将会上涨；只有在市场总体达到均衡的状态，才可能出现均衡价格，但在现实市场经济环境中，一般不可能实现。当市场价格长期高于均衡价格时，厂商将获取高额利润，此时，其他资本会大量涌入，增加商品的生产和供给，由于供给的增加，商品价格将会陆续下降；当市场价格长期低于均衡价格时，厂商会出现长期亏损，于是部分厂商便会转移出该行业，导致生产和供给下降，由于供给的减少，商品价格将会陆续上涨。

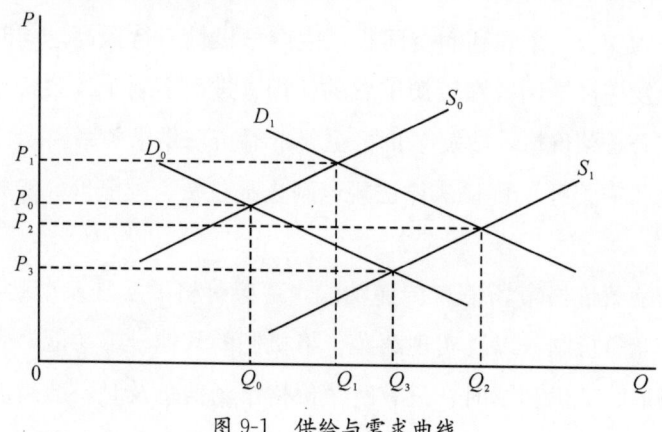

图9-1 供给与需求曲线

中国蔬菜价格已经由单一的政府定价逐渐改革到了以市场供求关系定价为主的价格机制，尽管这样的蔬菜价格机制还有诸多不完善的地方，但蔬菜市场的供求关系对蔬菜价格波动仍然起着极为重要的调节作用。蔬菜受种植土地的有限性、人口的绝对增加以及自身的弱质性的影响，总体上处于需求大于供给的状态。因此，利用蔬菜供需机制调节其价格波动，主要以增加供给为主线，适时调控消费为辅。

第一，增强生产的动力。蔬菜生产是蔬菜供给的源泉，是蔬菜产业的出发点。近年来，中国蔬菜产业经常性地出现"菜贱伤农""增产不增收"的现象，菜农的生产积极性受到严重影响。尽管各级政府对蔬菜产业实施了多种类的生产补贴，包括良种补贴、农机购置补贴、农资综合补贴、专项补贴等，菜农种菜的积极性仍然不高，信心不足。这就要求，除了建立健康的蔬菜市场体制以外，还需要做好以下几点：一是加大补贴的范围，将补贴落实到具体生产环节中去。从表7-1可以发现，在蔬菜领域进行的补贴，大多是嫌贫爱富，广大的散户难以得到有效的补贴。甚至有些补贴，大多被中间环节拿走，菜农实际得到的用于生产的补贴很少，并在一定程度上被上涨的物价和农资抵消。二是加强科技创新和技术指导。从文中的分析可知，蔬菜产业极易受到自然气候的影响，经常性的蔬菜价格剧烈波动说明蔬菜产业的整体抗灾害能力和抗风险能力很弱。同时，随着人民生活水平的提高，人们对蔬菜的数量和质量都提出了新要求，因此，加强育种选种、生产技术改进、病虫害防治等技术的创新、推广及指导，是调动菜农生产积极性，提高菜农收入的重要内容。三是进一步加强基础设施建设。目前，中国蔬菜产业呈现出"两重天"的现象，一部分大型蔬菜生产企业拥有先进的现代化生产设备、技术和基础设施条件，广大的散户种植蔬菜的基础设施却十分落后。这也是蔬菜产业整体呈现出的抗灾害能力和抗风险能力很弱的重要原因之一。四是鼓励和引导菜农专业合作社的发展。中国菜农主要由广大的散户组成，其规模的分散极不利于抗击自然风险和市场风险，也是近年来"菜贱菜贵吃亏的都是菜农"现象出现的主要原因之一。由于广大散户没有议价权，当菜贵时，中间环节将大量利润拦截。所以，大力引导发展以农民自治维护菜农利益的专业合作组织，有利于保护菜农的利益。五是强化蔬菜种植的规划。在目前广大散户自行决策生产行为的条件下，蔬菜种植存在严重的盲目性，对于一些南北方都适宜种植的蔬菜更是如此。如大白菜，当价格上涨时，南北方大量地种植，待集中上市时，供给大大超过需求，致使还得花钱请人扔掉的现象时有出现。因此，加强对蔬菜种植的规划，一方面可以发挥当地的优势资源，提高生产效率，另一方面也能避免盲目种植的现象发生。当然这样的规划只能是指导性的规划，而不能通过行政直接干预菜农的生产行为。

第二，提高流通的效率。当前，各级政府一般更关注的是蔬菜的生产和销售，流通领域却出现了政府职能的缺失。尽管近年来也开通了蔬菜绿色通道，免收蔬菜运输车辆通行费，但总的说来，蔬菜流通领域较为混乱，流通环节过多，蔬菜流通领域的法律法规也不健全，操作方法和标准各不相同，致使流通效率低下，质量安全也得不到保证。要提高蔬菜流通的效率，需要进一步建立健全的蔬菜批发市场和零售市场网点，建立健全的行业标准，强化产销衔接和物流体系建设。同时，对流通的各环节进行补贴，降低蔬菜流通成本，促进流通企业设备升级换代，提高流通效率。

第三，加强供给调节机制。蔬菜供给能调节蔬菜价格的波动，为此，当蔬菜市场价格较高时，政府能抛售蔬菜，增加市场供给，上涨的蔬菜价格将会得到平抑；当蔬菜价格较低时，政府能从市场上收购蔬菜，增加市场对蔬菜的需求，蔬菜价格将会维持在较为稳定的范围。由于蔬菜不像粮食那样便于储存，要实现如上的蔬菜供给调节机制，需要大力发展深加工业和改进蔬菜储存技术，建立蔬菜储备制度，大力发展冷链物流体系。加强蔬菜供给调节机制的建设，不仅有利于调控蔬菜价格波动，还能保护菜农和消费者的利益，并对蔬菜市场价格波动产生主动控制的作用。

第四，健全适时消费补贴机制。蔬菜价格的上涨，必然会对消费者产生不利影响，影响消费者的利益。但在对蔬菜价格调控的过程中，往往是多种方法共用，且调控具有滞后性，在这个时候，对消费适时进行补贴，可以增强消费者的购买力，有利于抑制蔬菜价格的剧烈波动。对消费者的补贴，可以采取直接补贴、间接补贴、非目标补贴和目标补贴等形式。直接补贴是按照蔬菜价格上涨的幅度，由政府通过增加工资和发放购物券的形式直接向消费者进行补贴。间接补贴是政府按一定的方式向蔬菜经营商补贴或采用最高限制价格的形式，减少消费者购买蔬菜的支出。非目标补贴是对全体消费者进行补贴，人人都均等地享受因补贴而增强的购买力。目标补贴是对目标群体进行的补贴，目的是增强目标群体的蔬菜购买力，例如蔬菜价格上涨时，对下岗职工的蔬菜补贴。以上补贴应形成较为规范的机制，通过科学合理的计算，进行适时补贴，避免"拍脑袋式"的补贴，如果这样，既有可能达不到补贴的目的，还有可能进一步促进蔬菜价格的剧烈波动。

9.3.3 风险预警防控机制

在前文的分析中，蔬菜价格剧烈波动的风险较大，蔬菜抗风险能力较差。蔬菜不仅受到来自生产质量的风险、自然灾害的风险，还有市场风险。蔬菜价格的平稳有助于蔬菜生产福利和消费福利的增加，因此增强蔬菜产业风险预警防控机制，应从以下几方面着手。

第一，完善蔬菜生产质量监测机制。一是根据农业部出台的蔬菜生产标准化文件，鼓励和指导菜农按标准化进行蔬菜生产，以提高蔬菜生产质量。二是根据《全国农产品质量安全检验检测体系建设规划(2011—2015年)》、《食品安全法》和《农产品质量安全法》，建立健全蔬菜质量检验检测点的布局，注重日常检测与抽样检测相结合，注重随机检测与重点检测相结合，研制和购置蔬菜质量检测仪器，装备到各批发市场、零售市场，提高蔬菜质量监测效率，加强蔬菜质量监测效果。三是建立蔬菜质量安全追溯信息平台。在菜农标准化生产的基础上，建立蔬菜生产、流通、销售的全过程质量追溯体系，实现流向清晰、责任明确，同时建立《食用农产品质量安全追溯管理办法》，加强蔬菜产销主体的质量安全责任。

第二，完善蔬菜生产自然灾害监测机制。中国地域广阔，南北气候差异较大，自然灾害常年时有发生。在对蔬菜价格时间序列数据分离时，观察到蔬菜价格不仅受季节因素和长期趋势循环因素的影响，还受不规则因素的影响，且不规则因素在每一年都有一次剧烈的波动，这说明突发事件对蔬菜价格波动影响显著，而自然灾害又是影响蔬菜价格生产、流通的重要因素。因此，完善蔬菜生产自然灾害监测机制，对于增强蔬菜生产和流通的抗风险能力具有十分重要的作用。气候监测部门应建立相应的《蔬菜生产自然灾害监测办法》，对当地影响蔬菜生产的异常气候进行准确监测，及时发布。

第三，健全信息监测发布预警制度。在建立健全各类风险监测点的基础上，对蔬菜生产、流通、供给和需求各环节面临的风险情况进行准确监测，并制定《预警信息发布管理办法》，通过专门发布系统向社会及时公开发布，引导蔬菜生产、流通、销售各环节主体合理安排生产和经营活动，增强蔬菜的抗风险能力，稳定蔬菜生产、供给，促进蔬菜价格合理波动。

第四，建立风险预警和应急反应处置机制。通过上述机制，对蔬菜价格、生产情况、流通情况以及气候变化情况进行了准确的监测，除了向社会公开发布信息以外，还需要有关部门对信息进行分类处理、及时加工，建立评估模型，适时对影响蔬菜价格波动的潜在危害因素进行科学、准确的判断，做到科学评估、早知道、早防范，并提前做好防范各类主要风险的应急预案，提高蔬菜风险防控与应急处置能力。

9.3.4 决策机制

应对蔬菜价格的剧烈波动或对蔬菜突发事件的处理，都离不开高效的决策机制。决策的正确性与及时性，能够减少蔬菜价格的剧烈波动。有效的决策机制往往包括决策层的权责明确和决策组织体系的健全、高效。目前，中国蔬菜价格调控的决策主体多元化现象比较突出，如2011年1月国家发展改革委、农业部、商务部、交通运输部、工商总局联合下发了《关于做好2011年春节期间蔬菜市场保供稳价工作的紧急通知》；2011年2月国家发展改革委、农业部会同商务部、水利部等部门在全国进行调研，起草了《全国蔬菜产业发展规划（2011—2020年）》；2016年1月国务院发布了《国务院办公厅关于加快推进重要产品追溯体系建设的意见》，12月国务院发布了《国务院办公厅关于建立统一的绿色产品标准、认证、标识体系的意见》，农业部发布了《农业生产安全保障体系建设规划（2016—2020年）》。决策主体多元化必然加大决策成本，降低决策效率，因此，对蔬菜价格调控的决策机制有待进一步加强。一是国家应成立蔬菜价格调控决策专门机构，负责对蔬菜价格数据的收集、分析、处理、预警；对蔬菜价格剧烈波动的原因进行调查分析；建立健全蔬菜价格调控管理办法。二是明确机构成员之间的权利和责任关系，做到分工明确，权利清晰，各司其职，运行高效。三是针对蔬菜价格波动的历史经验，建立对蔬菜价格调控决策的专家队伍、信息系统，使调控政策能得到科学评估，保障调控的效果。

9.4 本章小结

本章在前文对蔬菜价格波动成因及居民福利分析的基础上，梳理了中国蔬菜价格调控的现状，发现了其中存在的问题：一是蔬菜价格调控的滞后性，被动调控成为一种主要的模式；二是缺乏足够的政策调控，在生产、流通、安全、信息监测等方面资金投入不够；三是在蔬菜保险、税收、补贴、支持性价格、批发市场用地等方面政策不完善、不配套；四是各地方政府支持政策不均衡、不稳定；五是调控的法律制度不完善；六是实施调控的主体由多部门组成，调控的效率不高；七是生产销售信息网络体系建设严重滞后；八是政府使用行政手段调控蔬菜市场的现象比较严重；九是流通体系政府职能缺位。

结合农业供给侧改革的需要和《全国蔬菜产业发展规划(2011—2020年)》精神，明确了蔬菜价格调控的目标及思路，构建了蔬菜价格调控的机制。蔬菜价格调控的目标是：①健全蔬菜产业市场机制，②保障蔬菜供需平衡，③提高蔬菜流通效率，④保障生产者与消费者的利益，⑤维持蔬菜价格的合理波动。蔬菜价格调控的思路是：从提高蔬菜生产者积极性出发，保障蔬菜供需基本平稳，供给结构多样，在尊重市场规律的前提条件下，健全和规范蔬菜产业市场机制，以经济政策和法律手段调控为主，行政直接干预调控为辅，变事后调控为事前调控，将蔬菜总体价格水平波动控制在一定范围，维护消费者的利益，促进蔬菜产业健康有序地发展。为此提出了蔬菜价格调控机制完善的思路和具体办法，包括价格机制、供需机制、风险预警与防控机制和决策机制。

第 10 章 研究结论与政策建议

10.1 研究结论

(1)中国蔬菜产业在市场经济条件下迅速发展,拥有较为齐全的流通体系和市场化的价格管理体制。自 1993 年以来,蔬菜产业全面进入市场化发展阶段,蔬菜流通体制、自由市场和批发市场得到不断发展和完善。目前蔬菜自由市场主要有农贸市场、超市、蔬菜便利店等形式,分布于中国城市及农村的各个地区,农贸市场有两万余家,80%左右的蔬菜经农贸市场零售,大中城市 15%左右的蔬菜经超市销售,消费者购买蔬菜极为方便。中国蔬菜批发市场主要分为集中产地批发市场和销地批发市场两大类,目前建有经营蔬菜的农产品批发市场两千余家,70%左右的蔬菜经批发市场销售。中国蔬菜价格管理体制采用的是市场经济下的浮动价格管理体制。

(2)改革开放以来中国蔬菜价格波动具有明显的逐年上涨态势和周期性波动特征,不规则因子和季节因子加剧了蔬菜价格的剧烈波动。研究结果显示,改革开放以来中国蔬菜价格波动具有以下规律和特征:①蔬菜价格波动周期长度呈现出增长的趋势。②蔬菜价格呈现出逐年上涨的长期趋势。③蔬菜价格波动的剧烈程度有所缓和,但波动的频率更高。④蔬菜价格波动呈现出季节性变化规律。⑤便于储存的蔬菜价格波动较小。通过对近年蔬菜价格波动的季节调整和 H-P 滤波分解,发现:①蔬菜价格不规则因子序列在各年份都有较大幅度的振动,这突出表明蔬菜价格受突发因素影响频繁,在近年来日益显著。②蔬菜价格的季节因子序列呈现出"V"字态势,表明蔬菜价格季节波动特征明显。通过对蔬菜价格以及不同种类蔬菜价格的预测,均发现原价格超过预测价格成为常态,在各年份基本都会出现,进一步说明影响蔬菜价格的因素除了季节因素以外,不规则因子在经常性地发生作用,蔬菜价格剧烈波动的风险较大,蔬菜产业抗风险能力有待提高。

(3)蔬菜价格形成机制不畅,价格调节机制单向有限地发挥着一定的作用。蔬菜价格内部传导分析结果显示,蔬菜价格 LJG 的波动主要受到来自自身的影响,影响程度达45%；其他变量对其传导相对较弱，除城镇居民蔬菜需求LCZXQ对其影响程度为22%以外，蔬菜产量LCL、农村居民蔬菜需求LNCXQ以及蔬菜生产成本LCB对蔬菜价格LJG方差贡献分别为19.1%、10.3%和3.6%；而蔬菜价格LJG对蔬菜产业内其他因素的影响较为明显，影响程度为40.6%~45%。从变量的冲击反应观察，给蔬菜产量LCL、农村居民蔬菜需求LNCXQ和城镇居民蔬菜需求LCZXQ一个标准差冲击，蔬菜价格LJG都会在最初产生较大的正影响，在第一期后增幅减弱，并最终保持递增的正响应趋势。给蔬菜生产成本LCB一个标准差冲击，蔬菜价格LJG最初会产生较小的负影响，在第一期末响应值绝对值达到最大，随后逐渐由负影响转向正影响，在第一期后，蔬菜价格LJG形成正的响应值，并最终保持递增的正响应趋势。给蔬菜价格LJG一个标准差冲击，蔬菜产量LCL和蔬菜生产成本LCB最初会产生较大的正影响，在第一期逐渐减弱，在第二期响应增加，并最终保持递增的正响应趋势；农村居民蔬菜需求LNCXQ最初会产生较大的负影响，在第二期由负转为正，并在第二期末达到正向最大值，之后下降并最终达到趋近于零的极小正响应值；城镇居民需求LCZXQ最初也会产生较大的负影响，第二期末达到负向绝对值最大，之后开始减弱最终达到趋近于零的较小负响应值。由此可见，中国蔬菜产业市场还不完善，效率还不高，蔬菜产业内部传导存在明显的滞后性，部分冲击反应与传统理论不相符。

(4)蔬菜价格对外部冲击反应的效果并不理想，部分外部冲击所产生的反应存在明显的不合理的滞后性。蔬菜价格外部冲击分析结果表明，除GDP增长率对蔬菜价格波动具有明显的冲击影响外，城镇居民收入LCZSR、蔬菜成灾面积LCZ和政府对蔬菜进行的补贴LBT对蔬菜价格方差贡献都非常小，分别为9.6%、3.8%和2.3%。同时，从变量冲击反应观察，若给蔬菜补贴LBT一标准差冲击，蔬菜价格LJG表现为正响应并在第二期末达到最大；若给蔬菜成灾面积LCZ一标准差冲击，蔬菜价格LJG最初表现为负响应并在第三期转为正响应；若给GDP增长率一标准差冲击，蔬菜价格LJG总体表现为正响应；若给城镇居民收入LCZSR一标准差冲击，蔬菜价格LJG最终表现为负响应。由此可见，蔬菜价格对外部冲击反应的效果并不理想，对部分外部冲击的反应存在明显的不合理的滞后性。

(5)蔬菜价格已脱离供求基本面的影响，外部变量成为其波动的主要影响因素。本书利用2003~2014年省际面板数据和变截距模型，综合考察了蔬菜产业内外部变量对蔬菜价格波动的影响，结果显示：蔬菜产量、政府对蔬菜生产的补贴、农村居民对蔬菜的需求量、城镇居民收入和蔬菜出口量没有在10%、5%和1%的显著性水平上通过检验，蔬菜的进口量、蔬菜的生产成本、蔬菜的成灾面积、GDP增长率、价格预期、城镇居民的蔬菜消费量、农村居民收入、蔬菜的替代品价格都在10%、5%和1%的显著性水平上通过了检验。这一结果与前文蔬菜价格预测过程中对蔬菜价格剧烈波动风险的判断是一致的，即蔬菜价格剧烈波动主要受到来自蔬菜产业外部变量的冲击。同时，内部传导 PVAR 模型也得到了相同的另一估计结果：当蔬菜价格 LJG 作为依赖变量时，城乡居民蔬菜需求 LNCXQ 和 LCZXQ 在滞后一期、二期和三期系数分别为 0.239161、0.150189、0.084820 和 0.290373、0.121375、0.133973，表明城乡居民蔬菜需求 LNCXQ 和 LCZXQ 对蔬菜价格 LJG 变动有一定的正影响，但与其他变量相比，这种影响较弱；蔬菜产量 LCL 在滞后一期、二期和三期的系数分别为 0.405836、0.191430 和 0.129069，蔬菜产量 LCL 对蔬菜价格 LJG 具有正的影响。因此，可以认为在影响机理上蔬菜价格已脱离供求基本面的影响。

(6) 各省农村和城镇居民 CR 值呈下降趋势、农村居民 PR 值呈递增趋势，但存在较大的省际差异，且城镇居民 CR 值明显小于农村居民 CR 值。如辽宁农村居民 CR 值下降 2/3，而河南、广西农村居民下降了一半，河北农村居民 CR 值基本保持不变；2014 年与 2003 年相比，辽宁省和河北省城镇居民 CR 值分别下降了 48.41% 和 43.99%，而广东省却只下降约 1%；有个别省份城镇居民 CR 值不降反升，如重庆城镇居民 CR 值 2014 年比 2003 年升高 6.05%。1/3 的省份农村居民 PR 值总体呈现先增后减的趋势，如浙江、福建、河南、广东等；PR 值增长幅度存在显著差异，江苏、广西、重庆、陕西等省份 PR 值增长幅度均超过 100%；增长幅度最大的是广西壮族自治区，高达 168.4%；吉林省 PR 值增长幅度最小，为 10.8%。

(7) 蔬菜生产价格变化影响着农村居民人均生产福利同方向变化，蔬菜零售价格变化影响着农村居民和城镇居民人均消费福利反方向变化，但蔬菜生产价格在农村居民人均总福利中仍占据主导作用；同时，各省相同或相近的蔬菜价格变化引致的居民福利变化存在明显的省际差异。如上海市 2003~2004 年蔬菜生产价格迅速下降 15.48%，引起农村居民人均生产福利急速下降幅度达 23.36%；2004~2005 年农村蔬菜生产价格上升 14.04%，农村居民人均生产福利增幅达 28.63%。而甘肃省，在 2004~2005 年农村蔬菜生产价格下降 25.2%，农村居民蔬菜人均生产福利仅增加 6.07%；2005~2007 年农村蔬菜生产价格上涨 14.08%，农村居民人均生产福利仅增加 4.24%。2004 年至 2007 年辽宁省蔬菜零售价格上升 20.1%，农村居民人均消费福利下降 4702 元/人，而甘肃省在 2005~2006 年蔬菜零售价格上升 19.1%，引起农村居民人均消费福利下降仅 1114 元/人，前者是后者的 4 倍之多。海南省蔬菜零售价格在 2005 年、2008 年、2010 年、2012 年达到局部极大值，城镇居民短期人均消费福利分别在 2005 年、2008 年、2010 年、2012 年也达到了局部负向绝对值极大值；同时在蔬菜价格下降时，城镇居民短期人均消费福利得到改善，如 2004 年、2006 年、2009 年、2014 年。辽宁省 2003 年至 2004 年蔬菜零售价格下降 30.83%，城镇居民短期人均消费福利增加 7541元/人；而河北省 2003 年至 2004 年城镇蔬菜零售价格下降 26.58%，城镇居民短期人均消费福利只增加 5521 元/人。

(8)农村和城镇居民长期人均总福利没有明显优于短期人均总福利，且个别省份和个别年份存在短期人均总福利优于长期人均总福利的情况。如广西、广东、辽宁、甘肃、河北、河南等省份蔬菜价格波动的长期人均消费福利优于短期人均消费福利。以广西壮族自治区 2008 年为例，城镇居民短期人均消费福利和长期人均消费福利分别为－7998 元和－7332 元，长期人均消费福利小于短期人均消费福利。此外，海南、新疆、江苏等省份蔬菜价格波动的城镇居民短期人均消费福利优于长期人均消费福利。农村居民长期总福利与短期总福利的以上特点在各省都有明显表现。

(9)农村居民与城镇居民消费福利变化趋势基本一致，但农村居民消费福利普遍优于城镇居民消费福利。农村居民与城镇居民消费福利变化趋势基本一致，农村居民消费福利波动幅度普遍小于城镇居民消费福利的波动幅度。除上海和辽宁外，农村居民消费福利水平普遍高于城镇居民消费福利水平。

10.2 政策建议

蔬菜价格正常波动是优化蔬菜产业资源配置的重要手段，蔬菜价格长期剧烈波动将会扭曲蔬菜价格调节资源配置的信号功能，影响农村和城镇居民福利的改善。对蔬菜价格调控是消除剧烈波动，将蔬菜价格波动幅度控制在一定的范围。其调控的方式应该是以财政货币等经济政策调控为主，行政调控为辅，而蔬菜产业综合实力的增强以及市场经济体制的建立健全本身是消除蔬菜价格剧烈波动的重要方面。根据研究结论及含义，结合 2016 年《国务院办公厅关于深入实施"互联网＋流通"行动计划的意见》、《国务院办公厅关于加快推进重要产品追溯体系建设的意见》、《国务院办公厅关于建立统一的绿色产品标准、认证、标识体系的意见》、《国务院办公厅关于印发 2016年食品安全重点工作安排的通知》、农业部《农业生产安全保障体系建设规划(2016—2020 年)》、农业部《全国蔬菜产业发展规划(2011—2020)》等文件精神，要实现科学合理的调控蔬菜价格，除了要保障国家宏观经济稳定发展以外，还要做好以下几方面的工作。

(1)积极引导，持续推动蔬菜生产稳定发展。蔬菜生产持续稳定发展是蔬菜供给量持续增长的主要保障，是满足国内日益增长的蔬菜消费需求的需要。从前文的分析也能清醒地认识到，只有在蔬菜产量持续稳定增长的前提下，才能保证蔬菜市场供需的基本平衡，进而减少蔬菜市场价格的波动。因此，要大力实施全国蔬菜产业发展规划，支持优势区域如山东、河北、河南、江苏等蔬菜生产大省以及蔬菜生产重点基地建设，加强菜地基础设施建设，健全蔬菜补贴制度，加大补贴力度，引导蔬菜生产持续稳定发展。

(2)加强建设，充分发挥蔬菜市场调控作用。蔬菜市场调控效率的提高一方面可以对蔬菜生产产生积极的影响，减少蔬菜价格波动对蔬菜生产影响的滞后效应；另一方面能有效促进蔬菜市场供需平衡，包括合理科学利用国际蔬菜市场，合理调控蔬菜进出口数量，促进国内蔬菜市场供需平衡。因此，一方面，需要规范中国国内蔬菜市场体系建设，包括蔬菜流通体系的建设、蔬菜生产与销售市场信息体系建设等，增强相关信息透明度，充分发挥市场"无形的手"对蔬菜价格的调节作用。另一方面要加强国际蔬菜市场信息网络建设，促进蔬菜国际贸易流通企业的发展，充分利用国际蔬菜市场对国内蔬菜市场的调节作用。

(3)增强预警，降低突发事件对蔬菜价格波动的影响。蔬菜从生产到终端零售市场的各个环节，都充满着各种各样的风险，2008年年初中国南方发生的持续性低温冰冻雨雪灾害，就曾导致蔬菜价格的剧烈波动。因此，增强对蔬菜生产、运输、销售等过程中突发事件的预警能力，建立突发事件保障基金制度，有利于迅速恢复蔬菜生产、供给和市场正常秩序，减少突发事件对蔬菜供需的影响。

(4)合理规划，保障不同群体对蔬菜的不同需求。随着中国经济社会的高速发展，中国城乡居民收入持续增长，人们生活水平不断提高，对蔬菜的需求也发生了明显变化，一方面表现为对蔬菜总需求量的持续增加，另一方面表现为对蔬菜种类和质量的多样化需求。因此，合理规划蔬菜产业布局，重视蔬菜产业结构的调整，充分发挥区域特色，才能保证蔬菜生产的合理性，满足人们对蔬菜的不同需求，从结构上保障蔬菜供需的相对平衡。

(5)技术创新，大力发展蔬菜产业社会化服务体系。目前，中国蔬菜产前、产中和产后社会化服务程度较低，大量蔬菜生产的散户利益得不到合理保障，不利于蔬菜生产先进技术的推广，更不利于蔬菜产业的良性循环。因此，加强蔬菜生产技术的创新、流通方式的创新，扶持农民专业合作社、专业技术协会、涉农企业等社会力量的发展，使其在蔬菜生产技术推广、流通等方面发挥积极作用，建立规范的蔬菜产业社会化服务体系，促进蔬菜产业良性发展，是有效保障蔬菜供给的重要方面，也是蔬菜产业长远发展的需要。

(6)健全体系，构建高效的蔬菜价格调控机制。当前中国蔬菜价格调控存在一些问题：一是蔬菜价格调控的滞后性，被动调控成为一种主要的模式；二是缺乏足够的政策调控,在生产、流通、安全、信息监测等方面资金投入不够;三是在蔬菜保险、税收、补贴、支持性价格、批发市场用地等方面政策不完善、不配套;四是各地方政府支持政策不均衡、不稳定;五是调控的法律制度不完善;六是实施调控的主体由多部门组成,调控的效率不高;七是生产销售信息网络体系建设严重滞后;八是政府使用行政手段调控蔬菜市场的现象比较严重;九是流通体系政府职能缺位。因此,必须明确蔬菜价格调控的目标及思路,构建蔬菜价格调控机制,包括价格机制、供需机制、风险预警与防控机制以及决策机制。

10.3 研究展望

近年来蔬菜价格剧烈波动,探讨当前影响蔬菜价格波动的成因及后果,是学术界和政府极为关心的问题。本书在梳理蔬菜价格波动及福利相关理论和研究方法的基础上,通过对蔬菜价格历史波动的回顾,对近年来蔬菜价格季节因子(S)、季节调整因子(Sa)、趋势循环因子(TC)和不规则因子(I)分离和分析,对蔬菜价格波动成因和影响因素进行了理论与实证分析,测算了蔬菜价格波动对农村和城镇居民福利的影响,进而提出了完善蔬菜价格调控机制的思路与政策建议。本书全方位透视了蔬菜价格波动规律、趋势以及特征,揭示了蔬菜价格波动的机制和内在矛盾。但由于研究方法和研究工具等处于不断的创新之中,本研究也存在一定的局限性,将继续在此研究的基础上,探索新的研究方向。

(1)蔬菜价格剧烈波动对相关主体的利益影响的深入研究。在研究过程中,通过对蔬菜价格波动长期趋势和季节因子的拟合,对蔬菜价格的剧烈波动进行了判断,对农村居民和城镇居民福利变化进行了测算。但由于研究重点的不同和时间的有限,没有对蔬菜价格剧烈波动引致的蔬菜产业链其他相关主体利益变化的深入研究,此方向研究对于蔬菜产业健康发展具有重要作用。

(2)蔬菜价格波动的区域差异。文中对蔬菜价格波动进行了分析,利用省际面板数据对蔬菜价格波动的影响因素进行了实证检验,而对其价格波动的特征分析是从全国宏观数据出发进行的分析。因此,在对蔬菜价格波动分析的过程中,还可以进一步深入地分析蔬菜价格波动的区域性差异,从中可能发现一些影响蔬菜价格剧烈波动的区域因素。

(3)蔬菜价格波动引致的农村和城镇居民福利变化的省际差异形成机理的研究。本书对蔬菜价格波动的农村和城镇居民福利进行了测算,揭示了蔬菜价格波动对农村和城镇居民福利变化的影响,同时也发现了这种影响存在的省际差异。但由于蔬菜产业没有详细的专门的统计数据，文中仅简要地对蔬菜价格波动引致的农村和城镇居民福利变化的省际差异形成的原因进行了解释，没有从形成机制和机理方面深入研究。该问题的研究，将有助于蔬菜产业规划布局以及差异化政策的创新。

参考文献

保罗·萨缪尔森,威廉·诺德豪斯.2004.经济学[M].于健,译.北京:人民邮电出版社.

鲍继友,李朋忠,杨静,等.2007.连云港市蔬菜价格及主要相关因子调查与分析[J].上海蔬菜,(3):11-12.

蔡荣,虢佳花,祁春节.2007.农产品批发市场价格形成机制及其交易效率[J].经济问题探索,(9):71-74.

蔡贤恩,孙青松,林琳.2002.我国农产品价格走势分析与对策研究[J].福建农林大学学报(哲学社会科学版),(1):25-31.

曹慧.2007.中国小麦价格的周期变化特征及其原因分析[J].世界农业,(4):29-32.

曹慧.2007.中国小麦市场价格形成研究[D].北京:中国农业大学.

常伟.2011.农产品价格异常波动的机理分析与对策探讨[J].价格理论与实践,(3):23-24.

陈爱.2016.基于主成分回归的我国居民主要蔬菜人均年消费量的预测[J].山东理工大学学报(自然科学版),(2):67-72.

陈明海,王秀清,司龙亭.2000.中国蔬菜批发市场价格的变化规律及其影响因素[J].中国农业大学学报,(6):18-22.

陈彦峰.2008.近年蔬菜价格上涨原因分析及蔬菜价格中长期走势预测[J].中国瓜菜,(1):47-48.

陈勇.2010.新中国价格管理体制的历史回顾与前瞻[J].管理视野,(20):77-78.

陈智勇,李雪燕.2011.2004至2010年重庆蔬菜价格走势特点与影响因素浅析[J].南方农业,(1):57-60.

程国强,胡冰川,徐雪高.2008.新一轮农产品价格上涨的影响分析[J].管理世界,(1):57-62.

程瑞芳.2007.中国农产品价格形成机制及波动效应分析[J].中国流通经济,(3):22-24.

程义远.2005.我国蔬菜批发市场及蔬菜价格变动分析[D].北京:中国农业大学.

邓蓉,王伟.2007.论中国猪肉价格的形成及稳定猪肉价格的对策[J].现代化农业,(12):23-26..

董玲.2010.我国猪肉价格波动研究[D].呼和浩特:内蒙古农业大学.

董晓霞,李志强.2008.中国葡萄价格影响因素的实证分析——基于省际面板数据的研究[J].中国物价,(8):16-19.

杜俊.2008.基于小波分析的蔬菜价格波动及与气候关系研究[D].南京:南京农业大学.

杜薇.2013.蔬菜价格周期内波动的成因机理、福利效应及对策研究[D].南京:南京财经大学.

范润梅,庞晓鹏,王征南.2007.蔬菜市场批零价差和价格传递机制分析——以北京市为例[J].商业研究,(11):110-114.

范志勇,向弟海.2006.汇率和国际市场价格冲击对国内价格波动的影响[J].金融研究,(2):36-43.

方松海,马晓河,黄汉权.2008.当前农产品价格上涨的原因分析[J].农业经济问题,(6):20-26.

方松海,马晓河,黄汉权.2010-1-18.客观把握当前农产品涨价的深层原因[N].中国信息报.

高帆,龚芳.2011.国际粮食价格的波动趋及内在机理1961—2010年[J].经济科学,(5):5-17.

高峰,王学真,羊文辉.2004.农业投入品补贴政策的理论分析[J].农业经济问题,(8):49-52.

高铁梅.2009.计量经济分析方法与建模：EVIEWS应用及实例[M].北京：清华大学出版社.

谷安平，史代敏.2010.面板数据单位根检验LLC方法与IPS方法比较研究[J].数理统计与管理，(5)：812-818.

顾国达，方晨靓.2010.中国农产品价格波动特征分析——基于国际市场因素影响下的局面转移模型[J].中国农村经济，(6)：67-76.

顾国达，方晨靓.2011.农产品价格波动的国内传导路径及其非对称性研究[J].农业技术经济，(3)：12-20.

郭恒军.1992.农产品价格波动与期货市场机制[J].财经科学，(1)：30-34.

郭劲光.2009.粮食价格波动对人口福利变动的影响评估[J].中国人口科学，(6)：49-58.

郭利京，胡浩，李春燕.2011.中国养猪业市场整合研究[J].南京农业大学学报(社会科学版)，(1)：59-64.

郭利京，胡浩，杨丽.2011.中国食用油涨价对经济影响的投入产出分析[J].技术经济与管理研究，(1)：78-81.

郭利京，胡浩，张锋.2010.中国猪肉价格非对称性传递实证研究——基于产业链视角的考察[J].价格理论与实践，(11)：52-53.

郭娜，闫英杰.2015.天气因素对蔬菜价格恢复力的影响——以石家庄市本地黄瓜为例[J].中国生态农业学报，(6)：785-792.

国涓，李会敏.2007.我国农产品价格波动的影响趋势分析[J].沈阳农业大学学报(社会科学版)，(2)：144-147.

韩喜艳，李锁平.2012.稳定农产品价格：基于补贴流通的思路[J].中国流通经济，(7)：62-66.

郝渊晓，康俊慧，郝婷，等.2011.转型期中国蔬菜价格的影响因素及营销渠道优化[J]//中国高等院校市场学研究会2011年年会论文集：345-352.

何磊，赵志强.2011.农产品价格波动与通货膨胀关系的实证研究[J].决策与信息旬刊，(4)：1-2.

何念如，朱闰龙.2006.世界原油价格上涨对中国的影响分析[J].世界经济，(2)：47-53.

何蒲明，黎东升.2009.基于粮食安全的粮食产量和价格波动实证研究[J].农业技术经济，(2)：85-92.

胡鞍钢.1994.中国经济波动报告[M].沈阳：辽宁人民出版社.

胡锋.2008.政府因何提高2008年稻谷最低收购价[J].中国粮食经济，(2)：23.

胡进.2004.生产价格理论与均衡价格理论的比较研究[J].当代经济研究，(2)：46-50.

胡涛.2005.基于非参数的水产品价格预测系统研究[D].北京：中国农业大学.

胡延松.2010.农产品价格形成机制和波动性[J].经济导刊，(9)：22-23.

黄季焜，杨军，仇焕广，等.2009.本轮粮食价格的大起大落：主要原因及未来走势[J].管理世界，(1)：72-78.

黄旭平.2007.外商直接投资对我国就业的影响：基于面板VAR的分析[J].中央财经大学学报，(1)：71-75.

纪龙，李崇光，章胜勇.2016.中国蔬菜生产的空间分布及其价格波动的影响[J].经济地理，(1)：148-155.

纪敏.2009.本轮国内价格波动的外部冲击因素考察[J].金融研究，(6)：31-43.

贾贵浩.2013.城镇化背景下粮食主产区利益动态补偿问题研究[J].宏观经济研究，(12)：25-25+52.

姜雅莉，曹敏杰，贾金荣.2012.蔬菜价格波动对低、中、高收入城镇居民福利影响分析[J].西安电子科技大学学报(社会科学版)，(4)：46-51.

姜雅莉,陆迁,贾金荣.2012.蔬菜价格波动对城镇居民福利影响的实证分析[J].长安大学学报(社会科学版),(4):54-58.

蒋中一,潘苏文,陈子光.1995.蔬菜价格的形成及其上涨原因分析[J].中国农村经济,(12):27-30.

金红梅.2010.我国房地产行业景气波动[D].长春:吉林大学.

鞠国华.2009."外部冲击"的国内研究综述[J].经济学动态,(5):75-78.

柯为亮.1997."九五"期间经济波动与通货膨胀的预测及分析[J].价格月刊,3:31-32.

李秉龙,何秋红.2007.中国猪肉价格短期波动及其原因分析[J].农业经济问题,(10):18-21.

李秉龙,薛兴利.2003.农业经济学[M].北京:中国农业大学出版社.

李干琼,许世卫,李哲敏,等.2011.农产品市场价格短期预测方法与模型研究——基于时间序列模型的预测[J].中国农业大学学报,(2):172-178.

李干琼,许世卫,孙益国,等.2011.中国蔬菜市场价格短期波动与风险评估[J].中国农业科学,(7):1502-1511.

李光泗,郑毓盛.2014.粮食价格调控、制度成本与社会福利变化——基于两种价格政策的分析[J].农业经济问题,(8):6-15.

李桂芹,王丽丽.2012.蔬菜全产业链价格传递机制研究[J].农业经济问题,(11):30-36.

李国祥.2011.中国农产品价格波动分析及其调控思路[J].农村金融研究,(8):8-14.

李京栋,张吉国.2015.大蒜价格波动的主产区福利效应分析——基于滤波法和Minot模型的分析[J].山东农业科学,(9):151-156.

李锁平,王利农.2006.我国蔬菜供给对价格的反应程度分析[J].农业技术经济,(5):59-62.

李伟克,马晓和.1998.中国农产品价格季节变动的分析[J].中国农村观察,(2):26-31.

李伟伟.2016.我国蔬菜价格波动特征研究——基于蔬菜价格波动网络的模态变化分析[J].价格理论与实践,(5):123-126.

李志红.2007.粮食价格的提高会增加农民收入吗?[J].中国金融,(12):58-60.

李治国.2009.猪肉价格政府调控的制度经济学分析[J].价格理论与实践,(3):21-22.

刘刚.2012.农民土地权益实现的长效机制探究[J].河北师范大学学报(哲学社会科学版),(4):45-49.

刘金全,范融泽.2014.宏观经济景气波动对我国农产品价格的影响[J].当代经济研究,(9):57-62.

刘俊浩,王鹏鹏.2014.国际石油价格波动对中国蔬菜价格的影响[J].世界农业,(1):90-94.

刘克春.2010.粮食生产补贴政策对农村居民粮食种植决策行为的影响与作用机理分析——以江西省为例[J].中国农村经济,(2):12-21.

刘同山,吴乐.2011.中国蔬菜价格形成及对策研究[J].价格理论与实践,(2):40-41.

卢锋,彭凯翔.2002.中国粮价与通货膨胀关系(1987—1999)[J].经济学(季刊),(4):821-836.

鲁沂.2007.农产品价格过快上涨的原因及对策[J].粤港澳市场与价格,(11):22-25.

陆立军,王祖强.2004.新政治经济学(第2版)[M].杭州:浙江人民出版社.

吕珍.2007.人民币汇率变动对中国就业量影响的实证分析[D].成都:西南财经大学.

栾海波.2009.论农产品价格波动与农业综合开发[J].价格理论与实践,(4):27-28.

罗超平,王钊.2012.波动频率、季节性上涨与蔬菜价格演进机理:1978—2010年[J].改革,(5):94-100.

罗超平,王钊,翟琼.2013.蔬菜价格波动及其内生因素——基于PVAR模型的实证分析[J].农业技术经济,

(2):22-30.

罗超平,翟琼,李靖文.2013.基于时间序列数据的蔬菜价格波动特征及影响因子分析[J].西南大学学报(自然科学版),(4):26-31.

罗锋,牛宝俊.2009.国际农产品价格波动对国内农产品价格的传递效应——基于VAR模型的实证研究[J].国际贸易问题,(6):16-22.

罗锋,牛宝俊.2010.中国粮食价格波动的主要影响因素与影响程度[J].华南农业大学学报(社会科学版),(2):51-58.

马地动,朱正凡.2015.宁夏蔬菜市场价格波动成因分析及对策建议[J].市场经济与价格,(6):55-60.

马国英,杨蕾.2011.中国蔬菜价格变动的原因分析及对策探讨[J].业界观察,(7):1-4.

马明华.2005.农产品价格波动的主要原因分析[D].武汉:华中科技大学.

马歇尔.1997.经济学原理(下)[M].朱志泰,译.北京:商务印书馆.

毛学峰,曾寅初.2008.基于时间序列分解的生猪价格周期识别[J].中国农村经济,(12):4-13.

苗珊珊.2014a.大米价格波动的农村居民福利效应研究[J].西安财经学院学报,(4):52-57.

苗珊珊.2014b.粮食价格波动对农村与城镇人口福利变动的影响差异分析[J].财贸研究,(5):46-53.

苗珊珊.2015.中国粮食价格波动的区域福利效应研究[J].经济问题,(2):114-119.

聂荣等.2004.农产品价格的随机模型及风险度量[J].数学的实践与认识,(11):108-112.

潘向东.2001.河南省蔬菜价格形成机制研究[D].郑州:河南农业大学.

庞贞燕,刘磊.2013.期货市场能够稳定农产品价格波动吗——基于离散小波变换和GARCH模型的实证研究[J].金融研究,(11):126-139.

漆星灿.2011.当前农产品价格波动原因分析——基于川西北农村农业信息化现状调查[J].新西部(下旬.理论版),(12):12-13.

齐义军,胡伟华.2011.马克思价值决定理论视阈下小宗农产品价格异常波动研究[J].当代经济研究,(5):60-64.

钱贵霞,陈思.2011.鲜奶零售价格波动规律与趋势预测[J].农业经济问题,(5):46-55.

钱智,康芳华,张晔.2011.上海市蔬菜价格持续上涨的成因及对策[J].科学发展,(1):53-59.

·萨伊.1964.政治经济学概论[M].陈福生,陈振骅,译.北京:商务印书馆.

邵飞,陆迁.2010.我国玉米价格波动福利效应分析[J].价格理论与实践,(8):53-54.

石敏俊,王妍,朱杏珍.2009.能源价格波动与粮食价格波动对城乡经济关系的影响——基于城乡投入产出模式[J].中国农村经济,(5):4-13.

史晋川.1996.卢卡斯与理论预期理论[J].浙江社会科学,(1):100-101.

曙光,乔光华.2008.猪肉价格波动周期实证分析[J].北方经济,(14):18-20.

税尚楠.2008.世界农产品价格波动的新态势:动因和趋势探讨[J].农业经济问题,(6):14-19.

斯坦利·杰文斯.1997.政治经济学理论[M].郭大力,译.北京:商务印书馆.

斯坦利·杰文斯.2011.政治经济学理论[M].郭大力,译.北京:商务印书馆.

宋长鸣,徐娟,李崇光.2013a.货币供应量、蔬菜调控政策与蔬菜价格波动分析[J].统计与决策,(22):105-108.

宋长鸣,徐娟,章胜勇.2013b.蔬菜价格波动和纵向传导机制研究——基于VAR和VECH模型的分析[J].

农业技术经济,(2):10-21.

苏应蓉.2011.全球农产品价格波动中金融化因素探析[J].农业经济问题,(6):89-95.

速水佑次郎,神门善久.2003.农业经济论[M].北京:中国农业出版社.

孙鹤,施锡铨.1996.关于"农产品价格弱波趋势"的再探索——与陈志国等同志商榷[J].财经研究,(6):35-40.

孙倩,穆月英.2011.中国蔬菜价格波动、原因及其影响因素分析[J].农村金融研究,(8):21-26.

孙小丽.2012.食品价格波动对城镇居民的福利影响[D].咸阳:西北农林科技大学.

孙小丽,陆迁.2012.蔬菜价格波动对城镇居民福利的影响及对策研究——以1995-2010年为考察期[J].青海社会科学,(3):28-32.

谭砚文.2004.中国棉花生产波动研究[D].武汉:华中农业大学.

汪顺彪,罗之斌,代家宏.2010.探索解决居民"买菜贵"和农民"卖菜难"的问题[J].价格理论与实践,(2):25-26.

王川.2010.基于Var的中国粮食期货市场基差风险度量与分析[J].农村经济与科技,(7):8-11.

王芳,陈俊安.2009.中国生猪市场波动规律及平稳供给对策[J].中国畜牧杂志,(10):8-10.

王寒笑,安玉发,龙熹.2009.中国蔬菜供给、需求现状及价格变动分析[J].中国蔬菜,(15):6-8.

王慧敏,吴强.2009.国家政策对农产品价格波动的影响分析[J].经济问题,(5):83-85.

王佳,张金水.2011.外生冲击沿部门传导的作用机制和影响研究——基于中国七部门DSGE模型的数值模拟[J].数量经济技术经济研究,(3):127-139.

王金明.2006.我国转轨时期经济周期波动的特征分析及监测方法的应用研究[D].长春:吉林大学.

王利荣,周曙东.2009.国内外棉花市场价格的动态关系分析——基于VECM模型[J].国际贸易问题,(11):26-31.

王千六,李强.2009.中国生猪产业市场机制的缺陷及其对策[J].农业现代化研究,(3):293-297.

王素雅.2009.农产品短期价格分析及预测方法选择[D].北京:中国农业科学院.

王小雄.2007-1-16.2006年蔬菜市场分析[N].瓜果蔬菜报.

王小雄.2008.2007年蔬菜市场行情概况[J].上海蔬菜,(1):14-16.

王小叶.2015.食品价格上涨的成因与对城镇居民福利的影响研究[D].厦门:华侨大学.

王秀清.2007.纵向关联市场间的价格传递[A].经济学(季刊),(3):14.

王学真,刘中会,周涛.2005.蔬菜从山东寿光生产者到北京最终消费者流通费用的调查与思考[J].中国农村经济,(4):66-72.

王彦炯.2010.猪肉价格波动及调控政策研究[D].北京:中国农业科学院.

王益松.2004.中国农业波动周期与预警分析[J].农业经济问题,(1):38-42.

王玉霞,高维全.2010.影响中国棉花价格波动的因素及对策分析[J].价格理论与实践,(11):29-30.

王振龙.2000.时间序列分析[M].北京:中国统计出版社.

王志彬.2007.中国粮价波动及稳定机制研究[D].武汉:华中科技大学.

温涛,王小华.2012.财政金融支农政策对粮食价格波动的影响——基于中国1952-2009年的经验验证[J].东南大学学报(哲学社会科学版),(3):43-49.

温涛,王小华.2014.货币政策对中国农产品价格波动的冲击效应研究[J].当代经济科学,(6):20-29.

温铁军.1996.经济周期与发展[J].中国软科学,(9):31—43.

沃森,霍尔曼.1983.价格理论及其应用[M].闵庆全,译.北京:中国财政经济出版社.

巫国兴.1997.中国农产品价格波动研究[J].农业经济问题,(6):18-23.

吴守荣,王兢,李东方,等.2010.游资炒作对农产品的未来趋势及对策展望——大蒜价格上涨引发的思考[J].农业展望,(6):55-58.

武拉平,胡建青.1998.中国粮食类价格体系及近年粮价变动分析[J].中国农业大学学报,(S3):140-145.

西奥多·W·舒尔茨.1987.改造传统农业[M].梁小民,译.商务印书馆.

夏子贵,罗余九.2002.政治经济学(第一版)[M].北京:高等教育出版社.

小罗伯特·E·卢卡斯.2013.经济周期模型[M].北京:中国人民大学出版社.

谢建豪.2007.住房价格波动影响因素分析与调控研究[D].武汉:华中农业大学.

新毅.2003.中国主要农产品的完全生产成本及对农产品贸易的含义[D].北京:中国农业大学.

徐雪高.2008.新一轮农产品价格波动周期:特征、机理及影响[J].财经研究,(8):110-119.

徐永金.2013.粮食价格波动中主产区、产销平衡区和主销区的福利效应分析[D].咸阳:西北农林科技大学.

许世卫,李哲敏,董晓霞,等.2010.中国农产品在产销间价格传导机制研究[J].资源科学,(11):2092-2099.

许曦,刘方.2004.熊彼特的"创新思想"评介——读《经济发展理论》[J].经济师,(7):27-28.

亚当·斯密.1972.国民财富的性质和原因的研究(上卷)[M].郭大力,王亚南,译.北京:商务印书馆.

杨朝英,徐学荣.2008.中国生猪生产支持政策对价格调控的有效性分析[J].农业现代化研究,(5):564-567.

杨锦秀.2005.中国蔬菜产业发展经济学分析[D].成都:西南财经大学.

杨培源.2012.农产品价格:市场机制失灵与公共政策选择[J].价格月刊,(8):21-23.

杨叔子,吴雅,轩建平,等.1992.时间序列分析的工程应用[M].武汉:华中理工大学出版社.

杨天宇,张品一.2015.食品价格上涨对我国城镇各阶层居民社会福利的不同影响[J].产经评论,(3):125-139.

姚霞.2004.农产品市场时空格局与江苏农业结构调整策略[D].南京:南京农业大学.

易丹辉.2002.数据分析与Eviews应用[M].北京:中国统计出版社.

于少东.2012.北京市猪肉价格波动周期分析[J].农业经济问题,(2):77-80.

虞华,戴秀艳,程鑫.2011.小宗农产品价格异常波动原因探析及反思[J].中国统计,(7):34-35.

翟雪玲.2014.我国蔬菜流通体制变迁背景、内容及方向[J].经济研究参考,(62):8-13.

张剑辉.1995.论市场性价格机制[J],湖南商学院学报,(1):3-8.

张敬石,郭沛.2011.中国农村金融发展对农村内部收入差距的影响——基于VAR模型的分析[J].农业技术经济,(1):34-41.

张利庠,张喜才.2011.外部冲击对中国农产品价格波动的影响研究——基于农业产业链视角[J].管理世界,(1):71-81.

张利庠,张喜才,陈姝彤.2010.游资对农产品价格波动有影响吗——基于大蒜价格波动的案例研究[J].农业技术经济,(12):60-67.

张平.2005."外部冲击"下的经济增长和宏观政策选择[J].经济学动态,(5):13-19.

张峭，王川，王克.2010.中国畜产品市场价格风险度量与分析[J].经济问题,(3)：90-94.

张曙光.2002.市场化与宏观稳定[M].北京：社会科学文献出版社.

张文方，卞新民.2006.农业政策与法规[M].北京：中国农业出版社.

张雯丽，李秉龙.2005.国际棉价与中国棉价的相关性及因果性分析[J].价格理论与实践,(9)：43-44.

张雯丽，李秉龙.2009.中国棉花短期价格波动研究——基于时间序列[J].技术经济,(4)：88-93.

张晓峒.2007.计量经济学基础(第三版)[M].天津：南开大学出版社.

张晓峒.面板数据模型与应用1[EB/OL].http：//www.docin.com/p—45110755.html.

张秀芳.2007.中国优质蔬菜产业经济分析与对策研究[D].泰安：山东农业大学.

张玉玺.2011.北京市蔬菜价格波动的特点、原因及对策[J].业界观察,(7)：4-5.

张祖庆，姜雅莉，陆迁.2013.鸡蛋价格波动对不同收入居民福利影响分析[J].西北农林科技大学学报(社会科学版),(2)：43-50.

赵安平，赵友森，王川.2012.北京市蔬菜价格波动的影响因素和评估及政策建议[J].农业现代化研究,(5)：88-92.

赵留彦.2007.通货膨胀预期与粮食价格动态[J].经济科学,(6)：30-42.

赵美华，温变英，兰创业，等.2011.建立稳定蔬菜价格长效机制的对策研究[J].山西农业科学,(9)：1029-1031.

赵瑞莹，陈会英，杨学成.2008.生猪价格风险预警模型的建立与应用[J].运筹与管理,(4)：128-131.

赵晓飞.2014.蔬菜流通渠道中的价格波动规律与利益协调机制[J].中国流通经济,(7)：101-109.

赵晓飞.2015.蔬菜价格波动的规律、影响因素与调控对策研究[J].当代经济管理,(2)：37-42.

赵昕东，汪勇.2013.食品价格上涨对不同收入等级城镇居民消费行为与福利的影响——基于QUAIDS模型的研究[J].中国软科学,(8)：154-162.

赵昕东，王小叶.2016.食品价格上涨对城镇家庭消费与福利影响研究——基于EASI模型[J].财经研究,(3)：51-68.

赵一夫.2008.我国生鲜蔬果农产品流通的发展回顾与趋势判断[J].时代经贸,(S1)：3-4.

中共中央马克思恩格斯列宁斯大林著作编译局.1975.马克思恩格斯全集(第23卷)[M].北京：人民出版社.

中共中央马克思恩格斯列宁斯大林著作编译局.1975.马克思恩格斯全集(第25卷)[M].北京：人民出版社.

中国经济增长与宏观稳定课题组.2008.外部冲击与中国的通货膨胀[J].经济研究,(5)：4-18.

中国人民银行营业管理部课题组.2009.外部冲击与我国物价水平的决定——基于结构VAR模型的分析[J].财经研究,(8)：91-104.

《中国蔬菜》编辑部.2009.2008年蔬菜产业大事记[J].中国蔬菜,(1)：4-6.

《中国蔬菜》编辑部.2010.2009年蔬菜产业大事记[J].中国蔬菜,(1)：16-18.

《中国蔬菜》编辑部.2011.2010年蔬菜产业大事记[J].中国蔬菜,(1)：5-8.

《中国蔬菜》编辑部.2011.2010年蔬菜产业大事记[J].中国蔬菜,1；5-8.

《中国蔬菜》编辑部.2012.2011年蔬菜产业大事记[J].中国蔬菜,1；1-4.

钟甫宁.1995.稳定的政策和统一的市场对我国粮食政策的影响[J].中国农村经济,(7)：44-47.

钟甫宁.2003.农业政策学[M].北京：中国农业出版社.

钟甫宁，胡雪梅.2008.中国棉花生产区域格局及影响因素研究[J].农业技术经济,(1)：4-9.

周锦,李崇光.2014.非线性视角下蔬菜市场价格的波动特征——基于STAR模型[J].华中农业大学学报(社会科学版),(6):31-38.

周应恒,邹林刚.2007.中国大豆期货市场与国际大豆期货市场价格关系研究——基于VAR模型的实证分析[J].农业技术经济,(1):55-62.

祝福云,高燕霞.2015.国际原油价格变动对我国大宗农产品价格波动的影响分析[J].价格理论与实践,(11):58-60.

Ackah C, Appleton S. 2007. Food price changes and consumer welfare in Ghana in the 1990s[D]. Nottingham: University of Nottingham, 3-9.

Adugna T. 2006. Determinants of market prices of cattle in eastern Ethiopia[D]. International Association of Agricultural Economists Conference, 12-18.

Arthur Lewis W. 1988. The roots of development theory[J]. Neuroscience Research, 43(3): 239-250.

Bailey D, Brorsen B W. 1989. Price asymmetry in spatial fed cattle markets[J]. Western Journal of Agricultural Economics, 14(2): 246-252.

Bakhshoodeh M, Najafi B. 2002. Effectiveness of government protective policies on rice production in Iran[D]. University of Shiraz, 26-52.

Banks J, Blundell R, Lewbel A. 1996. Tax reform and welfare measurement: do we need demand system estimation?[J]. Economic Journal, 106(438): 1227-41.

Banks J, Blundell R, Lewbel A. 1997. quadratic engel curves and consumer demand[J]. The Review of Economics and Statistics, 79(4): 527-539.

Barrett C B, Chabari F, Bailey D, et al. 2001. Livestock pricing in the northern Kenyan rangelands[D]. American Agricultural Economics Association, 5-8.

Barrett C B, Dorosh P A. 1995. Rice prices and farmers' welfare in Madagascar: a non-parametric analysis[D]. Cornell University, 30-65.

Benavides G. 2004. Price volatility forecasts for agricultural commodities: an application of historical volatility models, option implied and composite approaches for futures prices of corn and wheat[J]. Central Bank of Mexico, (1): 3-10.

Bhagwati J N. 2004. In Defense of Globalization[M]. New York: Oxford University, 101-122.

Bigman D, Goldfrab D, Schechtman E. 1983. Futures market efficiency and the time content of the information sets[J]. Journal of Futures Markets, 3(3): 321-334.

Bollerslev Tim. 1986. Generalized autoregressive conditional heteroscedasticity[J]. Journal of Econometrics, 31(3): 307-327.

Geoffrey B G, Brockman P, Tse Y. 1998. The relationship between US and Canadian wheat futures[J]. Applied Financial Economics, 8(1): 73-80.

Brenda L, Boetel, Ruben H, et al. 2007. Estimating investment rigidity within a threshold regression framework: the case of U.S. hog production sector[J]. American Journal of Agricultural Economics, 89(1): 36-51.

Brennan D. 2003. Price dynamics in the Bangladesh rice market: implications for public intervention[J]. Agricultural Economics, 29(1): 15-25.

Cassel C. 1923. Money and foreign exchange after 1914[M]. New York: Macmillan.

Christiansen L, Demery D. 2007. Down to earth: agriculture and poverty reduction in Africa[N]. Directions in Development, World Bank, Washington DC, 31(5428): 2139-2141.

Clapp J. 2009. Food price volatility and vulnerability in the global south: considering the global economic context [J]. Third World Quarterly, 30(6): 1183-1196.

Coyle W. 2008. The Future of Bioenergys: A Global Perspective, USDA-ERS, 112-117.

Deaton A. 1989. Rice prices and income distribution in Thailand: a non-parametric analysis[J]. The Economic Journal, 99(395): 1-37.

Deaton A, Muellbauer J. 1980. An almost ideal demand system[J]. The American Economic Review, 70(3): 312-326.

Dhuyvetter K C. 2004. Using formula prices in the absence of publicly reported prices: An application for segregated early weaned pigs[J]. Review of Agricultural Economics, 26(4): 539-551.

Dicker D A, Fuller W A. 1981. The likelihood ratio statistics for autoregressive time series with a unit root[J]. Econometrica, 49(4): 1057-1072.

Dixit R K, Pindyck R S. 1994. Investment Under Uncertainty[M]. America: Princeton University.

Engle R F. 1982. Autogressive conditional heteroskedasticity with estimates of the variance of UK inflation[J]. Econometrica, 50(4): 987-1008.

Engle R F, Lilien D M, Robins R P. 1987. Estimating time varying risk premia in the term structure: the ARCH-M model[J]. Econometrica, 55(2): 391-407.

Ezekiel M. 1938. The cobweb theorem[J]. Quarterly Journal of Economics, 52(2): 255-280.

FAO. 2008. Climate change: Implications for grain safety.

Fofana N F, Epplin F M. 1993. Impacts of cheat on wheat yield and optimal seeding rates[J]. American Journal of Agricultural Economics, 75(5): 1304.

Frederick V. 1964. Waugh. Cobweb Models[J]. American Journal of Agricultural Economics, 46(5): 732-750.

French K R. 1987. Schwert G W, Stambaugh R F. Expected stock returns and volatility[J]. The Journal of Finance, 19(1): 3-29.

Fung H G, Leung W K, Xu X E. 2001. Information role of U. S. futures trading in a global financial market[J]. Journal of Futures Markets, 21(11): 1071-1090.

Futrell G A, Grimes G, Glenn G. 1978. Understanding hog production and price cycles[R]. Originally published as PIH-119.

Garner A C. 1989. Commodity prices: police target or inflation variable? [J]. Journal of Money, Credit and Banking, 21(4): 508-514.

Gervais J, Doyon M. 2004. Developing hedging strategies for Quebec hog producers under revenue insurance[J]. Canadian Journal of Agricultural Economics, 52(1): 35-53.

Gorter H D, Fisher E. 1993. The dynamic effects of agricultural subsidies in the United States[J]. Journal of Agricultural and Resource Economics, 18(2): 147-159.

Hamilton J D, Susmel R. 1994. Autoregressive conditional heteroskedasticity and changes in regime[J]. Journal

of Econometrics, 64(1-2): 307-333.

Harris M, Raviv A. 1993. Differences of opinion make a horse race[J]. Review of Finance, 6(3): 473-506.

Hartman R. 1975. Competitive firm and the theory of input demand under price uncertainty: comment[J]. University of Chicago Press, 83(6): 1289-1290.

Hasan S A. 2013. The impact of a large rice price increase on welfare and poverty in Bangladesh[D]. Australian National University, ACT-0200.

Hayek F A. 1930. Interrelationships of supply and price[J]. Zeitsehrift fur Nationalokonomie, (1): 173-174.

Hayek F A. 1945. The use of knowledge in Society[J]. American Economic Review, 35(4): 519-530.

Hayes D J, Schmitz A. 1987. Hog cycles and countercyclical production response[J]. American Journal of Agricultural Economics, 69(4): 762-770.

Heien D. 1977. Price determination processes for agricultural sector models[J]. American Journal of Agricultural Economics, 59(1): 125-132.

Hoang L A, Glewwe P. 2009. Impacts of rising food prices on poverty and welfare in Vietnam[D]. Twin Cities: University of Minnesota.

Hooker M. 2002. Are oil shocks inflationary? Asymmetric and nonlinear specifications versus changes in regime [J]. Journal of Money, Credit, and Banking, 34(2): 540-561.

Im K S, Pesaran M H, Shin Y. 2003. Testing for unit roots in heterogeneous panels[J]. Journal of Econometrics, 115(1): 53-74.

Inessa L, Lea Z. 2006. Financial development and dynamic investment behavior: evidence from panel VAR[J]. The Quarterly Review of Economics and Finance, (46): 190-210.

Itshak B, Hovav T. 1974. Multi-frequency cobweb model: decomposition of the hog cycle: Comment[J]. American Journal of Agricultural Economics, 56(1): 38-49.

JohnS L, Vincent H. 1992. Aggregate sources of relative price variability among agricultural commodities[J]. American Journal of Agricultural Economics, 74(1): 1-9.

Johnson D G, Song G Q. 1999. Inflation and the real prices of grain in China[M]. London: Macmillan Press.

Jonathan M. 1999. Pass-through of exchange rates and important prices to domestic inflation in some industrialized economies[J]. BIS Working Paper, 79.

Kaldor N. 1934. The Equilibrium of the firm[J]. Econonmic Journal, 44(173): 60-76.

Keynes J M. 1924. A tract on monetary reform[M]. London: Macmillan Press.

Kim K. 1998. Us Inflation and the dollar exchange rate: a vector error correction model[J]. Applied Economics, 30(5): 613-619.

King M A. 1983. Welfare analysis of tax reforms using household data[J]. Journal of Public Economics, 21(2): 183-214.

Koester U, Nuppenau K E A. 1987. The income efficiency of government expenditure on agricultural policy[J]. Agricultural Policy, (3): 69-78.

Koo W W, Kennedy P L. 2005. International Trade and Agriculture[M]. UK: Blackwell Publishing.

Krolzig H M. 1998. Markov Switching Vector Autoregressions: Modelling, Statistical Inference and Application to Business Cycle Analysis [M]. Springer Science&Business Media.

Krolzig H M. 2001. Business Cycle Measurement in the presence of structural change: international evidence[J]. International Journal of Forecasting, 17(3): 349-368.

Lamm M F, Westcott P C. 1981. The effects of changing input costs of food prices[J]. American Journal of Agricultural Economics, 63(3): 187-196.

Larson A B. 1964. The hog cycle as harmonic motion[J]. Journal of Farm Economics, 46(2): 375-386.

Lee Chen Y L, Lu H B, Shiah F K, et al. 1999. New production and F-ratio on the continental shelf of the east China sea: comparisons between nitrate inputs from the subsurface kuroshio current and the Changjiang river estuarine[J]. Coastal and Shelf Science, 48(1): 59-75.

Levin A, Lin C F. 1993. Unit root tests in panel data new results[D]. San Piego: University of California.

Levin A, Lin C F, Chu J C S. 2002. Unit root test in panel data: asymptotic and finite sample properties[J]. Journal of Econometrics, 108(1): 1-24.

Lewbel A, Pendakur K. 2009. Tricks with hicks: the EASI demand system[J]. The American Economic Review, 99(3): 827-863.

Litterman M. 1980. Energy Substitution Possibilities in the U.S. Economy[J]. Staff Papers.

Lluch C. 1973. The extended linear expenditure system[J]. European Economic Review, 4(1): 21-32.

Lusk J L, Roosen J, Shogren J. 2011. The Oxford Handbook of the Economics of Food Consumption and Policy [M]. London: Oxford University.

Mellor J W. 1978. Food price policy and income-distribution in low-income Countries[J]. Economic Development and Cultural Change, 27(1): 1-26.

Minot N, Goletti F. 2000. Rice Market Liberalization and Poverty in Viet Nam[M]. Washington, D.C.: International Food Policy Research Institute (IFPRI), 42-89.

Mitra S, Boussard J M. 2008. A nonlinear cobweb model of agricultural commodity price fluctuations[J]. department of economics, Institut National de la Recherche Agronomie (INRA), (2): 12-23.

Nelson D B. 1991. Conditional heteroscedasticity in asset returns: A new approach[J]. Econometrica, 59(2): 347-70.

Nie F Y, Dong L, Bi J Y. 2010. Fluctuation and cycle of pork price in China[J]. Agriculture Outlook, 66: 7-98.

Pigou A C, Kaldor N. 1942. Models of short-period equilibrium[J]. Economic Journal, (206-207): 250-258.

Pindyck R S, Rotemberg J J. 1987. The excess co-movement of commodity prices[J]. Economic Journal, 110 (403), 1173-1189.

Pigou A C. 1902. A parallel between economic and political theory[J]. Economic Journal, 12(46): 274-277.

Ricci U. 1930. Die Synthetische ökonomie von Henry Ludwell Moore[J]. Zeitschrift für Nationalökonomie, 1 (5): 649-668.

Robert E H, Marc L. 2009. Economics: Principles and Application[M]. Cengage Learning, 870-890.

Saghaian S H, Reed M R. 2002. Monetary impacts and overshooting of agricultural prices in an open economy [J]. American Journal of Agricultural Economics, 84(1): 90-103.

Sims C A. 1980. Macroeconomics and reality[J]. Econometrica, 48(1): 1-48.

Sahn D E, Glick P. 1998. Health and productivity in a heterogeneous urban labour market[J]. Applied Economics, 30(2): 203-216.

Sargent T J. 1978. Estimation of dynamic labor demand schedules under rational expectations[J]. Journal of Political Economy, 86(6): 1009-1044.

Schroeter J, Azzam A. 1991. Marketing margins, market power, and price uncertainty[J]. American Journal of Agricultuial Econornics, 73(4): 990-999.

Samuelson P A. 1939. Interactions between the multiplier analysis and the principle of acceleration[J]. The Review of Economics and Statistics, 21(2): 75-78.

Teklewold B H, Legese F G. Dawit A, et al. 2009. Determinants of livestock prices in ethiopian pastoral livestock markets: implications for pastoral marketing strategies[J]. International Association of Agricultural Economists, 16-22.

Tinbergen J. 1930. Bestimmung und deutung von angebotskurven ein beispiel[J]. Journal of Economics, 1(5): 669-679.

Trairatvorakul P. 1984. The effects on Income Distribution and Nutrition of Altermative Rice Price Policies in Thailand[J]. Physical Review C, 83(6): 1509-1520.

Trehan B. 2005. Oil price shocks and inflation[J]. FRBSF Economic Letter, (10).

Trostle R. 2008. Global agricultural supply and demand: factors contributing to the recent increase in food commodity prices[R]. USDA, WRS-0801.

Wang Y, Yang W, Winter P, et al. 2006. Non-contact sensing of hog weights by machine vision[J]. Applied Engineering in Agriculture, 22(4): 577-582.

Wicksell K. 1907. The influence of the rate of interest of prices[J]. Economic Journal, 17(66): 213-220.

Weber M T, Statz J M, Holtzman J S, et al. 1988. Informing food security decisions in Africa: Empirical analysis and policy dialogae[J]. American Journal of Agricultural Economics, 70(5): 1044-1052.

Willett L S, Hansmire M R, Bernard J C. 1997. Asymmetric price response behavior of red delicious apples[J]. Agribusiness, 13(6): 649-658.

Wodon Q, Zaman H. 2008. Rising food prices in Sub Saharan Africa: poverty impact and policy response[R]. WB Policy Research Working Paper.

Wohlgenant M K. 1985. Competitive Storage, Rational expectations, and short run food price determination[J]. Amcrican Journal of Agricultural Economics, 67(4): 739-748.

Yager R R. 2003. Induced aggregation operators[J]. Fuzzy Sets and System, 137(1): 59-69.

Youn K H. 1997. Inverse demand systems and welfare measurement in quantity space[J]. Southern Economical Journal, 63(1): 98-123.

Zhang G P. Time series forecasting using a hybrid ARIMA and neural network model[J]. Neuro computing Computers & Industrial Engineering, 42(2-4): 371-375.